班主任工作助手丛书
张万祥 郑学志 主编

把班级还给学生
——班集体建设与管理的创新艺术

郑立平 著

中国轻工业出版社

图书在版编目（CIP）数据

把班级还给学生：班集体建设与管理的创新艺术／郑立平著. —北京：中国轻工业出版社，2010.1（2025.6 重印）

（班主任工作助手丛书）

ISBN 978-7-5019-7316-3

Ⅰ. ①把… Ⅱ. ①郑… Ⅲ. ①中小学-班级-学校管理 Ⅳ. ①G632.421

中国版本图书馆CIP数据核字（2009）第172384号

保留所有权利。非经中国轻工业出版社"万千教育"书面授权，任何人不得以任何方式（包括但不限于电子、机械、手工或其他尚未被发明或应用的技术手段）复印、拍照、扫描、录音、朗读、存储、发表本书中任何部分或本书全部内容（包括但不限于光盘、音频、视频等）。中国轻工业出版社"万千教育"未授权任何机构提供源自本书内容的电子文件阅览、收听或下载服务。如有此类非法行为，查实必究。

责任编辑：吴　红　　　责任终审：杜文勇
策划编辑：吴　红　　　责任校对：刘志颖　　　责任监印：吴维斌

出版发行：中国轻工业出版社（北京鲁谷东街5号，邮编：100040）
印　　刷：三河市鑫金马印装有限公司
经　　销：各地新华书店
版　　次：2025年6月第1版第21次印刷
开　　本：710×1000　1/16　印张：15.5
字　　数：180千字
印　　数：59001—61000
书　　号：ISBN 978-7-5019-7316-3　定价：26.00元
读者热线：010-65181109
发行电话：010-85119832　　　010-85119912
网　　址：http://www.chlip.com.cn　http://www.wqedu.com
电子信箱：1012305542@qq.com
版权所有　侵权必究
如发现图书残缺请拨打读者热线联系调换
250783J5C121ZBW

丛书总序

班主任因其特殊的使命、特殊的地位、特殊的身份，越来越为人们所关注。班主任工作饱含着太多的诗意和艰辛、太多的获得和奉献、太多的追求和跋涉、太多的责任和义务……教育之爱在班主任中流淌不息，教育使命在班主任生命中延续不止。一代代班主任执着于"捧着一颗心来，不带半棵草去"的情怀，在教育的路上，启迪蒙昧的心灵，点亮人生的路灯。在清贫中坚守责任，在坚守中甘于奉献，在奉献中无怨无悔地传承着人类的文明，殚精竭虑地培育着中华民族的未来。

班主任就是一部书。这部书集古今文明的瑰宝于一册，聚世界科学发明创造的结晶于一身。读罢这部书，可以思接千载，视通万里，雏鹰羽翼渐丰，骏马四蹄生风。班主任是部高雅的书，没有猥琐，没有卑劣，更没有铜臭味和名利场的喧嚣声。她让人成为仁义之士、伟岸丈夫、坦荡君子，玉洁而冰清。她教人爱国爱民，"先天下之忧而忧，后天下之乐而乐"；她教人"老吾老以及人之老，幼吾幼以及人之幼"，推己及人；她教人"穷则独善其身，达则兼济天下""位卑未敢忘忧国"，以天下为己任。怎样见义勇为、助人为乐，怎样孝敬父母、修身养性，怎样敬业重道、惜时如金，她一清二楚，如数家珍。读完她，在经济上也许还是清贫，但在精神上你绝对是富翁。班主任这部书充满凛然正气，动天地而泣鬼神。这里有盗火给人间而被锁在高加索山崖上的普罗米修斯，有掏出心脏做火把将迷路的众人引出密林的丹柯，有"留取丹心照汗青"的文天祥，有肝胆照日月、满腔赤诚的岳飞；这里有朱自清宁肯饿死也不吃美国救济粮的铮铮铁骨，有闻一多先生拍案而起的万钧雷霆；有不为金钱所动毅然回归祖国的钱学森的一身正气，也有那为莘莘学子鞠躬尽瘁、为人师表的两袖清风。这部书光照日月，赤心可鉴，容不得奴颜媚骨、恃强凌弱、狗苟蝇营。班主任这部书有哲学家的睿智，有艺术家的灵感，有科学家的聪明。她素淡优雅，魅力无穷，让人心醉神迷，令人赏心悦目，教育代代青年去挥写辉煌灿烂的人生。

目前，全国中小学约有435万个教学班，约有440万名教师从事着班主任工作，影响着近2亿的中小学生。班主任任重而道远，《教育部关于进一步加强中小学班主任工作的意见》中明确指出："中小学班主任是中小学教师队伍的重要组成部分，是班级工作的组织者、班集体建设的指导者、中小学生健康成长的引领者，是中小学思想道德教育的骨干，是沟通家长和社区的桥梁，是实施素质教育的重要力量。中小学班主任工作是学校教育中极其重要的育人工作，既是一门科学，也是一门艺术。在普遍要求全体教师都要努力承担育人工作的情况下，班主任的责任更重，要求更高。做班主任和授课一样都是中小学的主业，班主任队伍建设与任课教师队伍建设同等重要。加强中小学班主任工作，对于贯彻党的教育方针，全面推进素质教育，把加强和改进未成年人思想道德建设的各项任务落在实处，具有十分重要的意义。"这个重要文件还指出："中小学班主任工作面临许多新问题、新挑战。经济社会的深刻变化、教育改革的不断深化、中小学生成长的新情况新特点，对中小学班主任工作提出了更高的要求……"班主任必须树立正确的教育理念，遵循中小学生身心发展的规律，运用科学的教育方法，善于利用各种教育资源。

我们注意到这样一种情况，班主任工作是学校教育工作中非常受关注的一个部分，然而这份光荣的任务却常令许多班主任教师，尤其是初涉这一工作的教师备感沉重的压力并为之头疼。近年来，随着教育部对班主任队伍建设的大力推进，我国中小学班主任的整体素质有了较大的提高。但是，在中小学教育领域，学生层出不穷的新问题、班主任工作内容的不断增加、学校和家长对班主任要求的不断提高、班主任教师还要承担一定的教学任务等现实情况，致使许多班主任教师对班主任工作疲于应付，产生了职业倦息。这是不容忽视的。

为此，我们组织撰写了"班主任工作助手丛书"，它包括：《把班级还给学生——班集体建设与管理的创新艺术》《班主任工作的55个"鬼点子"》《德育智慧源何处——心灵感悟德育经典案例》《魅力班会是怎样炼成的》《与学生家长"过招"——班主任的家长工作艺术和技巧》和《遭遇问题学生——问题学生的教育与转化技巧》。我们希望帮助班主任进一步提升教育理念，掌握实用的工作方法和技能，克服职业倦怠，减轻心理负担，在育人过程中增强知识性、科学性、娱乐性、趣味性，不断增强工作的针对性和实效性。

这套丛书侧重于通过案例的剖析来阐述班主任的工作方法与策略，体现德育思想与理念，突出实践指导性和可操作性。语言力求生动、通俗，可读性强。我们追求的目标是以质量为生命点，以新颖为吸引点，以实用为出发点，以开发新思维为落脚点。我们在撰写之际，注意给读者介绍实用的方法与技巧，更注重德育思想与理念上的感悟。我们认为方法与技巧是技术层面上的，而德育思想与理念是根本性的，它是基石，可以源源不断地产生新的方法与技巧。而在注重德育思想与理念方面，我们也力求避免空泛，以生动的、经典的案例为依托。

作为主编，我想再说明两点：

第一，这部丛书的作者大部分是活跃在班主任工作一线的优秀班主任，其中几位还是研究班主任工作的青年专家，他们都有深厚的科研功底，较高的写作水平，精湛的教育艺术，已经取得了骄人的成绩，在全国有广泛的影响。如，万玮，是上海市"德育工作先进个人"，2006年上海教育年度十大人物之一；其代表作《班主任兵法》已经再版十多次，发行十几万册；他是全国著名实战派班主任，被誉为"班主任中的军事家"。又如，郑学志，是《班主任工作招招鲜》《班主任工作新视角》《爱的建议》《呵护心灵》等23部教育教学畅销书的作者；其教学教研成果获湖南省第六届基础教育教研成果一等奖；湖南卫视、《中国图书商报》《教师报》《教师博览》《班主任之友》等十余家新闻媒体报道过他的教育事迹。再如，郑立平，是山东省十大创新班主任、齐鲁名师、国家级骨干班主任、山东省班主任培训工作专家组成员、全国基础教育科研先进个人、教育部骨干班主任远程培训辅导员；有多项科研课题获国家、省市奖励；其事迹在《中国教育报》《现代教育导报》等多家报刊有专版介绍；现已发表文章近百篇，出版专著两部。

第二，感谢"万千教育"编辑部的大力支持。"万千教育"是专业的教育图书策划机构，在教育出版界颇有影响。"万千教育"创立品牌十余年来一直致力于为教师教育等领域提供优秀的图书，目前已成功策划出版图书500余种，受到了广大中小幼教师、高校师生和教育专家学者等的广泛好评。"班主任工作助手丛书"能够在这里出版，也是我们的荣幸。这也是我们精心写作的动力之一。为了把这套丛书打造成精品，"万千教育"编辑部主任吴红和他的同事们付出了很多心血和精力，奉献了很多的智慧。

班主任的三尺讲台、三尺办公桌，培养出多少叱咤风云的英才，演绎出多少催人泪下的育人诗篇；班主任从来不拘泥于三尺讲台、三尺办公桌，而是思接千载，视通万里，心存天下事、胸怀大千宇宙。班主任特别有学问、特别有爱心、特别有修养、特别有心计、特别爱读书、特别爱思考、特别爱研究、特别敢创新。这套丛书不会也不可能解决所有的问题，如果能使读者举一反三、触类旁通，激起读者的思考，激发读者的创造，激励读者走上展示才华、提升水平的舞台，走上班主任专业成长的快车道，这是我们希望达到的境界。

现今，广大班主任立志做学者型的班主任、专家型的班主任。愿这套丛书助班主任专业成长一臂之力，希望这套丛书确确实实成为班主任的工作助手。

张万祥
2009年8月于天津

前言

我为什么喜欢当班主任

轻轻回首,在已走过的教育历程中,19年的班主任生活无疑是最珍贵、最深刻的足迹。我留恋这些充满快乐、幸福甚至烦恼的日子,因为它们使我备感生命的真实。

我国最早、最伟大的"班主任"孔子曾教导我们:"知之者不如好之者,好之者不如乐之者。"我不敢说"知",但自认为是属于"乐之"的那一类。19年的摸索中,虽然也有过许多疲惫和迷茫,但早已陶醉于那种忙碌而不自卑、平凡而不羞愧的状态。它,似乎已不再是一个单纯的岗位,正逐渐融进我的血液,成为我的一种信念。如果失去,心灵还真找不到归宿。

"你为什么喜欢当班主任?"朋友听说我极不愿意接受一份学校行政工作时,又问我这个我曾经问过自己百遍的问题。其实,我何曾不想有一个可以"步步高升"的职位,从而达到许多人从小就盼望的目标——有权有势?

当然,我喜欢当班主任并非因为觉得它很轻松。事实上,我几乎每天都工作到深夜,有很多时候精疲力竭,假期中也经常被学生的问题困扰。我喜欢当班主任,也不是因为我认为自己很有管理水平,能解决一些别人解决不好的问题,或是知道许多非与别人分享不可的知识,能给别人以思考和启迪。

那么,我为什么喜欢当班主任呢?

我喜欢当班主任,是因为教育是一种生动变化的职业,我永不会感到枯燥。即使班级不变,我也要变而且必须变,而最重要的是我的合作对象和助手——学生们也在变。特别是和他们在一起尽情玩耍时，我会忘掉自己的年龄，变得年轻和质朴，我可以一次次"复演"我的成长。

我喜欢当班主任，是因为我喜欢那种自由——我可以在这块"自留地"里种植一些自己喜欢的东西，比如规则、友谊、希望、理想……我也可以尝试，可以规划，可以鼓励自己和学生；更可喜的是，我可以和他们一起创造。

我喜欢当班主任，是因为我喜欢学生们不断向我提出一些可爱的问题，它们可以促使我不断思考；我也喜欢向学生们问一些必须动脑筋才能回答的问题，即使不好的问题，我们也能找出好多的答案。我还能走进特殊的心灵世界里探秘，以及总结一些改进工作的方法和经验。这些收获的快感，简直奇妙至极！

我喜欢当班主任，是因为我喜欢学习。我知道，我只有不断地学习才能继续当班主任。多年的实践使我发现了一个重大的秘密，我教得最好的往往并非我所熟知的，而是我最想要学习的东西。每年几个月的休息时间，使我有机会把思考、阅读和写作混合进行，而这三样都是我生活甚至生命中不可缺少的元素。

可是，我还没有说出我喜欢当班主任的最重要的理由。教师职业是世界上唯一能每天都和笑脸相伴的职业，我可以亲眼看见一个又一个孩子如花骨朵一样一天一天地生长、绽放、飘香，张三大学毕业成了工程师，李四虽然没考上大学却成了企业家，王五学成又回到学校成了优秀的青年教师……我曾亲眼看着这些人的成长和变化，作为班主任，我就像创世之初亲眼看到泥土露出生机一样欣喜与满足。

我也曾有两次换工作的机会，但我却望着自己不断充实的文稿，迟疑了。当老师，我有那么多充裕的时间读书；当班主任，我有那么多机会思考啊！读书，特别是读自己喜欢的书，并不是从事任何职业的人都能这样奢望；思考，特别是想自己的事，在班级实验田里种植自己的一些想法，那更不是一般人所能享受的一种自由与创造的幸福。现在，我无法想象，如果放弃了一个能任由我读书、思考的职业，去和文山会海打交道，去和机械的应付、虚伪的欺瞒为伍，那将是一种什么滋味。难以静心读书、思考的日子，我想我的生活也会如花儿缺水般萎蔫。

我也曾经拼命地想走上所谓的仕途，可在十多年的奋斗与挣扎后，才终于寻到了真正的归途，一条属于自己生命成长的阳光之路。现在，有个别教师努力成为名师之后，大多盯着官位，认为这才是真正的成功。"行修于内者，无位而不怍。"一个有一定水平的教师如果将自己的行进目标定在官位上，那无疑就失去了一个为师者的最为珍贵的东西：真诚、智慧、博爱、宁静而有激情。

是的，这个平凡的职业可能会使我缺钱。可是我有的是花钱也买不到的东西：开心、怡情、富脑、强智，与人沟通交流，发现新生事物，以及提出诸如"金钱最重要吗？"之类看似幼稚却深刻的问题。亲爱的朋友，你说这些东西哪个不是无价的呢？

其实，我也有权有势。我有权督促别人，我有权煽动智慧之火，我有权问一些令人头疼而开窍的问题，我有权赞扬别人的回答，也有权指责别人不说真话，我有权建议别人看哪些书，并为其指出一条正确的道路。亲爱的朋友，还有什么别的权力比这些更重要呢？

而且，除了可以获得这些金钱和权势，我还可以获得一样对生命更重要的东西——爱！不单是对学习和书本的爱，不单是对各种知识和思想的爱，还有对学生的爱。这种爱，可以让充实与幸福萦绕我的一生！

你看，我喜欢当教师，喜欢当班主任，并不只为了学生的成长，也不仅仅为了教育事业，更不单纯为了家长的希望和信赖；我是为了我自己，为了我自己的生活充实而幸福，为了我自己的生命健康而有价值！

我就是这样一位平凡的班主任，本书的绝大多数文字都形成于夜深人静之时，虽然有些稚拙，但的确是从心底流出。这些飘着泥土清香的经验和蘸着快乐写出的人与事，一定会带给你许多帮助，许多惊喜。

从松散偶遇到心的相融、情的吸引、爱的凝聚，从忙乱无序到探索的激情、成功的快乐、收获的惊喜，班级的建设与管理永远是一个充满矛盾、问题和挑战的过程。这个过程可以通向天堂，也可以走下炼狱。正如歌德所言："不断变革创新，就会充满青春活力；否则，就可能会变得僵化。"

本书精选了班集体建设和管理中的34个重要话题，结合我19年的实践经验，总结了一系列可供班主任学习借鉴的规律和方法，既认真探索了班主任的自我提升之路，又详细论述了班集体自主管理的途径，还重点剖析了当前班级管理中存在的典型问题，比较系统科学地构筑起独具特色的"爱心+智慧"班级管理模式。

要特别指出的是，本书在内容构思上彻底避免了空洞乏味的理论说教和小案例式的点评议论，更不拘泥于解决偶发事件的所谓一招半式，而是用我亲力亲为的问题、事件、感悟，真实客观地展现了班集体建设和管理的整个过程，并力求文字优美、事件感人、观点新颖、见解深刻，能给人以许多富有价值的启发和思考。

班主任要达成班级工作的目标和任务，要解决班级工作中不断出现的新问题、新矛盾，就必须不断地创新工作思路和措施，赋予班级管理新的内涵和智慧。只有与时俱进、不断开拓，才能真正享受工作的幸福，释放生命的光彩。希望每一个班主任都怀揣着梦想与希望上路，遇水搭桥，逢山开道，唱一路欢歌，飘满天笑语。

来吧，让我们一起走进这片别具魅力的土地，这个多彩的世界！

郑立平
2009年7月28日夜

目 录

第一章 要教育别人，先提升自己
　　——班主任自我管理的创新艺术 …………………… 1
　　学会欣赏自己——调适好自己的心态 ………………… 1
　　设计职业生涯——规划好自己的发展 ………………… 8
　　冷静掌控抉择——控制好自己的情绪 ………………… 16
　　运筹帷幄之中——制订好工作的计划 ………………… 24
　　绝不能做判官——把握好自己的角色 ………………… 33
　　习惯决定成败——不断提高自身素养 ………………… 38

第二章 让班级成为学生的精神家园
　　——班集体建设的创新艺术 …………………… 45
　　一见钟情——用心谱写开学第一篇 …………………… 45
　　被珍藏的聘任书——培养和利用班干部的艺术 ……… 51
　　构建思想和灵魂的家园——用文化经营班级 ………… 56
　　"动"起来——活动是班级生命的源泉 ………………… 65
　　让读书成为一种习惯——建设班风学风的艺术 ……… 71
　　让成长可以回味——开好主题班会的艺术 …………… 75

第三章　经营好自己的试验田
——班级日常管理的创新艺术 …………………… 81
甘当助手——把学生的班级还给学生 ………………………… 81
不要忘记惩罚——建立弹性惩戒制度 ………………………… 91
让你的班级与众不同——经营出自己班级的特色 ………… 102
锦囊妙计哪里来——我的班级管理知识储备库 …………… 114

第四章　让学生摸得着你的关爱
——学生个体管理的创新艺术 …………………… 119
你的心事有我愿意听——倾听是一种智慧 ………………… 119
奇迹就这样发生——善于宽容学生的过失 ………………… 124
补丁可以绣成一朵花——辩证看待学生的缺点 …………… 127
切勿站到学生的对立面——批评学生的艺术 ……………… 133
对症下药——研究是解决问题的根本方法 ………………… 139
不要大惊小怪——巧妙处理学生恋爱问题 ………………… 148
祸起亲子关系——标本兼治戒网瘾 ………………………… 154

第五章　善于借助别人的力量
——班主任协调管理的创新艺术 ………………… 159
会哭的孩子有糖吃——积极寻求领导的支持 ……………… 159
"让"着科任教师——让同事乐意与你合作 ………………… 163
学会教育学生家长——多给一些方法和指导 ……………… 167
这是一座五彩桥——让家长会如此精彩 …………………… 176

第六章　做一个乐观而智慧的班主任
——管理中必须把握的几个问题 ………………… 181
做"教育者"还是"管理者"——班主任角色认同的两难选择 …… 181
管理本应有两层含义——追求"管"与"理"的有机融合 …… 186

改变自己的管理模式——从日常繁杂的事务中解放自己·········191
用务实发挥影响——不要超越自己的管理界限··················195
管理规范不等于学生发展——班级管理的两个评价概念······198
智慧和爱心同样重要——班主任获得成功的法宝···············204
创造自己的精彩——班主任的幸福之源···························212

结　语　做一个优秀班主任并不难···**217**

第一章

要教育别人，先提升自己

——班主任自我管理的创新艺术

虽然"好为人师"是我们的通病，但并不是所有的教师都能做好班主任。作为教师，我们经常盛气凌人，却总希望学生态度和蔼；我们经常讽言恶语，却总希望学生温文尔雅……殊不知，这些不理性的言行，往往直接影响着教育的效果。子曰："己所不欲，勿施于人。"任何时候都不要寄希望于学生会轻易地接受改变，因为我们能改变的只有自己。"正人者必先正己"，在发展学生的同时，我们也必须发展自己；当我们拥有了更强的专业能力，也就有了更大的教育影响力。

学会欣赏自己——调适好自己的心态

作者心语：心理学巨匠威廉·詹姆斯说，"人性中最深刻的禀赋，是被人欣赏的渴望"。欣赏精彩的课堂，欣赏同事的成功，欣赏学生的进步……人世间可欣赏的太多了，但我们永远都不能忘记欣赏自己。学会欣赏自己，你便懂得了享受；学会欣赏自己，你便拥有了快乐；学会欣赏自己，你便走近了幸福。

在多次班主任培训中，我都曾做过一个同样的现场调查："对自己的工作满意，感觉自己的教师生活比较幸福的，请举手。"其结果也惊人地相似：

稀稀落落，寥寥无几。难道这就是承担着要给学生创造幸福生活这个伟大使命的教师？而且还是对学生一生能产生重大影响的班主任老师？是什么使他们的生命之火如此地暗淡？是什么给他们的心灵投上了悲哀的阴影？

跟跑操、搞卫生、填表格、看纪律、查晚睡、抓评比……从早到晚围着学生团团转，几乎每天都是身心疲惫，难怪有的班主任说："两眼一睁，忙到熄灯！"网上曾流行这样的一条灰色短信："起得比鸡还早，睡得比小姐还晚，挣钱比民工还少……"这可谓对班主任工作的生动写照。是的，这样忙碌的工作，再加上社会群众对教师越来越高的要求，许多教师都处于亚健康状态，不同程度地存在着焦虑、强迫、抑郁、精神不振等心理问题。目前，"如何给中小学教师减轻心理压力"已经成为一个重要的话题。

苏霍姆林斯基说，"教育的理想就在于使所有儿童都成为幸福的人"，幸福是每个人的权利。为什么我们大部分的教师却"难见笑脸"呢？究其原因，教育者消极、被动的工作状态和崇高、神圣的工作目的之间，产生了强烈的矛盾。那么，如何解决这一矛盾？我们首先要来分析矛盾产生的根源。很明显，一是外来的压力，二是自我的心态。要减轻外来压力，还需要全社会的关注和努力，作为个体的我们往往无法控制也无法改变，更多时候只能顺其自然；但我们必须清楚的是，快乐承受和痛苦忍受是截然不同的两个境界，"对于无法改变的事情，我们只能决定如何反应。我们不能改变手里的牌，但是可以决定如何出牌"。求人不如求己，自己是心态的主宰。实践证明，调适好自己的心态是解决问题的关键所在。

所谓调适自己的心态，其实就是坦然正视现实，学会欣赏自己；就是不断扩大心胸的容量，储存心灵的能量，增强抗压的能力。教师是人类灵魂的工程师，而灵魂却是"不可教"的，心灵只有用心灵来唤醒，精神只有用精神来陶冶。面对竞争残酷的现实，我们虽然很难做到那种"宠辱不惊看庭前花开花落，去留无意望天上云卷云舒"的境界，但与人为善、心胸开阔、淡泊名利、志存高远的师者古训依然是我们今天必须要坚守的精神追求。

学会欣赏自己，要做到以下四点。

一、消除攀比心理，看得起自己

或许由于"文人相轻"的传统文化影响，或许受现实社会不公平现象的困惑，教师，特别是班主任老师，往往都有好和别人攀比的不良习惯。这让我想起了希腊神话中《普洛克路斯忒斯之床》的故事：

恶魔普洛克路斯忒斯有一张床，他守在路口，见到行人就把他们抓来放在床上量一量，太长就用斧子砍去脚，短了就拉长，以便符合床的标准。结果被他丈量过的人，没有一个不是一命呜呼。

幽默的故事让我们沉思，它在育人模式和人才标准上能给我们太多的启示，而我们很多教师确实在用普洛克路斯忒斯之床衡量学生，也在衡量自己。他们喜欢把自己从事的教育教学工作和机关办公室工作比，羡慕别人工作的清闲，懊恼自己工作的辛苦；喜欢把自己从事的教育教学工作和个体经商比，眼红别人挣钱容易，慨叹自己工资低廉；他们羡慕别人职位的显赫，却看不到官场的挣扎，羡慕富人出手的潇洒，却忽略了其创业的艰辛、商场的尔虞我诈……这样比来比去，比高了别人，却卑劣了自己！

正如莎士比亚所说，如果我们把自己的身心比作一个园圃，那么我们的主观意志就是园丁。在这个园圃里种上什么样的花草，抑或什么样的树木，还是任其荒芜，决定权完全在我们自己。你用什么样的态度对待人生，你就会有什么样的人生；即不论我们从事什么样的职业，我们都可以把它当作自己的福地。面对物欲横流、红尘滚滚，许多人对自己的工作产生了倦怠。他们轻视自己所从事的工作，自然无法投入全部身心和智慧，于是往往陷入一种恶性循环：待遇不高，且社会、家长、学校的要求几近苛刻，工作辛苦劳累。工作越来越差，心情越来越糟。但细想一下，我们绝对是比上不足而比下有余，况且国家对教育的重视和教师待遇的日益提高，这是有目共睹的事实。也许工作中有许多不尽人意的地方，但如果连我们自己都瞧不起自己，那么怎么还能指望别人可以瞧得起我们！魏书生老师开始是一所农村中学的民办教师，任小艾老师刚参教时的学校人称"不出流氓，出土匪"。这些优秀班主任有一个共同的特点，就是持有积极面对恶劣环境的人生态度。态度不同，看待工作的意义也就不同；而看待工作的不同态度，则使他们的工作和生活拥有了更为崇高的幸福和价值。

你把学生当作魔鬼，你就挣扎在地狱；你把学生看成天使，你就享受在天堂。许多人自己处于幸福的山中，而远近高低看到的却都是别人的风景；只要欣赏自己，也欣赏别人，怀着一颗感恩的心去工作，我们一定会收获很多。是否具有强烈的责任感和使命感是区分优秀教师的最重要的标准！

二、更多地发现自己的长处，不断强化自己的优点

三百六十行，行行出状元。每一行都有它的乐趣，也都有它的烦恼，我们很难用同一个标准来衡量谁差谁好。有这样一个故事：

一个青年来到一片绿洲，碰到一位老先生。年轻人便问："这里如何？"老人反问说："你的家乡如何？"年轻人回答："糟透了。"老人接着说："那你快走吧，这里同你的家乡一样糟。"这位年轻人沮丧地走了。后来又来了一个青年，问同样的问题。老人也同样反问，年轻人回答说："我的家乡很好，我很想念家乡的亲人、朋友、花草树木……"老人说："这里也是同样的好。"这个年轻人高高兴兴地住了下来。旁边的人觉得诧异，问老人为何前后说法不一致，老者说："你要寻找什么，你就会找到什么。"

幽默的老人告诉我们：当你以欣赏的心情去看一件事情，你便会看到许多优点；当你以抱怨的心情去看同一件事情，则会看到无数缺点。想想我们的工作，何尝不是如此？虽然清贫，但我们并不粗俗，拥有比金钱更珍贵的精神财富；虽然平凡，但我们并不平庸，用执着和虔诚谱写出奉献的赞曲；虽然单调，但我们并不浮躁，在整天与无数笑脸的相对中，我们深刻地感受着被爱的幸福。

是的，这个平凡的职业可能会使我们无钱财无权势，可是我们是否注意到我们有的是钱财权势得不到也买不来的东西？我们每年都有几个月的时间可以自由安排，可以尽享读书、写作的乐趣，也可以享受休闲、旅游的轻松，这对许多人来讲，简直是一种可望而不可即的奢侈；上课时，我们可以煽动智慧之火，激情飞扬，慷慨陈词，也可以提出诸如"金钱有什么用？"等幼

稚而深刻的问题，和学生们一起探讨人生的许多道理；办公之余，我们可以读书、思考、交流，甚至可以和孩子们一起到田野里玩到昏天黑地；我们可以亲眼看见一个又一个孩子如花骨朵般一天一天地生长、绽放、飘香，就像创世之初亲眼看到泥土露出生机一样欣喜与满足。

当班主任，我们有那么多机会可以思考、创新、尝试！思考，特别是想自己的事，在班级这块自留地中种植自己的一些想法，那更不是一般人所能享受的一种自由与创造的幸福。更为重要的，我们还可以获得一样对生命最重要的东西——爱！不单是对学习和书本的爱，不单是对各种知识和思想的爱，还有对学生的爱。这种爱，可以让我们的一生都萦绕着充实与幸福！

所以，我们没有理由总欣赏别人的长处，而忽略自己的优点；没有理由一味地比高比优，而迷失了自我。欣赏别人是一种尊重，欣赏自己则是一种自信；学会欣赏，你就会发现一个全新且优秀的自己！很多时候，我们真的应该为自己感动，应该为自己喝彩！

三、积极地悦纳自己，自信地展示自己

爱默生说："自信是成功的第一秘诀。"只有自信，才能使一个人的潜能、才华发挥到极致。要培养学生的自信心，班主任首先必须相信自己，相信自己的使命，相信自己的职业，相信自己的明天，相信教育的作用，相信每个学生的"闪光点"都可以发扬光大，相信每个学生都可以成长为有用的人才。班主任是学生的精神领袖，必须要有足够的自信，并善于用自信感染学生，让班级充满勃勃生机。学生的自信，要靠我们的自信去启迪，去感染，去锻造。一个充满自信的班主任，音容笑貌间洋溢的是洒脱与果敢，举手投足中折射的是坚定与刚毅，言谈话语里流露的是睿智与英明。作为班主任，只要你承担起了教书育人的重任，就必须要拥有自己的自信人生。

《人性的弱点》是我非常喜欢的一本书。卡耐基在书中有这么一段耐人寻味的话：

"发现你自己，你就是你。记住，地球上没有和你一样的人……在这个世界上，你是一种独特的存在。你只能以自己的方式歌唱，只能以自己的方式绘画。

你是你的经验、你的环境、你的遗传造就的你。不论好坏与否,你只能耕耘自己的小园地;不论好坏与否,你只能在生命的乐章中奏出自己的发音符。"

大家熟知的诸葛亮,其实就是一个最懂得欣赏自己的人。他隐居草庐之中,却自比管仲、乐毅,博览群书,纵观时局。他不求闻达于诸侯,却令刘备欣赏不已,三顾草庐请其出山。试想,如果他因为出身寒微而一味羡慕别人且不懂得欣赏自己的话,其一生也就只能躬耕于南阳,做一农夫罢了。

我们每个人都是独一无二的;这个独特的"我",既有优点,也有不足。能得到别人的欣赏很好,自己站在"我"之外欣赏自我也是一件乐事。一个教师只有充分地自我接纳,懂得欣赏自己,才能找到好教师的感觉,才能自信地与学生、家长等交往,出色地发挥自己的才能和潜力,赢得学生和社会的认可和赞誉。一个人的成功与否不在于周围的环境,而在于有渴望成功的心灵。正如魏智渊老师所言:"真正的强者是不抱怨的,命运把他扔到天空,他就做鹰;把他扔到草原,他就做狼;把他扔到山林,他就做虎;把他扔到大海,他就做鲨。"魏书生、窦桂梅、李镇西……这些令我们钦佩不已的优秀教师,正是在这种欣赏自我、不断完善的坚守中,做出了辉煌的业绩,提升了人生的价值。

四、多观照内心,注重心灵的成长

弗洛伊德将人格结构分为本我、自我和超我,只有三个"我"和睦相处,保持平衡,人才会健康发展。我想,每个教师也应该至少将自我一分为三:一个在实践,体验劳动的艰辛,享受教育的过程;一个在思考,指引实践的方向,规划自己的成长;另外,还需要一个"我",站在一旁欣赏和评价,收集生活的阳光。现在,很多班主任之所以感到自己的工作简单、无聊、苦恼,其原因大都在于他们只管埋头走路,忘记了思考,忘记了欣赏,更不懂得以享受的心态对待自己和工作。俗话说,情人眼里出西施。在每天背着"情绪包袱"工作、生活的人眼里,天空总是灰色的,太阳总是惨淡的;当一个人充满激情地投入到工作中时,工作效率便会大大提高,职业的幸福感与神圣感招之即来;一个富有创新思想、工作激情的教师,随处都可以立足,在哪里都如太阳般灿烂。黄克剑老师说，人生的终极意义有两个取向，一是身心的幸福，一是境界的高尚。所以，"当一个人真正觉悟的一刻，他会放弃追寻外在世界的财富，而开始追寻他内心世界的真正财富。"我们可以平凡，但不能平庸；教育职业的特点决定了我们只能是精神上的富有者、内心上的富足者，切不可贪婪那些外在的物质上的肤浅的骄傲。

教师到底最需要什么？是金钱？是名利？是学生的好成绩？还是家长的尊敬、社会的推崇……我想，这些都不是。教师最需要的是一种源于工作的快乐，一种发自内心的快乐，是认识自我、发现自我、发展自我、创造自我、成就自我的快乐。这种精神上的快乐，超越物欲、私欲、权欲，正是教师成为名师乃至教育家不可或缺的思想根基。其实，人们通常所谓的成功既有收入、职位、地位等外在表征，也有专业知识和专业能力等内在表征。作为教师，我们应该理智地界定自己的成功，更多地关注自己心灵的成长。只要拥有强大的内心，我们完全可以活出自己的精彩！

一位伟人说过："要么你去驾驭生命，要么生命驾驭你。你的心态决定谁是坐骑，谁是骑师。"我们首先要看得起教师这份职业，只有尊重我们的职业，才能做到教书育人，这也是教师职业幸福感的来源。孔子、朱熹、陶行知、苏霍姆林斯基、杜威……几乎所有为人类做出重大贡献的中外教育家们，驱使他们献身于教育事业的激情动力与物质享受毫无关系，相反，是强烈的责任感和使命感在激励着他们对事业的专注精神和狂热激情。这其中有些功成名就的人即使在拥有了足够的经济能力后，也没有对物质生活表现出哪怕一丁点儿的热情，他们始终是一个物质生活的简单主义者，坚守教师的那份朴素与淡泊，但他们却是这个世界上最幸福的人，因为他们使平凡的生活深刻而富有意义，从身心的不断成长与完善中，获得了心灵的宁静与精神的满足。只有那些目标单一、内心宁静的人，才能够达到事业成功的顶点。要做一个幸福的教师，就必须常怀一颗宁静的心，恪守着自己精神世界的高贵，坚守教育者那份特有的真诚与虔诚。

热带沙漠里，土地贫瘠、气候干燥，可仙人掌还是挺直身躯，开出了缤纷的花朵；恶臭的淤泥中，缺少阳光、空气，却依然埋没不了坚强的莲花，亭亭玉立，香远益清。教师的工作环境和工作能力肯定是有差异的，但是心态应该没有差异。如果教师的内心没有充盈着幸福，那么他的工作肯定不会有较好的成绩；如果班主任的脸上没有洋溢着笑容，那么这个班级肯定没有朝气；如果一位教师对自己的工作没有一种自豪感，那么他自己也肯定没有多大的发展前途。班级，就是班主任最美的舞台，是我们展现自己的最佳位置。快乐是自己送给自己最好的礼物，愿每一个年轻的班主任都拥有阳光般的心态，积极面对生活的挑战，充满激情地迎接每一天，学习着充实每一天，思考着过滤每一天，品味着享受每一天，快乐着成长每一天。

君子之乐，得天下英才而教育之。教师心中如果没有阳光，教育就不会辉煌。只有幸福的教师才能培养、造就幸福的学生，只有快乐的教师才能让学生快乐、健康。作为一个"好老师"，不光要有专业的知识和技能，很重要的一点，还要有健康的心理。自信和宽容是一对孪生兄弟，拥有了这两件法宝，成功就一定会向你走来！

设计职业生涯——规划好自己的发展

作者心语： 没有规划的交通意味着拥堵，没有规划的城市意味着混乱。没有规划的人生长满了凌乱的野草，让我们无法欣赏生命田园里优美的风光，无法收获成功的果实而抱憾终生。起点上输一寸，就会在终点上输一丈。

做裤子需要打样，盖楼房需要图纸。现在，小到一个工厂、企业，大到一个城市、一个国家，都有三年计划、五年计划、年度计划等等。可是，我们却往往忽略了一个最重要的问题：作为生活主人的我们，很少能静下心来规划一下自己。作为教师，我们曾经为无数学生的未来设计、规划，也经常为一次考试处心积虑，为一节公开课彻夜不眠，甚至为和学生的一次谈话盘算良久。但是，却从没有认真思考过这些简单而深刻的问题：我现在是一个什么样的教师？我要成为一个什么样的教师？我怎样才能成为这样的教师？我是否在不断地设计着自己的教育理想？我是否在不懈地追求着一种自我的完善？我一生的教育生涯应如何度过？……

对我们绝大多数人来说，教师是要从事一辈子的工作，是与整个生活乃至生命休戚相关的事业。所以，我们应该也必须为自己生命中最重要的事情——教师职业生涯做个像样的规划。设计良好的职业生涯，不仅可以保障我们的专业成长和持续发展，更为重要的是可以促进我们建立和提升自己的教育专业地位与人生价值，在具体实在的成功中体味教育者独有的幸福。

有这样一个故事：

一个22岁的青年，在遭受人生的种种不幸之后，情绪低落到极点，对生活失去了信心。无奈之余，他求助于算命先生为自己占卜未来。算命先生告诉他："你只能活到45岁。"谁知这句生命的预言，却改变了青年一生的命运。从那以后，他不再怨天尤人、消极颓废，而是积极乐观地面对生命中的每一天，并为以后23年的人生进行了合理的安排，确定了每一年要做的事情和要完成的人生目标，昼夜忙碌着，与死神赛跑，分秒必争地努力工作，丝毫没有倦怠之意，时时刻刻都在埋头苦干，执着于一生的追求。最终，他的每一项计划都实现了，他获得了巨大的成功。

45岁生日那天，他坐在床前静候着死神的降临，然而他并没有死。谈及成功经验，他深有感触地说："如果每一个人都能预先知道自己的寿命，人们就会知道自己还有哪些事情该做而没有做。这样从终点往回走，自己的人生一定会更好。"

朴实的几句话，却揭示了一条走向成功的道理：从生命的终点往回走，为生命做一个科学的规划，你就会拥抱成功。其实，我们何必非要等到那种"死"的威胁来临时，才去规划人生呢？行动越早，人生越有方向，成功越有把握。

一、什么是"教师职业生涯规划"

参考国内外的许多相关资料，我们大致可以得到这样一个定义：教师职业生涯规划是指教师从自身优势和特点出发，根据时代、社会的要求和所在学校的共同愿景做出的，能够促进自身有计划地可持续发展的预期性、系统性的自我设计和安排。

从上述解释中，我们可以清楚地看出三个关键点：一是教师职业生涯规划的主体是教师自己，而不是其他任何个人或组织，它是教师的"自我设计和安排"；二是教师职业生涯规划必须基于现实，从教师个人和时代、社会、学校发展的实际出发，能够有效地促进教师的专业发展；三是设计职业生涯对教师自身发展具有非常重要的指导作用，促使教师关注和思考在工作中如何做正确的事、怎么正确地做事、怎样有效地做事等核心问题。

我们的祖师爷孔子就是最早的人生规划师，他说："吾十有五而志于学，三十而立，四十而不惑，五十而知天命，六十而耳顺，七十而从心所欲，不逾矩。"他把人生划分为学习、自立、完善等六个持续上升的阶段，给我们树立了"活到老，学到老"的典范。被中国青年一代尊称为"人生设计师"的新东方文化发展研究院院长徐小平更明确地警告："不做人生规划，你离挨饿只有三天。"

二、教师为什么要进行职业生涯规划

教师为什么要进行职业生涯规划？主要原因有三：

1. 时代发展的要求

（1）我们正处在一个"教育大变革的时代"，职业、岗位及其所需要的知识、理念、能力都处于不断变化之中，而且更新的速度逐渐加快。为了适应并超越这种不断加快的变化，我们必须提前规划自己的职业生涯。

（2）我们所处的时代是一个"学习的时代"。"学习化社会""学习型组织"日益受到关注，终身学习成为每个人生存发展的不二手段；在新的《中小学教师职业道德规范》中，明确地把"终身学习"列为六项主要内容之一。教师理应成为终身学习的表率，设计职业生涯就是要对自己的终身学习做出一个明确的规划。

（3）我们所处的时代是一个强调"科学发展"的时代。"科学发展"的前提是"科学规划"，所以，无论是国家、地方、行业还是个人，都面临一个"科学规划自己"的问题。

2. 教师专业发展问题日益重要而迫切

从某种意义上说，没有广大中小学教师不断地专业发展、专业提升，就没有素质教育和课程改革的成功。促进教师专业发展的策略、手段、方法、途径很多，而促进和帮助中小学教师形成、执行自己的职业生涯规划不失为一个很好的"抓手"或"切口"。大量的研究证明，凡是那些专业发展得好、专业成长得快的教师，都是自我规划比较早且比较好的教师。

3. 设计职业生涯，是教师自我实现和人生幸福的需要

设计职业生涯可以减少教师自我发展的盲目性，能使教师在自我发展的路途上少走弯路，提高教师自我发展的效能感、成就感和幸福感。苏格拉底曾说："没有反思的生活，是不值得过的生活。"对一个教师而言，没有规划的职业生活，是不应该过的生活。"凡事预则立，不预则废"，实践证明，一个教师如果没有科学有效的职业生涯规划，其专业成长会处于盲目的状态，不仅成长速度很慢，而且会走很多弯路，其职业原动力和职业成效感、职业幸福感都会受到影响。

三、教师进行职业生涯规划应注意的问题

在进行职业生涯规划时，要特别注意以下几方面的问题。

1. 充分认识自己的发展状况，立足当下

职业生涯发展是从做好本职工作开始的。自我认识是成功之路的起跑线，自我认识是成功人生的根据地，自我认识是智慧人生的发动机。一个教师只有看清自己，接纳自己，才能重塑自己，从而成为理想的自己。职业倦怠感产生的重要原因，就是这些教师缺乏基本的反思和改进意识，年年照本宣科，依葫芦画瓢，二十年的教学经验只是一年经验的二十次重复。

要想使自己的教育生活充满情趣和活力，就必须坚持在学习中不断反思。自我反思是职业生涯设计的基础，是自我主动成长发展的基础。通过自我反思充分认识自己的发展状况，就是要充分认识自己的优势特长和缺点不足，对自己认识得越清醒，发展的动力就越充足。

每个教师都有自己的优势特长和缺点不足，而那些优势和特长就是我

们成功的支点，一定要学会经营自己的长处。任何人都是在自己的长处上获得成长和成功的，所以，在规划自己的职业生涯时，我们一定要认真研究自己，努力找到自己的优势特长和缺点不足，然后扬长避短或者扬长补短，使自己的职业生涯规划更加科学、有效。

2. 对社会、学校和家庭等成长环境做细致的分析

分析成长环境，是为了了解环境的特点，找出对自己成长有利的方面或者不利的方面，清楚环境中自己可以利用的资源和需要的外在帮助，以及如何取得领导和同事等的更多帮助，从而更好地确定自己的职业目标和成长的途径。

3. 合适的自我定位与具体的目标设计

要给自己一个比较符合实际又有挑战性的定位，同时，从时间和项目两个角度把职业生涯划分为不同的阶段，在不同的阶段确立不同的目标和具体任务。发展目标要突出自己的状态改变，切忌空泛，必须有明确的量化指标和自我惩罚措施；既要按任务驱动去订规划，又要形成自己真正的"自我需求"去规划自己的发展，把规划变成"承诺"，让"承诺"变成行动，用行动创造结果。

4. 合理划分成长阶段，确定每个阶段明确的阶段目标

成长的方法和途径很多，但不管哪一种途径都必须建立在教师内心具有强烈的主动学习欲望的基础上，这样才会真正实现自身的专业化发展。借鉴许多名师成长的经验，我给自己的教育人生设计了八个"五年计划"，具体如下表。

郑立平教育人生的"八五计划"

发展规划	阶段特征	事业追求	主要任务
第一个五年计划	模仿与创新阶段	定位	正确认识自我，确立职业方向
第二个五年计划	创新与徘徊阶段	立足	扎根教育教学，获得环境认可
第三个五年计划	徘徊与突破阶段	出色	注重创新开拓，拿出优异业绩
第四个五年计划	突破与成熟阶段	成功	提升专业能力，自信面对工作
第五个五年计划	成熟与升华阶段	拓展	丰富教学艺术，寻求理论创新
第六个五年计划	升华与充实阶段	收获	提炼成长经验，形成教育思想
第七个五年计划	充实与超越阶段	新生	快乐读书学习，坚守教育梦想
第八个五年计划	超越与沉醉阶段	完美	享受精神富足，追求幸福人生

在每一个发展阶段，还有最为重要的一部分——具体目标，即目标的分解、细化，具体到哪一年争取完成什么事。一本书，一节课，一个小机会，一次小成功，看似不起眼，但它们都是一块块砖，垫在脚下，久了，就长高了；也是一把把土，铺在身前，久了，就成了路。这部分内容因人而异，无标准可循，我暂不做细致解释。

人生就是一场漫长的障碍赛，需要不断地跨越自己。现实与梦想之间，必须有一把梯子，这把梯子叫作行动。回想自己的成长，从21岁大学毕业初涉教坛，到2006年被评为山东省十大创新班主任，再到现在成为国家级骨干班主任、山东省班主任培训工作专家组成员，并尝试着著书立说、各地讲学，可以说，我基本上都是按照自己的发展规划，在一路辛苦一路欢歌中昂首走来的。

5. 关注自我精神状态，不断追问和剖析自己的思想与行动

成长，其实就是一种状态，有什么样的精神状态就会有什么样的生活。同样，大学毕业的学生到相同或相似的工作环境后，不几年，有些人就硕果累累、功成名就，而有的人依然很不适应。是什么造成了这巨大的差别？环境有影响，但，是关键因素吗？绝对不是。关键在于各自拥有的发展心态。我们常说的"机遇总垂青于那些有准备的人"，实际上就是这个道理。积极心理学告诉我们，如果在做任何事时都能假想"我能成功，我一定能行"，就会比那些没有想象过的人更有成功的可能。我们自己是职业生涯的设计师，自我成长的精神状态决定着我们人生的未来。如果我们的规划设计比较合理，它首先能对以下8个问题做出清晰的解释：

(1) 你是为满足生存需要而工作，还是为兴趣而工作？（喜欢自己做的事，就快乐；做自己喜欢的事，就幸福。让工作成为自己喜欢的事情，为兴趣而工作，是人生幸福之源！）

(2) 你是着眼于当下谋划自我，还是着眼于未来规划人生？（让对未来的期待引领我们今天的生活！）

(3) 在人生旅途上，你是一个纯粹的生命消费者，还是一个不断为自己生命增值的人？（教师理应学会为生命理财，学会为生命投资，让自己的生命不断增值!)

（4）你是事事等待领导安排，还是像机敏的猎豹一样，总是主动出击寻找机会？（机会总垂青于那些有所准备的人。所有创造者，都是主动者！所有成功者，都是主动者！所有幸福者，都是主动者！）

（5）你是否善于抓住影响你专业发展的关键人物、关键事件和关键书籍？（我们常说，人生紧要处，往往就那么几步，所以我们必须抓住那些可能对自己的一生产生重大影响的人、事以及给予自己启迪和动力的思想。）

（6）遇到困难，你是以抱怨和牢骚来应对，还是以积极的心态去化解？（事实证明，牢骚满腹的人做事成功率最低，怨天尤人的人幸福感指数最低！）

（7）你是把工作当作课题来研究，还是把课题当作工作来对待？（"君子务本，本立而道生"，教育教学就是我们的根本。最容易诞生成果的领域，就是我们每天都在从事的工作！）

（8）对于心中的目标，你是只有三分钟的热度，还是保持永久的激情？（热情只萌动希望，激情可以点燃梦想，而坚持才能铸就辉煌！特别是对于教育这个本身就平凡甚至清贫的职业，如果没有真正的虔诚和痴情，往往很难取得什么成就。）

西方有一句谚语：如果你不知道自己要到哪儿去，那么你通常哪儿也去不了。规划就是要在职业生涯的起点和终点画一条清晰的线，明确自己教育人生要走的道路。起点可以很低，但终点一定要高；速度可以快，也可以慢，但一定要有不到长城非好汉的恒心。难免会有许多斜岔，路旁也肯定会有一些野草或鲜花，但我们一定要明白：我想到哪儿？我能到哪儿？我想要什么？我能得到什么？我始终认为，做教师的人最可怕的不是工作量大，也不是跟学生、家长闹得不愉快，最可怕的是重复，在重复中麻木，看不到希望。

职业生涯设计实际上就是要让我们对自己的未来有所考虑，学会自己管理自己，永远使自己活在希望里，知道自己今年要做什么、明年要做什么、两年以后要做什么，从而用自己的行动来拯救自己。缺乏一个明确的梦想，对人生没有一种设计，或许正是导致许多教师不能迅速提高业务能力，不能发展提升的原因。

每一个青年教师初上教坛都充满了激情与梦想，想要做一名好教师；也都曾不甘平庸，想要在教学上有所作为，在工作中不断超越自己。但是，很多人却在自己的工作中逐渐倦怠，思想变得消极和麻木，行动变得迟缓和敷衍。而那些名师从不这样，他们的可贵之处，正在于他们始终坚守着自己的思想追求，坚守着对事业和学生的真爱，始终如一地向着一个又一个目标迈进。所以说，名师的成功之路，大都是一个在教育实践中坚守自己梦想的长期征程。

或许，有些老师会说，我都40多岁了，还做什么规划？我说，正因为你40多岁了，所以更需要做好自己的成长规划。为什么？原因很简单，你已经在茫然中荒废了人生的很多宝贵时间，如果再不看看自己的目标，整个教育生涯就会苍白而可怜地结束了。其实，40岁左右正是创业的最佳年龄，拥有精力充沛、经验丰富、做事扎实、家庭支持等优越的条件，可谓天时、地利、人和全部具备。"岁月只能使我们容颜变老，激情却让我们永远年轻。"40岁、50岁都只是生理年龄。谁说40岁的人不可以拥有18岁的心？

支玉恒老师，1939年生于河北省张家口市，1959年于河北体育学校毕业后在小学上体育课，由于种种原因，一直到1977年，近40岁时他才改教语文。当时他连汉语拼音都认不全，可是苦练三年后，工作就大有起色。后来他走出了张家口，走出了河北省，成为全国著名的特级教师。

其实，年龄不是拒绝成长的借口，惰性才是造成我们平庸的祸首。所以，我们要提高自己的生活质量，要享受教育的快乐幸福，就必须认真细致地规划自己，下定决心改变自己。作为一个承担着教育重任的班主任老师，更要对自己的人生负责，给学生树立一个可以仰望的榜样！

愚蠢的人总奢望远方，智者在脚下播种幸福。每个教师都需要精心设计自己的职业生涯，从终点处规划人生，将远大的蓝图分解成一个一个小的目标，全力以赴让它们一个个实现。如此，我们就成了自己生命的主角，尽情地享受教育人生的幸福！

冷静掌控抉择——控制好自己的情绪

作者心语： 谈到对学生问题的处理或对"问题学生"的教育，人们总关注方法和措施，而忽略了情绪。其实，在日常班级管理中，影响我们成功的最大敌人，往往是缺乏对自己情绪的控制。实践证明，生气是拿别人的错误来惩罚自己，冲动往往以愚蠢开始，以后悔结束。切记，生气时不教育，教育时靠智慧。

如果有人问我："当班主任最需要什么？"我会说："好脾气！"因为班主任的"脾气"直接关系着师生关系的优劣，直接影响着班级管理的质量，更决定着班主任个人工作的幸福指数。

在平常工作中，这里的所谓"脾气"更多地通过"情绪"表现出来。所以说，控制好我们的情绪具有非常重要的意义。"人有悲欢离合，月有阴晴圆缺。"我们的情绪也如日出日落、月圆月缺一样，有时好有时坏，处于波动和变化之中。而情绪对人的影响是巨大的，消极的情绪使人仇恨、愤怒、忧伤、悲观，积极的情绪可以给人以希望、自信、快乐、轻松。

在网上曾看到这样一个故事：

在美国加州有一个小女孩，父亲买了一辆大卡车。她的父亲非常喜欢那台卡车，总是为那台车做精心的保养，以保持卡车的美观。一天，小女孩拿着硬物在卡车上留下了很多的刮痕。父亲盛怒之下用铁丝把小女孩的手绑起来，然后吊着小女孩的手，让她在车库前罚站。

四个小时后，当父亲平静下来回到车库时，他看到女儿的手已经被铁丝绑得血液不通了！父亲赶紧把她送到急诊室，可是手已经坏死，医生说如果不截去手的话将更加危险，甚至可能会危害到小女孩的生命。就这样，小女孩失去了她的一双手！坚强的小女孩忍住了痛苦，但是她却不懂这是为什么，不懂到底发生了什么……

大约半年后，父亲的卡车进厂重新烤漆，又像全新的一样了。当他把卡车开回家，小女孩看着完好如新的卡车，对他天真地说："爸爸，你的卡车好漂亮哟，看起来就像是新的一样。但是，你什么时候才把我的手还给我？"听到孩子天真的话语，不堪愧疚折磨的父亲彻底崩溃，举枪自杀了。

一场悲剧，只是因为父亲没能控制住自己的一次情绪。有些人可能会说，这只是个特例。其实，只要你想想自己和身边的同事，就会立即意识到我们平时在教育教学中，因一时情绪不好而做了太多太多的傻事。如果你经常关注新闻媒体，就会发现发生在我们班主任身上的类似悲剧更是屡禁不止。我们来看一下这样两个案例：

第一节正好是班主任小张的课，对于这节课的教学内容他早已做了精心准备，所以信心十足地早早就来到教室。同学们见班主任来了，都安静下来，主动地预习新课，看着学生们认真的样子，小张心里非常高兴。

随着上课铃声，小张开始上课。按照惯例，他首先询问昨天的作业上交情况。课代表站起来说："老师，只有A没交！"A是学习偏下，又十分调皮的学生，作业老是拖拉，前天刚被小张批评过，满口答应以后认真完成作业，可今天又没交作业。小张一听，就火了，真想冲过去揍他一顿。好歹强忍住了，但只见他把书往课桌上"啪"的一摔，滔滔不绝地大声讲了起来，从A的分班情况讲到现在的表现，从古今中外的伟人成长讲到班里表现突出的优秀学生，从A的学习讲到他的思想、品质……等他感觉有点口干舌燥要打住时，下课的钟声也敲响了。他狠狠地瞪了A一眼，心里想：哼，又让你耽误了一节课！

重庆渝中班主任汪某是教书30多年的老教师。2004年4月12日上午，女生小丁因昨晚学到很晚，上学迟到。汪老师一气之下，竟侮辱地说："你长得又矮又丑，连坐台都没有资格。"整个上午小丁都闷闷不乐，中午偷着写下遗书后，从学校教学楼跳楼自杀。汪某被捕入狱。

读完这些触目惊心的案例，我们是不是从中隐隐地看到了自己的影子？是学生真的那么可恶，非得我们恶语相加、粗暴惩罚，还是我们教师缺乏基本的自控能力，在错误的情绪状况下采取了错误的处理方式？这些案例中的老师，是否还敢说自己在教书育人、为人师表？

我们班主任的主要任务就是对学生进行管理，工作的紧张、生活的压力、领导的批评、家长的误解、学生的抵触……使我们时刻都面对着各种烦恼、各种矛盾，甚至各种危险，稍不注意就会冲开情绪的大堤，出现失当的行为。

其实，从年龄和心理特征上分析，学生毕竟还是孩子，不成熟是固有的特点，犯错误是他们特有的权利。有的可能一错再错，屡教不改；有的可能偏偏在班主任强调某个问题之后又"闯红灯"；有的可能恰恰在最不应该出问题的时候捅出"娄子"。而现在一个突出的问题是，尽管新课改已经推行多年，但许多班主任仍然没有真正转变自己的教育理念：尊重学生的个性，承认学生的差异。他们不注意努力提高自己的专业能力，不会用发展变化的眼光看待学生，更没有耐心细致地研究分析学生；一旦发现学生出现错误，往往只会火冒三丈，呵斥、责训、劈头盖脸地严厉批评，动辄还上纲上线，把学生说得一无是处、体无完肤；更有甚者丧失理智，任由情绪泛滥，讽刺挖苦、严厉体罚，给自己和学生的身心都带来巨大伤害，有时还会留下终生遗憾。冷静才能产生机智，"头脑发热时，聪明人也会变成傻子"。

所以，有人说，脾气暴躁的人不适合当老师，特别不适合做班主任，这话不无道理。情绪泛滥，不仅有损我们的身体健康，而且对我们的工作、学习、人际交往、事业都会产生不良影响。教师用愤怒、粗暴、恶劣的情绪，不可能真正维护自己的威信和尊严，反而会使师生关系更加恶化，引发学生更大的抵触、挑衅、鄙视。因此，可以毫不夸张地说，学会控制自己的情绪是做好班主任工作的一个重要前提。

我以为，教育的艺术就在于将出现的问题转化为教育的机会。学生的问题恰恰是教育、帮助学生的良机，也恰恰是教师不断修正自我、不断进步的契机。那么，面对这些犯错误的学生，班主任应该如何处理？又如何控制自己的情绪，克服粗暴行为呢？多年的班主任工作使我深深体会到：掌握自控技能，选择好合适的处理方法，是解决问题的关键。

一、沉着、冷静，尽可能站在学生角度考虑问题

只有在真心接纳学生的前提下，才会利用和把握好这些契机。一般来说，在遇到学生犯错误时，有责任心的班主任往往都显出急躁情绪。但是，这时候，更需要用理智控制我们的行为，选择合适的解决问题的方式，千万不要感情用事，采用"硬碰硬"的教育方法，这样很容易发生师生冲突，不仅影响正常的教学秩序，还常常使教师本人处境尴尬。

其实，大多数学生在犯错时，往往并没有意识到事情的后果，更不会故意给老师带来工作上的麻烦和心灵上的痛苦。特别是现在的青少年已经具有了鲜明的社会性，他们身上具有这个时代的烙印：崇尚个性，藐视权威，要求民主、平等，喜欢独立思考，接受新事物快；但又缺乏责任感，缺乏感恩意识，脆弱，迷茫，压力大等。同时，他们对教师的要求很高，不仅希望教师能够站在他们的角度，理解他们所承受的压力，尊重他们的情感，爱护他们脆弱的心灵，平等地对待他们，而且希望老师能够走进他们的内心世界，给他们的人生、职业、情感以个性化的指导……学生的这些年龄特征和时代特点，迫切要求我们班主任更新自己的教育观念，提高自己的专业技能，承担起更新的角色和任务，采用更新的教育手段和措施。

"一切最好的教育方法，一切最好的教育艺术，都产生于教师对学生无比热爱的炽热心灵中。"不管学生做出什么事，我们都要尽量避免先入为主，更不能让一时的恼怒代替了老师应有的宽容和理解，而应始终抱着善意的态度对待他们，本着尊重学生人格，保护学生自尊心的原则，正确妥善地处理。

孟子曰："教者必以正；以正不行，继之以怒。继之以怒，则反夷矣。"试想，如果没有老师冷静后的机智，怎么会有好的教育效果？我们常说："被气糊涂啦！"冲动使人智昏，冷静产生机智。古人云："胜人者力，自胜者强。"我们控制自己的情绪，实际上就是超越了自己。

学会克制自己的不良情绪，是做好班主任的一种重要修养。夸美纽斯说："犯了错的人应当受到惩罚。但是他们之所以应受到惩罚，并非因为他们犯

了过错,而是为了使他们日后不去再犯。"为此,我们必须学会换位思考,心平气和地、设身处地为孩子们想一想,然后冷静地寻求最佳办法,而不至于怒气冲天,伤心伤神,小事化大,越急越糟。

"亲其师",才能"信其道"。面对犯错的学生,教师首先要冷静,要用一颗宽容的心去包容学生的过错,认真寻找学生犯错的原因,然后心平气和地与学生交谈,以心换心,才能使学生放下顾虑,取消敌意。事实证明,学生冷静下来后,大都会为自己的冲动深感懊恼,有时会主动检讨自己的错误,如果教师再加以引导,晓之以理,学生定会心悦诚服,问题也就迎刃而解了。

二、学会分析,做细致的调查研究

教育是一种慢的艺术,了解事情产生的原因及过程,弄清事实的真相、是非曲直,可以有效避免问题处理的盲目性、表面化。"没有调查,就没有发言权。"对待学生出现的错误,班主任切忌主观臆断、处事武断,应深入调查,查明缘由,再对症下药。

在前面提到的第一个案例中,小张老师针对一个学习困难生没有上交作业的处理就非常不妥。学生为什么不完成作业?到底属于什么原因?怎么处理才能有助于他以后改正?如果他是想做而不会做,需要我们跟上必要的辅导帮助;如果他是不会做而忘了做,则要根据具体情况处理,这时的宽容会让学生深深感激;如果是学生懒惰而不想做,则需要我们教师采取措施端正他的思想态度、激发他的学习兴趣……而年轻气盛的小张老师却没有克制住自己,不问青红皂白,使原本可能精彩纷呈的一节课被激动的情绪彻底破坏,让一件很平常的小事打乱了整个班级的正常学习。

再比如,当你突然得知两个学生谈恋爱时,你会怎么办?是大发雷霆,当头棒喝吗?是叫来家长,弄得满城风雨吗?是不敢处理,推到学校,把问题扩大吗?我想,有经验的教师绝不会如此!因为这样无分析、无准备的处理,往往会导致师生间激烈的矛盾冲突,很多时候因为小题大做或方法粗暴武断而造成非常尴尬甚至非常危险的结果。

正确的方法是先控制好自己的情绪，巧妙调查，静观事变，等待一个更有利的时机，找准一个最佳的介入点，选择一种双方都能接受的方式，采取一个和缓而真诚感人的态度。我们所要做的是什么？不是批评、训斥，不应造成心灵的创伤，而是平心静气地"赏析"：要想到这是青少年成长中再寻常不过的现象，要研究事件形成的原委和趋势，要根据学生的特点采取恰当措施去充实学生的心灵，转移或升华这种情感，以保护学生的自尊心为前提，让甜涩的玫瑰羞答答地开，静悄悄地落。

"耳濡目染，言传身教。"无论怎样，我们都要把自己美好的一面展示给孩子们，让他们的心灵充满阳光，充满希望，充满信心。当我们不堪重负想发泄时，想想孩子们内心深处的美好愿望，想想"孩子们来学校是来受教育的，不是来受伤的"，想想"如果我是孩子，如果是我的孩子"，那么，我们就会变得从容一些、平和一些、耐心一些。无论怎样，班主任都必须明确，我们面对的是一个"人"，而不是单纯的"事"；我们的目的是为了促进人、发展人，而不是单纯地解决"事"；如果因"事"毁了人，那就成了教育的悲哀。

我们常说，做好教师不光需要爱心，更需要耐心。所谓耐心，就是面对棘手的事情或问题能冷静掌控自己的行为，选择一个更好的观察视角和更恰当的解决机会，酝酿更成熟的方案。而有耐心的前提，就是首先要有好的情绪。任何人都不可能做到在心情败坏、情绪激动时，和学生心平气和地耐心交流。从某种意义上说，班级管理就是一场和学生斗智斗勇、不断抉择的游戏，这其中最重要的是，我们要用冷静的态度掌控每一次抉择的全过程：在做出抉择之前必须要"重重"思考，分析好各种处理行为和方式的利弊，想清"最好的可能"和"最坏的结果"，争取实现最佳的教育效果。

三、学会借助学生的监督，诚心完善自己

无论我们以怎样饱满的心情走进课堂，都难保会发生一些偶然的事情，会出现一些不愉快的问题。天天和学生打交道的班主任往往更容易情绪激动，如果控制不好自己的情绪，说出过激的语言或做出过火的行为，就会破坏和谐的师生关系，打乱正常的教学秩序，有时甚至会引发事态的扩大，

酿成恶性事件。但是，问题的关键在于，教师作为当事人，深陷当时的情绪环境中，大多数情况下都很难及时意识到行为的后果，很难及时控制自己的言行。所以，要想使自己能及时有效地把握自己的情绪，最好得有一个外在因素的干预。很明显，只有我们的学生最适合也最容易承担这一特殊的任务。

几年前，年轻气盛的我经常在课堂上和学生发脾气。一次上课，因学生违纪，我大发雷霆，此后几节课，我都有意阴沉着脸。不久，在与学生的一次书信交流中，有几个孩子都说："老师，你那天吓死我们啦！我们多么希望看到你的笑脸呀，看到你微笑着，我们心里就快乐。"学生们充满期待和信任的话语，既让我感动，又让我羞愧。

可怎样才能及时控制自己的情绪呢？经过一番认真思考后，我想到了一个妙招——设立"表情监督员"。于是，我精心挑选了位于前排的两个聪明灵活的学生来担任这一特殊的角色。我叮嘱她们：在课堂或集会中，看到老师情绪激动时，就赶紧偷偷地摇手示意；如果老师没有发现，就再站起来，假装询问问题，及时用语言、眼色或手势等提醒老师注意。在这两名"表情监督员"的有效帮助下，我比较好地把握住了自己的情绪，课堂上始终洋溢着对学生的关爱和轻松的笑容。两周的实验，使我初尝到这一措施的好处。从此，"表情监督员"就成了我的班级中特有的岗位。

当然，要控制好自己的情绪，还要学会一些调节和控制的技巧与方法，如话题转移法、娱乐冲淡法、锻炼宣泄法、自我暗示法、幽默化解法等，这些都需要我们在实践中不断磨炼。

控制情绪是一种艺术，凸显出教育者很高的实践智慧。苏霍姆林斯基曾告诫："不要把自己降低到学生的水平"。可是，在现实中，当学生犯错时，我们却常常情绪激动地乱发脾气，不仅没有解决问题，反而使问题更加严重。事实证明，训斥、谩骂甚至体罚都是班主任教育智慧匮乏和管理能力低下的表现。

尽管有些"差生"的确使人头疼，但一无是处的学生是不存在的，每一个学生都有他的闪光点。教育者必须有一种慈悲胸怀，为了学生，也为了自己，我们必须控制好自己的情绪，不能让自己成为情绪的奴隶。某种意义上，发火只能说明我们的无能。要知道，生气是拿别人的错误来惩罚自己，而冲动往往以愚蠢开始，以后悔结束。

2004年，在一次学生问卷调查中，有很多学生都提出了一个相同的问题："老师，你怎么整天笑？"其实，在这笑容的背后，得益于我给自己设立的两个"表情监督员"。老师真诚的笑容，孩子们自信的笑脸，构成了班级一幅温馨的画面。

发挥同理心，是了解别人的第一步。蹲下身来，站在孩子的立场去看、去想，才能了解孩子眼中的世界。一个孩子如果能"摊"上一个愿意为他辩护、有能力为他辩护的老师，那绝对是一种命中的幸运。

其实，我们对待自己生活中的许多事情也是如此。在处理与领导、同事的关系时，在处理与家庭、社会的矛盾时，都需要我们冷静处理，合理抉择。

"一个优秀班主任就是一位教育家"，他理应成为能自觉控制自己情绪的人，能够面对现代社会的各种挑战做出最具有智慧的选择，选择做自己能够胜任的工作，选择做能够得到满足感的事情，把握住每一个成长的机会。他既不会情绪激动、浮躁冒进，在事业遭到挫折时心理落差较大；也不会情绪消极、悲观失望，没有承担责任和肩负重担的勇气；他永远怀着饱满的精神和对教育的无比忠爱与虔诚，行走在追求梦想的征途。

好心情，是重要的教育资源。教师职业之所以神圣，是因为教师不是一般的职业，它直接关系着学生的成长。教师的情绪，不仅影响到教育教学的质量，更可能影响到孩子的发展。无论怎样，我们都要把自己最美好的形象展示给学生，让他们的心灵充满阳光，充满希望，充满信心。这，应该成为教师职业的底线。

运筹帷幄之中——制订好工作的计划

作者心语： 许多人很费力地做事，但工作的杂乱无序却让他们成了事务的奴隶。如何对工作胸有成竹？如何轻松做好每一天的事？如何有序完成每一年的任务？如何有效实现每一个班的目标？如何从纷繁的事务中脱身而出，实现自我提升，让自己有限的时间和精力产生最大的工作效益？……胸有成竹就轻松自如，仓促应付必然忙碌无序。这一切问题的解决，都与你是否认真制订工作计划有很大关系。"运筹帷幄之中，决胜于千里之外"，能否制订切实可行的计划是工作是否科学化的重要标志。

作为一名教师，从事一个"传道、授业、解惑"的特殊职业，自己身上的担子很重；而作为一名班主任，身上的担子就更重了些，既要备好自己所任教的课，又要时刻关注着孩子们的成长，处理好班级中的繁杂事务，免不了烦恼与疲惫。但尽管如此，却并不应也不能阻挡我们心中的渴望：轻松、快乐和幸福。固然，心态的调整非常重要。对教育的虔诚，对学生的挚爱，可以使我们充实而快乐、宁静而精彩。

如果要寻找能使我们"轻松"的最佳良药，无疑是深厚的爱和包容的心。它可以使我们累得大汗直流，而乐得全身陶醉。幸福，其实就是一种全身沉醉的状态，但是，我们绝不能因为爱而放弃了对工作秩序化、效益化和科学化的追求。为我们的工作制订一个科学的计划，做一个具体的安排，可以把深奥的事情简单化，把杂乱的事情条理化，把长期的事情阶段化，是提高工作效率、改善工作质量的有效途径。

我为什么不把它叫作"班主任工作计划"，而叫作"班级工作计划"呢？这是因为，班主任工作计划从名称上就决定了它只是班主任个人的工作行为，而班级工作计划是以班级为核心，以班主任为主导的班级所有力量都参与、思考、讨论、规划而形成的，它真正体现了现代班集体的要求和特点。班级应该是师生共同学习、共同发展的成长共同体，班主任是其中最主要的组织者、管理者、规划者和推动者，在影响班集体的众多因素中起主导作用。但是，对班级的管理和学生的教育绝不仅仅是班主任一个人的"私有权力"，学生、任课教师甚至包括家长等都是班集体的成员，因此，在制订班级工作计划时，班主任必须广泛征求大家的意见和建议。这样形成的计划对班级工作才更具有针对性、指导性和引领性。

曾经不止一个年轻班主任问我："郑老师，我们都快忙死了，怎么你老是这么轻松呢？"我都是笑着说："你看看我的班级工作计划，这些事，我早和学生们想到了，也早就着手干了。所以，现在就不忙乱了。"在我看来，许多班主任工作忙碌劳累的一个重要原因，就是他们对自己的工作没有明确的计划，不知道自己在每个学期的各个阶段要做什么，应该做什么，怎么做才更好。

制订班级工作计划真的这么重要吗？我们首先从一个故事谈起：

两个同龄的年轻人同时受雇于一家店铺，并且拿同样的薪水。可是一段时间后，叫阿诺德的那个小伙子青云直上，而那个叫布鲁诺的小伙子却仍在原地踏步。布鲁诺很不满意老板的不公正待遇，终于有一天他到老板那儿发牢骚了。老板一边耐心地听着他的抱怨，一边在心里盘算着怎样向他解释清楚他和阿诺德之间的差别。

"布鲁诺先生，"老板开口说话了，"您现在到集市上去一下，看看今天早上有什么卖的。"布鲁诺从集市上回来向老板汇报说，今早集市上只有一个农民拉了一车土豆在卖。"有多少？"老板问。布鲁诺赶快戴上帽子又跑到集上，然后回来告诉老板一共40袋土豆。"价格是多少？"布鲁诺又第三次跑到集上问来了价格。"好吧，"老板对他说，"现在请您坐到这把椅子上一句话也不要说，看看别人怎么说。"

阿诺德很快就从集市上回来了，向老板汇报说，到现在为止只有一个农民在卖土豆，一共40口袋，价格是多少多少，土豆质量很不错，他带回来一个让老板看看。这个农民一个钟头以后还会弄来几箱西红柿，据他看价格非常公道。昨天他们铺子的西红柿卖得很快，库存已经不多了。他想，这么便宜的西红柿，老板肯定会要进一些的，所以他不仅带回了一个西红柿做样品，而且把那个农民也带来了，他现在正在外面等回话呢。

老板转向了布鲁诺，说："现在您肯定知道为什么阿诺德的薪水比您高了吧？"

两人的区别在哪儿？我想，主要不是他们工作待遇的不同，因为它只是一个结果。更大的差别在哪里？就在于他们工作方法的优劣，这才是造成差距的根本原因。前者总是在机械地等待别人的命令，而后者不仅知道自己要做什么，而且知道应该怎样做。正因为他对自己要做的工作有一个明确的规划，所以轻松而高效。细细想来，前者这种被动、忙乱的工作方式和我们许多班主任惊人地相似。

诚然，我们班主任在工作的时候总要受到各种各样要求的限制，但是，如果我们总生活在"指令"下，就像被人奴役，那将是一件非常可怕的事。

"急难险重必须到位，事务连绵终日疲惫；一日三餐时间不对，学生纠缠心力交瘁；花样检查仓促应对，各种评比让人崩溃。"

这是流传在网络里的一段顺口溜，生动形象地描绘了许多班主任忙碌、无序、倦怠的生活现实，真让人有些心酸。如何改变这种消极低效的工作状况呢？很显然，就是应该走在工作的前面，对自己的工作有一个比较清晰的思路和预设。学校把一个"班级"交给我们，我们如何去管理班级、建设班级、发展班级，都需要在心中有一个思考，有一个期待。如果说"职业生涯设计"是我们在战略高度对教育人生进行部署，而"制订班级工作计划"就是从战术角度对自己的工作做具体的行动实施。

我曾多次利用做培训讲座的机会进行过调查："班级工作需要制订计划吗？"高达67%的教师回答："无所谓！""你每次都非常认真地制订自己的班级工作计划吗？"结果更让我们震惊，只有6.7%的参与者肯定地回答："是！"许多班主任非常坦诚："几乎每次都是应付了事。"难道制订工作计划真的没有必要？工作计划对工作的开展到底有没有实际指导意义？是什么原因导致班主任产生了这样的认识？……

这些问题都值得我们深思，但有一点不容置疑，那就是制订工作计划的重要性。尽管许多班主任感觉"无所谓",但只要我们与这些班主任仔细交流后就会发现:问题的焦点,其实并不在于"工作计划有无必要制订",而在于如何提高计划的实用性、科学性、指导性。许多教师虽然当着班主任,甚至当了多年的班主任,但是并没有深刻认识到班主任工作的重要意义,也不清楚班级工作计划该怎样制订。他们或把班主任工作当作自己的副业,只是偶尔开个班会;或只做了一个上级命令的传声筒,"叫咱干啥就干啥",一点也不去思考,一点也不求创新。原本一块充满神秘、魅力与活力的沃土,在他们手中竟变得枯燥乏味、毫无生机。

"凡事预则立,不预则废。"不管做什么事情,事先都要有明确的目标,都要有一个详细的打算和安排,只有预先做好了安排、准备、计划,才能把事情办好。纷繁复杂的班主任工作更是如此。

一方面,班主任工作是有目的、有组织的教育实践活动,需要有计划、有步骤地进行。只有制订好工作计划,才能有主次、有先后、有顺序地开展工作。制订切实可行的班级工作计划,是提高班主任工作质量的前提与保证。另一方面,班主任的工作对象是认识能力有差距、智力水平有区别、个性特征很丰富、健康状况多差异的学生,情况十分复杂,工作面也非常广泛。要保证学生健康成长,做到学校、社会、家庭三方面教育的协调一致,没有计划是不行的;只有制订好周密的工作计划,才能有步骤地把学校的教育计划落实到班级,使学校培养目标具体化、阶段化和层次化,以保证学生的健康发展。

计划工作就是在我们现有状况与所预计要达到的阶段目标之间进行铺路,而班级工作计划制订与执行的好坏,往往直接影响着"施工"的成功与失败。它不仅使我们能够明确班级工作的目标任务和工作重点,而且可以预测可能出现的问题,而不会在问题突发时感到措手不及;特别是健全有效的计划有助于我们设立各种具体目标,从而形成一种任务感和责任感,激发自己的工作积极性。可以说,制订计划这件事不仅是班主任的一项工作常规,更是学校优化教育管理的一件大事。

其实,任何一个班主任面对自己负责的班级总会有一定的抱负,工作计划就是我们对班级教育管理计划的预期方案,是确保班级有效管理的基本前提,是帮助我们实现抱负的有力保障。它既是教育目标与学生需求的体现,更是班主任知识结构、能力水平的综合反映。

那么,为什么会有这么多班主任不重视这项工作呢?我想,有三种错误倾向值得我们特别注意:一是有些教师以为当班主任无非就是"看好孩子,不出安全上的事,勤快点,干好学校布置的事",缺乏必要的专业知识与能力;二是有些当班主任的老教师常常认为没有必要订计划,感觉凭自己多年的经验,按老习惯办事,完全能够应付;三是有些当班主任的青年教师,认为工作太杂乱根本无法计划,凭自己的能力,临阵磨枪也不会出什么大问题。制订工作计划是一件很费心思,具有挑战性和创新性的事情。学生的情况、自身的优势、家长的配合、学校的资源等,都需要班主任充分考虑、认真分析,来不得草率应付,更不能生编硬造。这三种错误倾向,都不利于开展班级工作。

如何使每天的工作高效有序,在后面我们还要专门探讨,这里暂不做分析。班级工作计划以一个学期或学年为时限,应以学校工作计划为依据,并根据班级实际特点、学生发展需求、学生家长愿望、学校培养目标,从实际出发精心制订。它不宜过长,也不宜过短,在工作中还要根据实际情况不断修改、补充、调整、完善。其主要内容,一般包括以下四大部分。

一、班级奋斗目标

要建设一个良好的班集体,首要条件是要有一个明确的奋斗目标。班主任接手一个班级后,就要通过各种渠道,采取各种途径和方式来了解班级学生,掌握大量的第一手材料,在搞清班级的基本情况以后,指导班级提出长远的奋斗目标。

1. 班级奋斗目标的制定方法

(1)前置引领法。就是在接手一个新班后,班主任根据教育教学的形势、要求以及对学生特点的了解,首先提出目标,然后通过引导学生讨论交流等途径,让学生明确为什么要确定这样的奋斗目标,这样的奋斗目标的实现对大家有什么意义，要实现这样的目标要求学生们怎样做，从而使全体学生认同目标，并下决心为实现班级发展目标而贡献力量。

（2）民主协商法。即班主任采用与学生民主商议的方法来确定班级目标。因为这样可以使目标更符合班级的特点和学生的实际，更有针对性和可行性，可激活学生的主观能动性。同时，目标是学生自己提出来的，更符合学生的意愿，能够满足学生的需要，这样就使得目标在实现的过程中更具有激励作用，执行起来也会容易得多。民主确定班级目标可以采用自下而上的形式，即先由每个人提出班级目标，然后分小组汇总、讨论、修订，再提交班委会汇总，由师生一起讨论，拟订目标草稿。也可以采用自上而下的形式，即班主任先提出目标草稿，再交由小组讨论，进行修改，最后汇总出"准"目标，交全体学生讨论通过，制定出总目标。总目标确定以后，还要加以分解，确定阶段目标。阶段目标有近期的，也有中期的，它们都带有较强的激励作用，能够成为激发学生进步的动因，为提出新的目标打下基础。

（3）行动完善法。在班级管理初期，如果班主任还不能为班集体制订一个长期发展规划，那么就必须有非常明确的近期达成目标，而且这些目标一定是可操作的、可实现的。这就像接力赛一样，用大家的实际行动完成一个又一个小目标的过程，实际上就是班级奋斗目标不断清晰、完善的过程。

2. 制定班级奋斗目标时应注意的问题

（1）选准突破口，通过突破口打开班集体建设的局面。突破口往往是能引起班级学生进步的切入点，抓住这个切入点，能够调动学生进步的积极性，尤其是在接手一个较后进的班级时，更要注意这一点。

（2）注意奋斗目标的首因效应，即第一次提出的目标对学生的激励作用。确立班级在集体活动中的第一个奋斗目标时必须慎重，如果第一个奋斗目标不能达到，就会使学生产生挫折感，滋生消极情绪，动摇学生对班主任、对班集体的信心。这种消极情绪需要相当长时间、做大量的工作才能转变和消除。反之，第一个奋斗目标的成功实现，不但可以提高班主任的威信，更能使学生看到集体的力量，增强学生对集体进步的信心，提高学生为集体进步而努力的积极性。第一个奋斗目标实现后，应该及时引导学生向新的更高的目标前进。

(3) 目标的确定必须实事求是，与班级学生实现目标的基础和能力相适应。班级奋斗目标达成的难度要符合"最近发展区"的原理，既不能过高，也不能过低。对基础好的班，目标可定得稍高一点；对基础差的班，目标就应定得相对低一点。

(4) 班级奋斗目标的可分解性。在班级目标确定以后，要进行相应的分解，体现目标的层次性，既有长远目标、中期目标，也有近期目标。随着班级荣誉的增加，学生的集体荣誉感和自豪感逐步加强，便会促使他们提高对集体的责任感。这时，班集体的成员就会自觉地克服缺点，提高行动的自觉性，因为集体的进步给每个成员带来了巨大的鼓舞，这种鼓舞力量会推动集体形成良性循环。

(5) 班级奋斗目标的确立，还必须与班级建设的特色结合起来。特色是一个学校发展的关键，也是一个班级创造活力的体现。我们设计班级系列教育活动时，必须充分考虑班级目标的渐进性和持续性。

二、师生基本情况分析

(1) 班主任和所有科任教师在教学业务、学生管理以及个人性格、爱好等方面的情况。如班主任个人的业绩和班级管理经验，各任课教师的教学风格特点和特殊要求，教师之间的合作方式等。

(2) 学生在籍贯、性别、年龄、体质等方面的自然状况。如城乡接合部的学校，应该必须特别注意学生来源的均衡问题；男女搭配比例对班级管理方法也有一定影响；学生身体健康诊断概况，病弱生的现状及最佳处置方式；等等。

(3) 学生在思想品德、学习、行为习惯、交友等方面的基本情况。学习情况，如优秀生及后进生的人数及其比例，各门学科成绩的具体特点，后进生及学习问题原因分析；思想品德表现，如班级整体精神风貌，有无特殊问题学生等。

(4) 家庭环境的综合情况。如学生父母的职业、学历、经济状况及其父母对子女的期望和要求，家庭中的学习环境，上学交通安全等，特别是对单亲家庭、留守儿童、隔代教育等现实问题的思考，必须纳入班级工作计划。

三、班级管理的方法与措施

(1) 班级集体的管理——包括班集体的指导方针，班集体的结构与发展方向，班会的组织与开展计划，班集体建设上的问题及其对策等。

(2) 班务工作的管理——就是把班级经常性的事务工作做好计划，形成制度。如制定班规，确定班干部，卫生值日，评优制度等。

(3) 学习指导的管理——包括学习指导的方针，学法指导活动安排，各门学科、德育及课外活动指导的重点，小组辅导与个别辅导的计划，同年级组织与科任教师的协作等。

(4) 教室环境的管理——班级环境建设的设想，墙壁、空间的利用与整顿，展示、告示的布置，盆栽的管理，对学生的教室环境管理的指导等。

(5) 生活指导的管理——生活上的规定、公约，同各科的联系，尤其同德育、班会活动、学校例行活动的联系，以及安全、保健、课外生活、教育咨询、班级内部互助活动等。

(6) 学生个性化指导——这是素质教育对班主任工作的重要要求，也是班主任管理智慧的重要体现，包括对智力超群生、爱好特长生、智力落后生、伤残生、有不良行为习惯学生的具体管理与指导等。

(7) 科任教师间的协作——主要指班级的各个任课教师如何参与班级管理，互相之间如何配合与调节，共同实现班级发展目标等。

(8) 同家庭社区的联系——同家庭的联络方针及其计划，紧急联络网的建立，家庭作业的设想，家长会的计划，家庭访问计划等。

四、具体任务与活动安排

就是把学期或学年内要完成的主要工作、组织的主要活动等，逐月逐周地列出清单，一般可采用"一览表"的样式，清楚地说明做什么（What）、怎么做（How）、谁来做（Who）、什么时间做完（When）等基本内容。班级活动是最能显示班主任管理智慧，也最能影响学生的一个措施。这是整个班级工作计划的重点，是最需要我们用心思考的地方。

班主任制订班级工作计划，必须领会学校工作精神，多方协商，确保班级工作方向正确，任务突出；必须坚持实事求是的原则，从本班实际出发，从班主任自身素质出发，做到因地制宜、切实可行。因此，班主任在制订班级工作计划伊始，应该首先弄清楚以下问题：

（1）本学年或学期，学校的工作重点是什么？

（2）本班最亟待解决的问题是什么？最大优势是什么？最大不足是什么？

（3）班级学生最大的需要是什么？可采用什么方式、手段来实现？

（4）我作为班主任，带给班级学生最大的支持是什么？

（5）利用各种条件和资源使班级能够开展的活动有哪些？

（6）本学年或学期，班级的工作重点是什么？目标是什么？

想要做和一定要做是两个不同的层次。班级工作计划的编制，只是班主任教育创造活动的开始，而不是终结。接下去要做的就是实施工作计划。因为制订了计划而不去贯彻执行，或者马马虎虎实施，那么计划也只是一纸空文，变得毫无意义。贯彻实施工作计划是班主任工作过程中时间最长、作用最持续的一个重要环节，更需要班主任倾注全部的情感意志和聪明才智。

"天下事以难而废者十之一，以惰而废者十之九。"世间的一切美好生活，人生的一切光辉灿烂，无一不是在勤奋地努力、不懈地劳作下渐渐变成了现实。有了明确的目标，就不怕路远，让我们带着希望上路，用坚持铸就一切辉煌！

绝不能做判官——把握好自己的角色

作者心语：每个人成长的过程不仅不断变化，而且各具特色。我们可以用相同的起跑线来激励学生，但是一定要明白：他们的人生原本就不可能有相同的终点。谁也无法预测每个孩子的未来，我们的工作应该是在现有基础上尽力促进每个孩子的成长，绝不是给他们是否成才盖棺定论。

班主任角色，这是一个非常熟悉而又比较陌生的字眼。说其熟悉，是因为每个班主任每天都在用自己的言传身教进行着诠释；说其陌生，是因为我们许多人依然没有给自己一个合适的定位。如果稍留意期刊、报纸、网络，就会发现班主任角色问题仍是一个人们普遍关注的热点问题。从"蜡炬""春蚕"到"人类灵魂的工程师""辛勤的园丁"，再到"学生成长过程中的重要他人""学生的精神关怀者"，班主任的角色始终在变化。尽管有关争论还在继续，其内涵还在不断丰富，但是，班主任应该是学生的合作者、帮助者、促进者的身份，已经成为大家的共识。

既然是合作者，我们就应该尊重每一个学生，给学生多一些说话的权利，多和学生商量着解决班级或学生个人遇到的问题；既然是帮助者，我们就应该把握每个学生的特点和需求，多站在学生的角度思考问题，时刻向学生伸出援助之手，永远做学生的人生导师；既然是促进者，我们就应该明确每个学生的原有基础，正视学生的差异，激发其内在潜力，多创造一些成长的平台，让学生学会不断超越自己。作为对学生一生影响重大的班主任老师，我们现时对学生成长的许多判断与其今后的发展大相径庭。如果我们不知道怎么去调动学生的积极性，与其在一旁指手画脚，令人讨厌，倒不如干脆什么也不做，让学生自我发展。许多时候，正是因为我们的刻薄、武断、急功近利，使学生的心灵受到深刻的伤害，给学生终生留下无可挽回的遗憾。

我曾对自己教过的许多学生做过跟踪调查，其结果常常让我对自己当年的错误行为感到惭愧。

　　小军是我们班上一个比较一般的孩子，各方面虽说不上很好，但也没有什么过失。只是因为他有过偷拿学生钱的往事，所以我对他总有些芥蒂。周一早饭后，小伟跑来报告说，自己放在铅笔盒里的100元钱不知被谁拿去了。经仔细分析后，我断定是小军所为，可没有确切证据。在对全班学生教育动员两次后，依然没有人出面承认。盛怒之下，我突然喝问："小军，是不是你拿的？还不赶快承认！"在全班同学鄙夷的目光中，小军朝我瞪了瞪眼，红着脸气呼呼地跑出了教室。

　　第二天中午，小伟的奶奶来到学校。她告诉我，小伟周末回家说，前几周在学校生病打针的钱一直没还。这周返校时，奶奶曾给他100元钱，让他还上拖欠的药费。可小伟走后，奶奶却发现那100元钱还放在书桌上，忘带了。奶奶的话，让我既惊愕又惭愧！奶奶一说，小伟也恍然大悟，当时自己想把钱放到铅笔盒里，结果铅笔盒没找到，就临时往书桌上一放，被同学一喊，就一块儿来学校了，匆忙中钱也忘记了拿。

　　我因自己的成见就这么轻易地下了结论，实在太不应该。后来，尽管在全班同学面前我郑重地向小军道了歉，可我看到的再也不是那张带着顽皮与机灵的脸。不久，他就退学回家了。经多次家访，也没有把他叫回学校。虽然他腼腆地告诉我退学另有原因，但我知道，作为班主任我曾经深深地伤害过他的心。人都是在发展变化的，用以前的表现来衡量他现在的行为，对一个老师来说只是有点愚蠢，而对一个孩子来说是多么的不公平。当一个人心中的天平不再处于水平位置，就极容易出现判断失误；当一个老师对自己的学生判断失误时，伤害的可能就是他们的自尊。

　　毕淑敏老师在一篇回忆性文章中，写到她读书时的一段真实经历：

　　她入选了学校合唱队，后来因为唱跑调，辅导老师想开除她。可是临近比赛又找不到合适的人选，于是就让她站在队伍中只做口型，不能发出声音。这让她非常难过，可更难过的是在后来的训练中只要一有人唱跑调，老师都会停下来，厉声质问："毕淑敏，是不是你？"每一次喝问，都让她无比尴尬，更无比心痛。从那以后，她再也不敢唱歌，也不爱唱歌了。

还有这样一则讽刺寓言，每一个人读后肯定会对"老师"的角色扭曲感到心寒：

一个恶贯满盈的杀人犯死后进了第十八层地狱。他听到一个老师在他下面的一层喊救命，杀人犯不解，问判官："为什么老师要下第十九层地狱啊？"答曰："你伤害的只是人的身体，而他伤害的则是人的灵魂！！"

所以，班主任老师一定要谨记：我们不经意的一句话、一个举动或许会了断学生的一门心思，关闭他生命走廊中的一扇窗；而我们一次真切的关怀、一句真诚的鼓励也可能会在学生心中种下希望的种子，为他的生命多开启一扇通向光明、美好的门。

在班主任角色问题上，国外的许多教育理念值得我们去关注、学习。

据说，在美国盐湖城奥运会时，中国代表团曾到当地一所学校访问，并捎去了许多中国手工书包，说要送给最优秀的孩子，可这下却难坏了校方，因为他们自己根本就不知道谁是最优秀的孩子。在他们看来，每个学生的成长都是发展变化的，如果给他（她）戴上一顶"最优秀"的帽子，无论是对他（她）还是对其他学生都是一种伤害。汤姆写作很好，约翰篮球出色，杰克手工不错，他们都是最优秀的。

这显然与我们中国人对优秀学生的认识截然不同：一个以单一的学习成绩为标准，另一个以多元评价为核心；一个动辄就武断地给学生下结论，另一个始终对学生抱以希望和期待；一个眼中只有所谓优秀的少数几个人，另一个心中却平等地尊重每个人。

无独有偶，中国某教育学者到日本一小学时，也遇到了类似的问题。他在一个班里问学生们："你们班谁学习最好？"谁知学生面面相觑，无从说起。在一阵沉默后，一学生试探着反问："老师，你说哪一方面呢？"学者想了想："那就说语文吧。"可学生又反问道："老师，你是问朗诵最好的，还是古诗词背诵最好的，还是……"学生的反问，让这位学者好一阵尴尬。

即使有了新的认识和理念，也并不等于就有了相应的行为，它需要我们彻底改变头脑中一些传统的、陈旧的、曲解的观念，有意识地把现代的、发展的、科学的教育理念渗透到育人的每一个细节之中。学生身上的一些毛病，成长过程中出现的一些失误，大多数是因为身心发展不成熟而导致的。我们切不可把学生的过错，有的甚至是无心的过错，动辄就归结为道德品质问题、思想意识问题；有的过错不必抓住不放，更不必大肆宣扬；对有些过错，不必即时做出"惩罚"，要耐心等待，给学生以自省的余地。

例如，早恋问题，我认为不应把它看作一种错误，解决的方法也不应该是简单的批评训斥，甚至给予处分，搞得沸沸扬扬。早恋是青少年身心发展过程中一个必经的阶段，与思想品质差、道德意识差截然不同，二者更没有必然的因果联系。而且，做班主任的应该注意到，"早恋"在教师眼中也许是洪水猛兽，但在学生心目中或许非常美好、神秘。很多类似罗密欧与朱丽叶的悲剧都告诉我们，大惊小怪、当头棒喝，往往把当事人"逼"上绝路。解决的最好办法，在于倡导一种集体舆论环境，让班级内绝大多数同学都认同：早恋不可取，吃未熟的果子只有苦涩！如果集体舆论持这样一种共识和评价，早恋问题就会受到相当的遏止。

下面，我们再一起来做个游戏，或许会让你有更深刻的认识。

以下给出了关于六个人童年时的描述，请根据你的判断，给他们预测一下未来：

A. 这个孩子4岁才会说话，7岁才会写字，老师对他的评语是："反应迟钝，思维不合逻辑，满脑子不切实际的幻想。"他还曾经遭遇退学的命运。

B. 这个孩子经常被父亲斥责："你放着正经事不做，整天只管捉耗子、打猎，将来怎么办？"所有的家长和教师都认为他资质平庸，与聪明沾不上边。

C. 这个孩子生于显赫的贵族家庭，但并没有靠出身成业。幼年时，他是一个顽皮的孩子，但不做坏事。上学时，学习成绩出乎意料的差。每个学期结束时，他都会带着一张张"写满劣评"的成绩单和满身疤痕回到家里。此外，家长和老师给他的评语都是"淘气"和"贪吃"，是个"资质平平的孩子"。

D. 这个孩子8岁上学，仅仅读了三个月的书，就因"愚钝糊涂"被勒令退学。从此以后，母亲充当他的"家庭教师"，使他对读书产生了浓厚的兴趣。他十一二岁开始了边打工边学习的生活。

E. 这个孩子从小喜爱美术，但其他功课特别糟糕。他曾被父亲抱怨是白痴，艺术学校考了三次也没有考上。叔叔绝望地说:"孺子不可教也!"

F. 这个孩子在学校因沉默寡言、不善辞令而不受欢迎,常遭人欺负,时时无端挨人打骂。可偏偏他又生性倔强,从不曲意讨饶,不知不觉形成了一种自我封闭的内向性格。

在一般人看来,这些人的未来很难与成功有缘,更谈不上什么伟大。然而事实却常常出乎我们的预料,他们分别是爱因斯坦、达尔文、丘吉尔、爱迪生、罗丹和陈景润,一个个都是令我们景仰的人物。或许大家不太相信,可这就是事实。中国有句俗语:"三岁看大,七岁看老。"可儿童时的"愚笨"并没有阻碍他们的成长,年少的顽皮也没有影响他们后来创造惊人的业绩。

我相信,世界上的每一朵花都会开放,只不过花期有早有晚而已,花苞有大有小而已。学生想成为什么样的人,未来会成为什么样的人,并不取决于我们的主观意识,因为只有学生自己才能改变自己。我们无法给每个孩子预测未来,更不可能由现时的一点表现就断定每个孩子若干年后的明天。每一个孩子都在不断地成长,而成长最大的特点就是变化性、不可预测性。我们的工作是在现有基础上去努力促进每个孩子的成长,绝不是为每个孩子能不能成才下定论!

班主任要做"经师",更要做"人师",要关心规划学生的将来。"教育是对生命发展的一种达成""教育应回归生活,教育应尊重生命""为学生的一生发展奠基",这些教育理念正日益被越来越多的教育者认同、接受。每一个班主任都要"以人为本,与人为善,对人负责,助人成功",充满人文关爱,满足学生的自主意识,相信每一个学生都是一个尊贵的生命个体,做学生个性展现和人生发展的指导者和促进者。

每个学生都是一件值得欣赏的"艺术品"。教育的本质就在于唤醒学生内心深处对真善美的渴望,激发他们沉睡的潜能。因此,我认为,教育就是要让人成为人,培养考试能手、习题高手不是教育的首要目标,甚至连次要目标都不是。每个人的心中都有无数求真、崇善、尚美的种子,一个优秀班主任的伟大之处,就在于为每粒种子提供适宜的土壤、水分、温度和空气,让它自然地破土,茁壮地成长。只有找到自己的枝头,生命的意义才能充分实现。

习惯决定成败——不断提高自身素养

作者心语：苏霍姆林斯基酷爱思考，一生与读书写作为伴；陶行知深入生活，勇于实践，善于用最淳朴的语言揭示教育的问题；魏书生惜时如金，把"别人喝咖啡的时间"用在学习和锻炼上；张万祥喜欢与青年教师交流，甘于寂寞，永葆激情……名师之所以成功，就在于他们都拥有良好的习惯。如果说性格决定命运，而习惯则养育了性格！

不论我们看待工作的心态还是分析问题的思维，不论我们处理学生问题的方式还是开展班级活动的措施，不论我们完成上级的任务还是与家长交流……在教育教学的每一个环节和过程，无不渗透着习惯的影响。亚里士多德说："卓越不是单一的举动，而是习惯。"莎士比亚说："习惯简直有一种改变气质的神奇力量。"萨克雷说："播种行为，可以收获习惯；播种习惯，可以收获性格；播种性格，可以收获命运。"从某种意义上说，教育就是让学生养成读书、思考、举止文明等各种习惯的活动，好习惯可以让人受益一生。

在教育教学中，所有教师都特别注重培养学生良好的习惯，但却往往忽视另一个同样重要的问题——自身习惯的养成。我们要想培养学生良好的习惯，自己就必须具有良好的习惯！良好习惯不仅无时无刻地影响着学生，而且可以增强我们的教育能力和人格魅力，提高工作质量和效率。如果我们认真分析一个优秀教师的成长经历，就会惊奇地发现：促使这个教师从一般走向优秀，从优秀走向卓越的关键，并不在于他有多么高深的学问和过硬的本领，更多的在于他有着教育教学的良好习惯，但正是这些看似不起眼的自然的习惯成就了一个个优秀的教师，成为优秀与平庸的标尺。

很明显，作为学生成长重要他人的班主任老师，其自身的良好习惯对班上每一个学生都起着不可估量的作用。我们从一些优秀班主任身上至少可以提炼出以下这些教育教学的良好习惯。

一、阅读的习惯

克里希那穆提在《一生的学习》中说,"正确地教育我们自己,非常重要。关切我们自己的再教育,远比为了孩子的未来幸福和安全焦虑来得迫切"。教师自我教育的最佳途径,就是坚持阅读,特别是经典的阅读。阅读意味着我们能够与遥隔千载的先人们进行超越时空的精神对话,意味着我们可以快乐地寻找和搜集打开孩子心灵之门的钥匙,意味着我们的心灵之舟可以自由自在地采撷别人的成功经验之花、智慧之果……而这对于我们这些依靠思想和知识生活的教师尤为重要。

苏霍姆林斯基在谈"教师的时间从哪儿来"中讲了这样一个故事:

一个工作了三十三年的历史教师上了一堂十分成功的观摩课,课后邻校的教师问他:"准备这堂课不止一小时吧?"那位老师回答说:"这节课我准备了一辈子,而且,一般地说,每堂课我都准备一辈子,但是直接针对这个课题的准备,则仅花了约十五分钟,其中的奥秘就是阅读。"

正是由于这种经常性的阅读,不断地补充着他的知识海洋,从而使教科书看起来成为最浅显的课本。

"胸无点墨神难聚,腹有诗书气自华。"阅读既是一个了解和思考外界的过程,又是一个人心灵自我观照的过程。阅读,不仅可以涵养我们的精神,为我们"打下精神的底子",还是教师灵感的源泉。我们很难想象,一个几乎不读书的人是一个修养良好、内心丰富的人。人的生活有物质和精神两个方面,教师职业的特点决定了我们应是精神上的贵族,因此要与阅读终生为伴。

二、反思的习惯

美国心理学家波斯纳曾提出了一个教师成长公式:"经验+反思=成长"。该公式充分体现了教师成长的过程其实就是一个总结经验、捕捉问题、反思实践的过程。华东师范大学的叶澜教授也指出:"一个教师写一辈子教案不可能成为名师,如果一个教师写三年教学反思就有可能成为名师。"班主任工作也是如此。班主任专业化水平的提高贵在学习、重在反思。"如果教师仅仅满足于获得经验而不对经验进行深入的思考，那么，他的教学水平的发展将大受限制，甚至会有所滑坡。"

孟子曰："心之官则思，思则得之，不思则不得也。"李镇西老师说，对教师来说，推动其事业发展的该有两个轮子，一个叫作"情感"，一个叫作"思考"。教育情感使他热爱学生，忘我地工作，并从中体验到奉献的自豪；教育思考使他明确自己的教育方向，科学而理性地设计、实施自己的教育，同时不断地总结、提炼、升华自己的教育实践。因此，班主任在日常工作中一定要学会理性反思，对自己和学生的思想行为特点进行分析和总结，掌握其中带有普遍性、规律性的东西，不断提高自己的专业能力。

写作，是促进反思习惯形成的一种重要形式。通过写作，和大师、伟人、同事对话，以梳理和丰富自己的思想及知识，从而获得更多的灵感与智慧；通过写作，"逼迫"自己不断学习、思考、完善，实现知识的内化和升华。每一位班主任都应学会反思，对每天、每周、每月、每学期、每年的常规性工作做到心中有数，把握其基本程序和规律，始终走在工作的前面。

三、放权的习惯

有这样一首小诗：

打开笼门

让鸟儿飞走

也把自由还给鸟笼

鸟儿原本会飞，可笼子束缚了它的翅膀；让鸟儿飞走，得到自由的不仅是小鸟，更有象征我们的"鸟笼"。从根本上讲，学生才是班级的主体，我们"管"的最终目的是为了"不管"，教育的最高境界就是学生的自主发展。

常言道："懒婆婆，勤媳妇。"班主任的"懒"有些时候比"勤"更有积极意义。大凡优秀的班主任往往都懂得放权，充分发挥每个学生的积极性和能动性，尽可能地给他们提供和创造一些锻炼、成长的机会。班主任其实就是班级的神经中枢，指挥、协调机体各个组织和部位的运动，不能也不应该事事都具体操管，一定要认清哪些是"非我莫属"的事，只做好那些自己必须去做的事情，不要或者少插手那些学生能做而且可能做得更好的事情。要成为什么样的人，最终是学生自己说了算。聪明的班主任要开动"班级"自己的动力，学生来做司机，自己只做导引，而不是吃力地拉着"班级"走。班主任要善于组织和管理班级。

四、规划的习惯

一个班主任一定要对自己的工作有一些期许和谋划，不仅善于规划自己的成长发展，还要善于规划自己的工作时间和任务，做事情要分清主次，把最重要的事情放在第一位；特别是在做具体事情时，要有一个整体构思，要有一个比较明确的流程，这样就可以使自己的工作忙碌而有条理、紧张而有秩序、繁多而重点突出。

面对学生之间的矛盾冲突，我一般采用这样的解决思路：及时制止—适度冷却—调查了解—谈心交流—互相谅解—携手进步。

组织班级活动，我常常设计这样的程序：确立主题—民主协商—制定方案—具体实施—优化改进—回顾总结。

面对大家比较棘手的学生早恋问题，我往往会安排这样的处理规划：旁敲侧击—静观其变—因势利导—宣泄移情—转化升华。

有人说，管不住自己时间的人，大都会成为别人管理的对象，而"善于规划"，是确保工作富有成效的重要措施，是优秀班主任的制胜法宝。

五、研究的习惯

大凡有成就的教师，无一不是重视研究、热爱研究的教师，我们熟悉的苏霍姆林斯基和魏书生都是研究教育、研究学生的典范。如果用两个词总结苏霍姆林斯基给教师的100条建议，我想就是"读书"和"研究"。

在《班主任工作漫谈》中，魏书生老师写了他辅导后进生张军的事情。

面对这个五科总分89的孩子，他没有失望，没有训斥，也没有大肆布置作业。在详细分析、研究了张军的学习、性格等状况的基础上，他设计了一套行之有效的帮扶措施:首先引导张军改变对学习的态度,将受罪改为享受,去发现学习的乐趣。为激起孩子学习的信心,他让张军经常回忆自己以前最辉煌的时期,给自卑的潜意识不断施加心理暗示。然后再引导张军制订周学习计划,一步一个脚印地努力,并告诉孩子:尽最大努力,对得起自己,也就无怨无悔了。

很多时候,我们看到的仅是学生或问题的表象,而不是根本和实质,要想不被误导和诱惑,就必须学会研究。一个没有研究能力的教师永远是一个"教书匠",其素质和能力不可能真正得到发展和提高。任何情况下,班主任都要保持良好的状态,遇事多研究,坚持双赢的思想,不要让学生牵着鼻子走,而要和学生互相学习、共同成长。面对一个个鲜活的生命个体,如果没有研究,所有的教育方法就会变成盲目、武断、机械的教条。

六、施爱的习惯

马克·吐温说:"一句好听的赞词,能使我不吃不喝活上三个月。"赞美学生,是教师最起码的职业品格;赞美学生,是教师发自内心的对学生的尊重。毫不吝啬地赞美学生,需要磨砺我们的仁爱之心,但是"有爱心"和"让学生感受到爱"是两个不同的境界。

某机构曾做过这样的实验:他们找了100名优秀教师,问:"您热爱学生吗?"100%的老师回答"是"。然后又从这100名教师所教的学生中进行随机调查:"你的老师爱你吗?""你体会到老师对你的爱了吗?"学生的回答令人大吃一惊,仅有10%的学生说老师确实爱他们,绝大多数的学生说:"没感觉!"这是一个多么可悲的现象!爱不爱学生是师德问题,能不能让学生感受到爱则是技巧问题,"烧火棍子一头热"是不行的,"爱你在心,口难开"也是不行的。我们不是苛求爱的回报,但必须要注意爱的方法和技巧。

浇花要浇根,育人要育心。对学生的关爱,绝不能仅仅停留在口头的赞美,更要有具体的行动。教育所需要的爱必须是智慧的爱,必须是能走进学生心灵深处的爱。爱不需要借口,但是一个不会施爱的班主任不可能获得学生的爱戴,更不可能把班级管好。一个鼓励的眼神是爱,一个期待的提问是爱,一次真诚的谈话是爱,一次有意的锻炼也是爱……聪明的班主任善于捕捉教育契机，把自己的爱和欣赏巧妙地传达给学生，不露痕迹地让学生知道老师在欣赏他、喜欢他。爱的更高层次，应该是理解、信任和尊重。

七、合作的习惯

合作精神，是现代社会必不可少的素质之一。班级管理仅靠班主任一人之力是行不通的，学生、同事、领导等都是我们强有力的合作者。我们要善于借助集体的力量实现自己的一些想法，要想办法让自己的想法变成集体的舆论，让集体共同承担责任，形成教育的合力。

这里值得特别强调的是，家庭教育和学校教育要相辅相成，家长也是我们班集体的重要成员，是一支不可缺少的力量。聪明的班主任绝对不会让我们自己在前面冲锋陷阵，而学生家长却在后面袖手旁观。许多优秀班主任的成功经验中都有一条，就是充分调动学生家长参与班级管理。

八、关注细节的习惯

老子说："天下大事必作于细，天下难事必作于易。"班主任一定要比一般教师更关注教育教学的细节。我们必须知道，自己的一些细微举动或者无意之语给学生造成的影响可能是波澜不惊的，也可能是镌刻一生的。

在平时的工作中，我们要用关注的眼光去发掘细节，用发展的思维去处理细节。"学校无小事，事事有教育；教师无小事，处处是楷模；管理无空白，时时能育人。"入微的细心是做好班主任工作的一个关键因素，我们要把教育教学过程中的一切细节问题都当作一件大事来对待，尽可能不让学生敏感的心灵受到丝毫的损害。正如海尔总裁张瑞敏所说，把简单的事做好就是不简单，把平凡的事做好就是不平凡。

如果你希望出类拔萃，也希望生活方式与众不同，那么，你必须明白一点——是你的习惯决定着你的未来。作为班主任，因为我们承担的任务更多，所以应该养成的好习惯还有很多，但有一点可以肯定：好习惯成就好教师。让我们从今天开始，面朝"书籍"这片大海，走进学生那片心海，就一定会迎来春暖花开！

第二章

让班级成为学生的精神家园
——班集体建设的创新艺术

班集体建设的最高境界，就是使之成为师生共同学习、一起生活、共同爱护的家园，它应该是孕育快乐、创造快乐、凝聚精神、升华人格的一片乐土。班集体是否真正成为学生的精神家园，很大程度上取决于班上的每一位学生的心灵是否快乐。一个高明的班主任，总是想方设法不失时机地创设出令人心旷神怡的班级环境、民主科学的班级管理气氛和充满活力的班级精神生活。

一见钟情——用心谱写开学第一篇

作者心语： 俗话说，"良好的开端等于成功的一半"。假如在第一次见面时，就能让家长、学生对我们班级管理的预想有充分的了解，从而多方达成思想共识，无疑就抢占了师生交往的制高点，为今后工作的顺利开展打下了坚实的基础。

我们都知道，即使最厌学的孩子在开学第一天时也对新学期充满了希望和期待。他们想要获得成功，期望"今年一定要做出改变"，"今年我一定要从头开始"，渴望在开学第一天就能得到老师足够的关注。所以，开学第一天，我们就应该"震慑"住学生，紧紧地抓住他们的心，给他们以希望。

那么，教师应该怎么做呢？很简单——让学生感受到你的期望。不要把开学第一天见面会时宝贵的时间浪费在那些烦琐的行政材料上。你可以利用它来介绍一下过去你和学生的趣事，你可以谈一谈你是如何成为一名教师的，还可以展示你过去班级是多么的精彩。先要抓住学生的心，接下来再完成那些管理任务。但是，千万不要先填表格，再讲纪律，然后再实现最重要的目标：激发学生对你和新班级的兴趣。

开学第一天的家校联谊会，就好像是学生、家长的第一次相亲。他们满怀着对新班主任的期待走进班级，希望能对班主任的学识、能力、人品、性格等有一个初步的认识，希望能对这个新班级的组成、师资、管理措施、目标等有一个初步的了解；而班主任能否通过自己的精心设计展现自己的能力和魅力，使家长放心、满意地离去，让学生兴奋、快乐地融入新的班级，从而在心理上一下子就获得大家的信赖，直接影响着今后的工作能否顺利开展。如果师生只是简单地互相认识，那么这个良好开端的价值就会大大降低。这样看来，开学第一天的家校联谊会的确有特别重要的意义。

以下几个方面，就是我们在设计家校联谊会时必须思考的问题。

一、"细心"锻造成功

无论如何，我们与学生、家长的第一次接触都是非常重要的。首先，班主任必须认真准备，细心了解你要面对的学生的情况，通过原来的任课教师尽可能多地掌握班级每一个学生的家庭、学习、纪律表现等信息。其次，要充分考虑开学第一天有可能会出现的各种情况，积极预设家长或学生有可能要询问的各种问题，准备好一定的处理预案。再次，要时刻注意自己的穿着打扮、言行态度，如得体的服装、微笑的问候、礼貌的回答等，都会给人留下非常好的印象。最后，还有班级卫生、内部摆设等，也来不得半点马虎，切忌随意和粗糙，如整洁有序的环境给人以清新、舒适，让人留恋，激励人心的欢迎标语给人以亲近、鼓舞、感动。

每年接到新生名单的那一刻，就是我新学年班级工作的开始。对每一个名字我都会细心研究，从读音到含义，试图从中窥探到更多的讯息。实际上，学生的名字里往往寄托了家长太多的希望，当我们和学生交流时，如果用深情的语言解释出更美好的含义，常常会使学生备受感动。

在开学前，我早已经从原来的老师、学生等处对绝大多数学生的家庭、学习等主要情况有了一个比较详细的认识。"知己知彼，百战不殆"，我相信自己一定可以走进学生的心里。就这样，在期待中熬过了开学前的日子。盼望着，盼望着，终于可以与孩子们见面了。

二、"新颖"创造精彩

既然是第一次见面，班主任必然想给学生和家长留下深刻的印象，最好是"一见钟情"，使学生和家长折服。因此，就不能落入俗套，无论是教室环境的布置、会议组织形式，还是会议的内容，都要突出"新颖"二字，尽可能产生"让人眼前一亮"的感觉。

开学前一天，我又像以往一样要去学校。妻子抱怨道："明天才开学，你不在家歇歇，早去瞎忙啥？"我依然笑着说："谁叫咱干得慢，我去拾掇一下教室。"走进熟悉的校园，微风扑面，我想象着明天的会面，心里异样的温暖。

我首先敞开门窗，新鲜空气争先恐后地涌进教室。因封闭了一个假期，教室里还非常憋闷，可我顾不得这些，迅速地摆桌凳、抹桌面、擦玻璃、收垃圾、拖地面……一气呵成，早已经是大汗淋漓。紧接着擦干净黑板，我在上面写下了八个彩色大字："相聚三年，幸福一生！"我走到门口环顾四周，感觉还有些空荡，忽然想起，何不挂上我专门为春节晚会买的那6个红灯笼呢！我从办公室橱柜里拿来那6个宝贝，小心翼翼地踩着桌子（我右膝经常酸疼），用胶纸匀称地粘在6盏日光灯的下侧。哇，真有些节日的气氛！

等我打印好为第二天准备的一些材料，把临时座次表和住宿安排表贴在门外，已经接近中午了。喘口气，满意地看着自己的成果，我真想大声说："孩子们，看！这就是咱们的教室！"

下午，我根据掌握的学生家庭信息，给学校附近的几个学生打了电话。"小伟，祝贺你已经成为我们幸福三班的一员。我是你升级之后的新班主任郑老师，现在请你帮我一个忙，好吗？"或许是我的电话出乎小伟的意料，电话那头传来惊喜的声音:"好! 老师您说吧。""你离校比较近,能否明天上午早一些到校,和我一块儿迎接我们班的学生和家长?"听到老师如此的信任,小伟更有些激动。于是,我"得寸进尺"。"老师首先谢谢你。不过,我还想求你帮忙。你去找找文浩、云亮、晓婷,他们也都在咱班。开学事多,你们能否一块儿早去?"听到老师这样的恳请,谁也不好意思拒绝。于是,小伟高兴地通风报信去了(这时候,学生都特别希望早一点打听到自己在哪个班,和哪个同学在一个班,新班主任是谁。如果谁最早掌握信息,谁往往就会被大家刮目相看)。

晚上,在经过一番思考后,我最后敲定了家校联谊会的流程,并制作了相应的课件,里面插入了不少我苦心搜集到的学生的照片,目的是想给他们一个惊喜。睡前,我又再次浏览了一遍学生的名单。梦中,我正在台上激情地演讲。

就好像要迎接一个盛典仪式,我起了个大早。冉冉升起的朝阳告诉我们,灿烂的一天已经开始。

三、"真诚"赢得尊重

一般早在开学前几天,我就会通过电话、书信等形式,了解家长对孩子在新学年的希望和要求,并叮嘱他们要给孩子准备哪些生活和学习用品,同时告诉他们:为了我们今后能更好地携手帮助孩子成长,在开学第一天报到后,我们会利用家长们都到校送孩子的机会,召开一个简短的家校联谊会,请务必准时参加。提前说明、温馨提示、诚恳邀请,几乎所有家长都会欣然接受。在这开学的第一次家校联谊会上,班主任应力求用一颗对教育、对学生、对班级的赤诚之心把大家深深感动。

"尊敬的各位家长,欢迎你走进我们幸福三班,从此我们将心连心、手拉手,为了孩子美好的明天携手共度! 亲爱的各位同学,祝贺你已经升入新的年级! 常言说得好,'有缘千里来相聚',这个美丽而温馨的大家,将是我们追梦的开始!"就这样,从欢迎词、新学年寄语、师资情况(信其师,方信其道。要尽可能突出各任课教师的敬业精神、成绩和荣誉等,让学生和家长充满信心),再到我对学生及家长的希望……随着我激情的演讲,家长和学生们脸上都露出难以掩饰的微笑,热烈的掌声一次又一次响起。

"尊敬的各位家长:感谢你们的掌声。你们把孩子托付给我,就是对我最大的信任!不管是家庭富裕的,还是家庭贫寒的,不管是学习优秀的,还是学习需要进步的,每一个学生,都是我的孩子!我都会公平地看待他们,细心地关心他们,尽心地教育他们。作为一个教师,我首先是一个正常的人,所以有时必然会犯错误。我要面对四五十个孩子,当因为忙而不能及时解答你的问题时,我需要你的谅解。想改变一个人是非常困难的,往往需要一个很长的时间和过程,当因能力有限,不能很好地实现你对孩子的希望时,也需要你的理解。接触就会有摩擦,当因一些小事而产生误会甚至矛盾时,我更需要你的谅解。但无论怎样,我绝不会忘记自己的职责,我一定要用我最大的努力,来帮助和促进每一个孩子的成长。因为我们的心始终是相通的,我们的目标和任务永远都是一致的!……"

"同学们,老师也是一个爱学习的人。近几年,我特别崇拜全国著名班主任李镇西老师。所以,就借鉴他的班训,把我们的班训设计成'让别人因为我的存在而感到幸福!'(随之用多媒体课件出示)现在请大家默读三遍。这个班训,就是老师对大家的衷心的希望;这个班训,就是我们今后人人必须遵守的言行准则。所谓'让别人因为我的存在而感到幸福',就是你要让你的父母、老师、同学、朋友等所有关心你、爱护你的人都因为有你而感到幸福。在家中,你经常做些力所能及的劳动,你耐心倾听父母的教诲,你拿出优异成绩作为献给父母的礼物,父母就会因你而感到幸福;在学校,谁有了困难,你第一个走过去帮助,他会因你而幸福;自习中,你认真学习,自觉维护纪律,周围的同学会因你而感到幸福;运动会上,你奋力拼搏,为集体争得荣誉,全班同学会因你而感到幸福;上课时,你勤于动脑,积极回答问题,老师会因你而感到幸福;公交车上,你愉快地问好并主动让座,老人会因你而感到幸福。如果你希望自己幸福,那就先给别人带去幸福。每当要说一句话时,你要先想一想:我能否给别人带来幸福?每当你要做一件事时,你要先想一想:我能否给别人带来幸福?同学们,幸福就在你自己手中,未来靠你自己去创造!……"

最后,我提出了对学生的希望:"亲爱的同学们,我为能成为你们的老师而骄傲。今后,我们将共同打造我们幸福的家园。为了我们更好地相处,我必须首先说明几个问题：第一，老师是一个成年人，要担当很多角色，有许多事情要做，有许多责任要担，所以不可能时时刻刻都关注你。因此，希望你学会自我管理。领大的孩子和被抱大的孩子，其命运会大不相同！第二，老师不是圣人，难免会犯错误，人都是在不断改正错误中成长的。所以，当你被误解或受了委屈时，请尽量私下跟我说出来。第三，老师要面对四五十个孩子，有时很可能会心有余而力不足。请不要期待老师会特别偏爱你，不要期待事事都给你机会。所以，希望你一定要有拼搏的劲头，好好表现自己！第四，每个人都有自己合适的位置，你们一定要明白：你们是学生，学习就是你们的天职。学习这件事，往往不是缺乏时间，而是缺乏努力！不求人人都考第一，但是人人必须进步！第五，世界的和谐，在于万事万物都遵循一定的规则。一个人的成长，必须遵循纪律的约束。有许多事你想做而不能做，还有许多事你不想做但必须去做！所以，有时候外力的强制也是一种必需。第六，书籍是人类进步的阶梯，一本好书就是一位益友。青春犹如一片沃土，不种庄稼必然杂草丛生。所以，无论何时何地，你都要与书这位朋友牵手。"

当学生和家长被我和早到的几个同学礼貌的问候和热情的服务打动时，当学生和家长惊叹于我们过去班级的精彩时，会议也就成功了一半；当学生、家长坐在整洁温馨的教室里，被《妈妈的吻》《父亲》等感人肺腑的歌曲打动时，大家的心灵已经相通；当家长认真听完我对班级建设的一些具体目标、措施和打算，满意地离开时，我知道我已经成为他们心中最真诚的朋友。

激情和自信是具有感染力的，可以从一个人传给另一个人。如果开始就能让学生清楚知道你非常爱他们，你非常爱你的班级，你很高兴和他们一起学习，那么在接下来的日子里，你的工作将得到很多意想不到的回报。

被珍藏的聘任书——培养和利用班干部的艺术

作者心语： 在学生的一生中，总有一些东西难以忘记。它既是动力的源泉，又是成长的见证。当班干部们在父母、老师的期待与同学的羡慕中，伴随着热烈的掌声，用双手接过饱含父母、老师信任与期待的聘书，从此，便再也没有挫折可以使他们屈服。"善歌者使人继其声，善教者使人继其志。"有经验的班主任，善于用班干部的"闪光点"去影响、感染学生。有一个优秀的班委会的班级，就能成为一个好班级。

2008年夏，盛情难却，我应邀到学生刘洋家参加他"金榜题名"的庆祝宴。席间刘家父子和亲戚朋友简直把我奉为上上贵客，我心中自豪感顿生，不免谈到了刘洋当年做班长的事情。正聊得投机，刘洋忽然说要到屋里去拿一件非常珍贵的东西。在大家的诧异中，刘洋捧着一个纸盒出来，只见他慢慢打开，从里面拿出一张折叠的油光纸。"老师，你看这是什么？"我正在纳闷，他已经递过来。没等展开，那熟悉的图案已让我惊喜：聘任书，是当年我颁发给刘洋的班长聘任书！整整三年啦，我们自行设计印制的这张A4纸片竟还被他好好珍藏。其实，给学生成长注入强大的动力，也正是我当初的目的。

班主任一接到新的班级，马上就面临一个非常迫切而重要的问题——组建一个班委会。怎样选拔和培养班干部，直接关系到班级管理工作的顺利开展和优秀班集体的建设。俗话说，"要想跑得快，全凭车头带"，在很大程度上，一个好的班委会成就一个好班级。

一、班干部的选拔

如何选拔班干部？不同的人有不同的方法。

1. 职位沿袭制

部分班主任的做法比较保守，采用职位沿袭制。他们非常清楚班干部的重要作用,一旦用错人,班级管理工作会非常被动,所以就让原来当班干部的学生继续留任。这样做的好处是可以发挥他们原来的经验,缩短了班干部的适应过程,但是也容易造成班干部的骄傲自大心理,降低了工作的积极性和热情,同时还打击了学生对新班级、新生活的渴望,不利于大多数学生的发展。

2. 临时指定制

大多数班主任采用临时指定制。由于刚和学生接触,对许多情况很不熟悉,所以就先指定几个人临时性地代行班委会职责,以后适当时候再进行调整。以笔者的经验,在低年级,由于学生比较小,社交、演讲和处理问题的能力普遍较差,并且新生之间彼此还互不了解,而班级里又时刻需要有专人负责日常事务。所以,这种方法也有一定的合理性。但需要注意的是,班主任在指定班干部时,不能乱点鸳鸯,必须做好先期准备工作。

(1) 从接到分班学生名单到新生报到,再到开学前这段时间,我们要尽可能多地了解学生的有关情况。一可以查阅学生以前的档案资料,如入学登记表、成长档案等,了解学生在以前所在学校里的表现,从中挑出以前担任过班干部和有较强活动能力,在某些方面有特长的学生的资料加以仔细研究。二可以走访新生原来的学校或老师,积极听取老师和同学们的意见和评议。三是要组织好新生第一次集体见面会,注意观察他们在集体中的表现,如哪些人善于交谈,哪些人乐于助人,哪些人活泼好动,哪些人比较安静。四是最好在开学第一天结束或第二天做一个简单的民意调查,让每个学生写出自己喜欢的班干部若干,最后班主任汇总,找出支持率比较高的几名学生,并结合你以前了解的情况综合权衡决定。

(2) 班干部的指定工作一定要在全体学生都参加的班会上进行。班主任在完成其他事情后,宣布:"同学们,我们班级刚刚成立,同学之间还不十分了解。老师先暂时让雄飞和晓彤两名同学担任临时班干部,负责班级日常工作。希望大家支持他们的工作,有事情找他们商量。等过几天,大家熟悉后,我们再通过选举产生班委会。下面,就让我们以热烈的掌声,欢迎这两位同学上台亮相。"我们必须清楚,指定虽是一种临时措施,但事关班级的良好开端,所以必须慎重,对指定对象一定要有初步的了解,且指定人数不能太多,一般从男女新生中暂时各找 1 至 2 名即可。

3. 常务班委制和值日班长制的双轨运行模式

经过多年的实践,我摸索出一套常务班委制和值日班长制的双轨运行模式。常务班委会成员要通过竞聘选举产生,他们大都是一些各方面突出的精英学生。由于班干部是通过学生民主选举产生的,所以能得到学生的信赖和支持,有利于他们创造性地开展班级活动,也利于增强班集体的凝聚力。而值日班长则采取轮流担任的方式,目的是给每个学生都提供锻炼机会。

我认为,班干部的职责核心就是为班级全体师生服务,协助班主任为大家营造一个良好的学习、生活环境。当班干部虽然能使学生得到很好的培养和锻炼,但毕竟需要付出大量的时间和精力,更多的是无私奉献;一个有一定的组织和管理能力但不愿意为别人、为班级做出牺牲的学生,即使班主任指定,也不可能真正做好。

为了选出真正能为大家服务的班干部,我们的第一次竞聘往往就在开学第一天举行。事先,我积极宣传鼓动,向学生公布竞聘岗位和竞选程序,然后让学生课下自由准备,最后进行公开角逐,师生组成的评委现场打分,由优胜者担任相应职务。这次竞聘产生的第一届班委会,我规定只有四周的任期。我常把第一次竞聘称为"树苗子",而把第二次竞聘称为"定班子"。任期满,我们会提前下发通知,再次举行隆重的班干部竞聘活动。它既是对第一届班委会工作成员的评价,又大大激发了同学们参与班级管理的热情。原先仓促选出的班干部,大都为了能得到同学们的认可,积极工作,认真准备;而新加入的竞选者利用从别人身上学到的经验教训,也毫不示弱。竞聘成绩由工作能力(主要看平日表现)、工作设想和具体措施(主要依据演讲内容)、人缘人气(主要看获得的支持率)和才艺展示(自由发挥)四部分组成。于是,拉选票、写稿子、练台词、秀节目,甚至出海报、请名师(指导)……个个摩拳擦掌、跃跃欲试,一场好戏就要上演。

二、班干部的任命

1. 确定任命时间

竞聘演讲完成后,我并不急于公布结果。其一是想卖卖关子,突出班干部的重要,同时给学生们一些悬念。其二是我还要做大量的工作:先是男女比例问题的调节权衡,其次是做好竞选欲望很强但综合表现一般的学生的思想工作,最后就是聘任书的制作。

2. 制作班干部聘任书

对于聘任书的制作,我非常讲究。首先设计好精美的"聘任书",正面用鲜花彩框镶边,中间有正文,"××同学:鉴于你为人正直、认真干练、善于自律、积极进取,既有一定的组织和管理能力,又有很强的责任心和集体荣誉感,经过老师和同学们认真协商,特聘任你为幸福七三班××。望不负众望,勇于承担,用实际行动证明自己。"落款是"幸福七三班班委会"和我的亲笔签字。值得一提的是它的反面,正中是一个昂首冲刺的运动员淡色图案,象征着我对他们的警醒:"奋力拼搏,勇往直前!"上部先是我特别请校长给该生写的寄语,中部是我对该生的殷切希望,下部则是全体教师和学生各具特色的签字。可以说,这样的聘任书不仅能大大激发学生热爱班级、奉献集体的热情和动力,而且凝聚了老师和学生深深的信任与希望,是学生成长的重要见证,具有很高的收藏价值。

3. 颁发聘任书

当上面这些工作做好后,我会选择一个合适的时间,邀请所有学生家长到校,举行一个隆重的颁发仪式。在装饰一新的教室里,我激昂地宣读着每一张聘书的正文,伴随着激情的颁奖音乐,班干部们惊喜地从老师手中郑重地接过聘书,然后转交给父母,父母再用因激动而有些颤抖的手写上对孩子的希望。这是怎样的一个激动人心的过程呀!最后,班委会成员铿锵有力地集体宣誓,把仪式推向了高潮。

三、班干部的培养

选出了班干部，组建起班委会，班主任就可以放手不管、高枕无忧了吗？绝对不是！这只是工作的刚刚开始。我们成立班委会的目的是什么？说白了，就是让学生"干事"，这样既可以使他们得到锻炼，又能减轻我们的工作负担。所以，班主任要不断地给班委找事干，让每一个班委成员在做事的过程中逐渐认识到自己的岗位对于班集体建设的作用和价值。班干部要"干事"，需要具备一定的能力。有些班级有很多班干部，但班主任仍然忙得焦头烂额，其主要原因就是班主任不注意培养班干部。许多班主任只知道指挥班干部去做，却从不教导他们怎么去做，因而做事效率低且常出乱子。我对班干部的培养任用一般采取"三步走"的策略，即"扶着走，领着走，放开走"。

1."扶着走"

万事开头难，班委会刚刚成立之初，大家都缺乏经验，往往不知道该干些什么、怎么干，迫切希望得到老师或同学的帮助和指导。所以，这时候对班干部培养的关键一环是抓好每一个"第一次"，如组织第一次主题班会，第一次带领同学劳动，第一次外出郊游，第一次讲评班级情况，第一次和个别同学谈话……这每个"第一次"的成功，对于班干部的成长至关重要。班主任应该在这每个"第一次"的前后言传身教，做好示范。此时班干部培训的主要任务有：让学生明确自己在班级中的地位；班干部应具备的素质；班干部工作的基本方法；班干部必须处理好的几种关系；当班干部与学习之间的关系；怎样搞好大型活动等。有了成功的"第一次"，以后的事情就好办多了。

2."领着走"

"领着走"就是在班干部稍微有了一定的管理经验后，班主任就要松开一只手，从搀扶改变为引路，实行半扶半放，即使学生"走"得歪歪扭扭，也要坚持以他（她）自己为主。不过，班主任千万别忘了事前的指导、点拨和事后的分析、评述。这时，班主任要采取各种措施，让学生尊重班干部，服从班干部的领导，使学生认识到尊重班委就是尊重集体，服从集体。班主任组织的每周班干部交流会,更是一个大家互相学习、借鉴的良好机会。

3."放开走"

当班干部逐渐熟悉了岗位职责后,班主任就可以放开手让他们自己去做。随着班级工作的开展,班主任还要进一步引导班干部依据班级工作计划,制订出自己的具体工作计划,逐步使他们从被动地接受工作任务的状态,过渡到主动寻找工作任务的状态。在"放开走"这个环节上,班主任要给予班干部充分的信任,鼓励班干部要有自己的主见和开创精神,主动开展工作;同时要积极创设各种条件,让班干部们到实际工作中去锻炼,去完善自我。如会操比赛、宿舍文化装饰等班级组织的一些活动,完全可以放手让学生操作。这时,民主评议逐渐成为监督班干部工作的重要措施。

最后,班主任要帮助班干部树立威信。班干部的威信是他们顺利开展工作的保证。我对班干部的要求就是"管好自己,带好头,做好事"。显然,只有管好了自己,才能带好头;只有前两者都做到了,才能做好分担的事。所以,我经常教育他们:要严格要求自己,树立为全班同学服务的精神,不能有"管人"思维和特权意识,做好同学们的表率,并以出色的工作去换取同学的信任。

"善歌者使人继其声,善教者使人继其志。"有经验的班主任,善于用班干部的"闪光点"去影响、感染学生。有一个好的班委会的班级,就能成为一个好班级。

构建思想和灵魂的家园——用文化经营班级

作者心语: 老班主任都知道,一个班级就像一个人一样,是有思想、有性格、有精神的。它的思想、性格和精神的形成必须依赖于班级文化的建设。没有班级文化,一个班级就没有灵魂和生命,就没有灵气和活力;班级管理的最高境界就是文化育人。

人们都熟知"孟母三迁"的历史典故。

孟子小的时候，他家住在一片坟地旁边，孟子就玩一些哭丧、埋人之类的游戏。孟子的母亲认为这种环境不利于孩子的成长，就举家搬迁到一个集镇上住下，结果孟子又玩些做买卖的游戏。孟子的母亲还是不满意，又迁居到了一所学校旁边，孟子受到良好的影响，逐渐变成勤奋学习、彬彬有礼的孩子，于是孟子的母亲决定在学校旁边定居下来。

这个故事给我们深刻的启示：为孩子营造一个和谐、向上的学习、生活、心理环境，无论是对于一个家庭，还是一个班级或是一所学校，都至关重要。我始终认为，班级管理必然要经过一个从"人治"到"法治"再到"自治"的过程，"自治"是班级管理的最高境界，其核心力量就是班级文化。

班主任的主要工作是什么？我想，不外乎这么三点：思维的历练、情感的体验、精神的培养。而这些目标的达成，仅凭知识的传授、管理的说教是远远不够的。还需要什么？那就是文化，用"文"来育人、化人，寻求一种思想上的共鸣和碰撞，从而改变学生的精神实质，再由精神上升到行动。

苏霍姆林斯基提倡读书、思考，提倡让孩子们在大自然中感悟和熏陶，这是一种追求宽容、质朴与丰富、升华的文化；魏书生老师崇尚与伟大心灵的对话，崇尚学生的自主发展，这是一种追求自信、自强与理智、创新的文化；李镇西老师致力于班规的建设，致力于师生的对话，这是一种追求民主、博爱与法制、规范的文化；李希贵老师提倡选择的多样，提倡大阅读，这是一种追求自由、个性与多元、和谐的文化……班级文化，正作为一种重要的育人方式，为广大教师所熟知。

一、班级文化建设是一种自然生成的过程

在一次演讲中，陶行知先生走进教室，把一只公鸡往讲台上一放，抓一把米放在它面前，企图让它啄食。公鸡惊惶，不肯低头。陶公便强按鸡头"请"它吃，可公鸡身子拼命后退。陶公干脆往鸡嘴里塞米，可公鸡挣扎不停，并不吃下去。之后，陶公松开手，后退几步。公鸡稍稍平静后，徘徊一阵，慢慢靠近米粒，继而悠然地啄食起来。

班级文化的建设也是如此,它不应该在强制中产生,而是在班主任、科任教师、全体同学的协作下,不期然而形成的,是一种自我凝聚、自我归属的精神产物。班级文化建设看重的是一种氛围文化,通过文化氛围在潜移默化中改变学生的思想和行为。要让学生从依从它到认同它,再到信奉它,最终形成学生自己的内化。在这个过程中,不是说教,而是体验,是学生的主动参与。

班会、各种班级制度、班级活动等,既要体现社会和学校的共性,又要符合本班学生的特点,有个性特色;即使点缀教室的花草、图书角、展示栏等物品的布置,也要赋予新的含义,要有深刻的内涵,更要让学生去认同这种深刻的意义。

班级文化建设要有一个渐进的过程,要使全体学生逐渐受到感染而自觉地认同。集思广益的班训,共同创作的班歌,全体师生共同酝酿、共同修订、在争辩与共识中形成的班规等,都对班级文化的形成有重要导向和规范作用;学习互助、兴趣特长等小组的逐渐建立,班级各种优秀的民主选举,体现广大学生共同兴趣、爱好、情感的群体性活动,始终是形成班级文化必不可少的"促进剂"和"增效丹"。

二、班会与班级活动是形成班级文化的两种主要形式

班会和班级活动是班主任进行班级工作的两个主要阵地,在班级建设中发挥着突出重点、明确目标、统一思想、群策群力的核心意义,对班级文化的形成起着"搭建骨架"和"贯通血脉"的关键作用。

班会和班级活动,都要围绕着班级建设而开展。它们不可避免地要完成一些即时性的工作和任务,但是,其主题和内容的确立不能随意、盲目,必须要有明确的目的,同时还要注重其连续性和系统性。

有一个学期初,我发现某些学生经常对其他同学进行人身侮辱、攻击,甚至有意造谣、谩骂别人。这种现象,极大地破坏了同学之间互帮互助的感情和友谊,损害了班集体的团结。在一番思考后,我决定:通过一系列的主题班会和有意义的活动,努力营造一种赞美文化。

第一周,我们召开了主题为"不文明语言的危害"的班级会议。一个个生动的故事和实际案例,使大家深受启发。特别是"三句半"形式的"不文明现象举例",在幽默欢笑中,给同学们上了生动的一课。

第二周,我又组织了"我为同学找优点"的主题班会,发出了"多注意别人的优点,多改正自己的缺点"的倡议,提出了"善待同学,就是幸福自己"的口号,让活动进一步深入。首先是大家互相找优点,并写出来送给对方;然后发动全班学生专门为"特殊"学生找优点,说优点,书写优点卡;最后,人人制定出"自我行动监督书"。有几个身体弱小的孩子和学习待进生,听着同学们对自己的赞美和鼓励,竟感动得热泪盈眶。

第三周,我们开始组织"赞美俱乐部"活动。要求在其后连续2周内,每个学生必须在每一天都要真诚地向另外至少2个同学表达赞美之词,并简单记录经历和感受,观察周围同学的变化,以及自己生活态度的变化。其后,我们又把"赞美俱乐部"活动扩展到家庭和社会,对学生语言文明习惯的形成起了积极的推动作用。许多学生在日记中吐露了自己的心声:"'赞美俱乐部',我们心灵春天永在的秘密!"

第四周,我召开了"记者招待会",让学生们自由提问,我现场解答,同时讲述了自己在上学期与学生们发生的一些真实故事,以及"把快乐和别人分享,你会加倍快乐""吹灭别人的蜡烛,不能使自己的蜡烛更亮""赞美和爱,是人生的通行证"等一些生活感悟,给了学生们深刻的启迪。

就这样,班会和班级活动环环相扣、层层深入,班级风气明显转变,一个同学间情同手足,亲如兄弟姐妹,讲文明、懂礼貌、团结奋进的班集体初步形成了。

三、兼顾"显性文化"与"隐性文化"

班级文化包含班级的方方面面,总的来说,班级文化可分为"显性文化"与"隐性文化"。

所谓显性文化,也就是物质文化,是可以摸得着、看得见的环境文化。比如:教室墙壁上醒目的班训、班级口号、班歌、班级公约、班徽等,名言警句、英雄人物或世界名人的画像和标语,摆放整齐有序的桌椅,别具一格的学生风采展示牌，惹人喜爱的学生"书画展"，丰富多彩的黑板报，精致实用的图书角以及班级活动，等等。

显性文化设置的总体要求，就是要使每个方向的景色都赏心悦目、令人振奋，每个墙角都会说话，都在育人。干净整洁、合理有序、富有朝气、充满温馨的教室环境有很好的烘托作用和暗示效果，非常有利于良好班级秩序的建立；口号的张贴、板报的设计、字画的选择、座位的巧妙安排等，营造出一个和谐的学习和教育环境，能提高学生的学习兴趣，促进文明行为习惯的养成。

对班级环境建设，我一致主张要精心设计几个景点。

站在我们班级门口，首先吸引你的就是我们的"班级心愿"——"相聚三年，幸福一生"，八个书法大字，苍劲有力、溢情飘香；整齐有序的桌凳，证明了小主人们的文明习惯；新颖别致的图书角上长长的一排各类书籍，显示出学生们的良好修养；讲桌、书包柜、窗台上娇艳滴翠的花草，告诉你在这里生活着一群有高雅情趣的孩子；黑板上方是我们的班训——"让别人因为我的存在而感到幸福"。

值得一提的还有我们的另外三个景区。前门里侧有"我是最棒的"每周一星风采照片展区，张贴着班级每周评选出的多名优秀学生的个人风采照，个个脸上洋溢着自信和欢乐，看着他们，你心里会不由自主地想到一句话：他们真幸福！在后黑板的左侧有我们的"成长大舞台"，张挂着每个学生自己设计制作的成长足迹展板，形状各异、五彩斑斓、个性飞扬，真让人好生羡慕。我们自然不会放过教室靠楼道的两个大玻璃窗，一个上面是由42只千纸鹤组成的大心形，每一只千纸鹤都"带"着折叠者的梦想，中间是我们的班级口号——"幸福七三，事事争先"；另一个则被分成班级行为公约、班级必记格言、班级大事宣传栏和每周美文等若干小板块，各有各的用途，各有各的精彩。至于那别具一格的"名人名言"（其实是学生自己写的精彩语句）等，更是班级独有的文化景观。

隐性文化，则是一种"软文化"，包括班集体在长期建设过程中逐步形成的制度、观念和行为文化。其中，制度文化主要是指班级师生共同制定和遵守的各种规定、公约等，它们构成一个个性鲜明的法制文化环境；观念文化就是关于班级师生在长期学习、生活中积淀生成的有关社会、人生、世界、价值等的种种观念，这些观念弥漫在班级的各个角落，潜移默化地影响着学生，是形成班级舆论的重要因素；而在制度和观念等的规范、约束和引导下，从学生身上表现出来的言谈举止和精神面貌，则是行为文化。学生是否具有文明大方的行为习惯和积极健康的精神面貌，是判断一个优秀班集体的重要标志。

我们把班级定位为所有学生的"温馨大家"，为了营造"家"的氛围，我们共同协商把《相亲相爱一家人》定为班歌，合唱班歌则是每周班会的首要环节。经过深入思考，我们制定了非常独特的班级行为公约：

友谊，从用心倾听开始；自信，从大声说话开始；

文明，从对人微笑开始；感恩，从问候师长开始；

勤奋，从课前预习开始；朴素，从爱穿校服开始；

节俭，从拒绝零食开始；成功，从有错必改开始。

这样的内容，彻底摒弃了要求苛刻、高高在上的传统公约，细致入微、亲切自然，深受学生喜爱，更便于自觉践行。

对于班规，我们也是坚决改变了分数考核的方式，赋予它特有的育人内涵，这里不妨把《幸福七三班规二十条》送给大家：

(1) 学习无借口　(2) 细节决定成败　(3) 以老师为榜样　(4) 珍爱荣誉

(5) 受人欢迎　(6) 善于合作　(7) 团队精神　(8) 有错必改

(9) 热情似火　(10) 没有不可能　(11) 永不放弃　(12) 不断提升自己

(13) 敬业为魂　(14) 为自己奋斗　(15) 感恩至上　(16) 力争最好

(17) 全力以赴　(18) 尽职尽责　(19) 自动自发　(20) 立即行动

从每日的班级宣誓、自信演讲到每周的自我反思、团队（班级的七个学习团队）风采展示等，每一个环节、每一项活动，我们都围绕着一个中心，那就是用文化涵养学生的心灵，让学生感受到班级生活的幸福。班级文化重在育心，重在丰富和引领学生的精神，塑造学生的灵魂。它的建立，不仅仅是在墙上写几个号召性的标语，搞几次实践活动，出几期主题黑板报，更重要的是将班主任的职业情感、思想灵魂天长日久地贯穿于学生的行动中，引导学生形成良好的学习、生活习惯。

我们常说，要把班级建设成学生的"家"。而"家"最需要的是什么？我想，应该是一种互相尊重、互相帮助、互相爱护、互相依恋的友情、亲情、"爱"情，而这种真挚的感情必然源自心与心之间相融相通、和谐共鸣的文化氛围。因此，班主任必须非常重视班级文化氛围的营造、建设，要努力使班集体成为具有鲜明文化特色、浓郁文化气息、优秀文化精神的文化组织，从而以优秀的班级文化凝聚人心、规范言行、引导成长、促进发展，让班级充满青春活力，充满人文关怀，充满昂扬向上、积极进取的文化精神。这样，班级才能真正成为每一个学生温馨的精神家园。

四、班主任是班级文化的"引领者"

现在的学生对老师的要求越来越高，需要老师有很高的素养。形成良好文化氛围的班级，班主任就是其精神领袖。首先，班主任要有文化修养与品位，要懂得班级文化的内涵。其次，班主任在班级文化的建设过程中要始终做到以身作则，起到良好的引领带动作用。最后，班主任要引领班级形成一种文化制度，特别是要建立一种评价机制，形成正确的舆论导向，起到鼓励、批评和监督的作用。

班主任要和学生做到心心相印，靠什么？首先是人格，而后是师德。班主任要建立自己的权威，和学生保持一定的距离感。这种权威和距离感来自公正、公平、无私以及对事不对人的处事态度。教师对学生的感情必须是真诚的，不能夹杂丝毫的虚伪，否则，会给学生的心灵带来沉重的伤害。李镇西老师曾谈到这样一件事：

女儿和她的同学们剪纸、绘图、包扎、装饰等，忙碌了整整一个周末，为老师制作了精美的礼物。上课时突然被大家亲切的"生日快乐"和小礼物拥抱的老师，特别激动，说了好多感谢的话。可是，下午放学时，几个孩子无意地发现，她们精心制作的礼物早已被扔在了厕所的废物篓里。孩子们不敢相信自己的眼睛，有些吃惊、疑惑：老师竟然会这样！许多人都伤心地哭了。

表彰奖励能激励学生争先创优、积极向上，是影响班级生成正确舆论和学生树立正确人生观的重要手段和常用手段。而这里面也有要注意的很多问题。我认为，成功的表彰奖励一般要遵循几个原则：第一，表彰的行为必须出于真心。第二，必须对为班级做出突出贡献的和勤奋好学、积极进取的学生进行表彰。第三，必须系统地规划表彰活动的全部过程，包括评价的标准、范围、分类、仪式等各个细节都要及早考虑。第四，必须大力赞扬你希望更多涌现出来的人和事。第五，表彰人员的确定必须依据既定标准，班主任无权随意更换。第六，尽量扩大受奖面，不让一个学生丧失信心。

五、班干部是班级文化的"先锋军"

班干部在班级文化建设中起着重要作用。如果说班主任是班级文化的"根"，那么班干部就是班级文化的"叶"，两者缺一不可。班干部是共同完成班级文化建设的核心，是班级文化建设的旗手。班主任要选择、培养好班干部，充分发挥这些"领跑者"的带头作用。班干部好似一个班级的翅膀，他们一般积极性都很高，教师要注意有目的、有计划地培养；当他们具备了一定的能力后，要充分信任，放手让他们去做。好的班干部群体，就是班主任感召力、影响力的扩大器，一个个就像养成文明习惯、良好学习风气、正确舆论导向的示范员、宣传员和监督员。因为班干部本身也是受教育者，所以他们对其他同学的教育更真切，更容易被接受。

班级管理有三个比较高的境界。

一是人在班中，班在心中。这个境界好比我们常说的"登堂"，班主任管理班级靠的是情、爱。这样的班主任，把班级看作自己事业不可缺少的一部分，心系班级，对班级充满深情，对每一个学生充满关爱。

二是人如其班，班如其人。这个境界恰似学习中的"入室"，班级管理在爱的基础上更多渗透了师德、智慧。班主任把自己的知识、思想、情爱等融入班级，使班级开始具有个性化的生命特色。这样的班级，会成为学生生命历程中一处美好的桃源风景，一个必不可少的心灵驿站。

三是人即班，班即人。这是最高的境界，就像武功中的出神入化、登峰造极，班级呈现出来的是一种"气""场"。这个时候，班人合一，班主任把自己的整个生命都融入了班级，班级真正成了学生的学园、家园、乐园，教师、学生、班级形成了一个不可分割的统一整体。如果你走进班级，不是疲惫，不是烦躁，不是机械，而是和学生们在一起享受生命中一段美好的时光。这样的老师会成为学生心目中永远的明灯，这样的班级会成为学生生命中奠基的夯石、动力的源泉。

在这三种境界之中，文化都起着关键性的作用，而且境界越高，文化的重要性就越强。教师是一个以知识、思想、智慧、精神安身立命的职业，对人文修养的追求应该是永恒的主题。

有人说："文化是一个民族最真实的性格，是一个民族骨子里流淌的血液。"对于一个班级来说，也是如此。班级文化是一个班级的灵魂，是一个班级的品格，是每个班级特有的教育环境和教育氛围，它潜移默化地影响着学生的思想、言行、情感，甚至未来的人生观和价值观。如果说班级是一个磁场，那么良好的班级文化就是内在的强大吸引力、凝聚力，促使人的思想、行为、性格、心理等各个方面都主动地、自发地向真、善、美的方向发展。

怎么才算是一个成功的班主任？不同的人有不同的回答，但是有一点是肯定的，不是仅靠学生学习成绩优异，也不是单指有几个学生特长突出。我想，当每一个学生都像对家那样爱恋、牵挂、信任、依靠班级的时候，当每一个学生都感到愉悦、振奋、自豪的时候，班主任就是最成功的，也是最幸福的。而这种相融的氛围、和谐的环境，其实就是最好的"育人文化"。

"动"起来——活动是班级生命的源泉

作者心语：对每一个热爱班主任工作的人来说，班级就像他（她）用心血和智慧创造的一个生命。而生命在于运动，班级生命活力的最好体现就是开展丰富多彩的活动。活动是实现教育目标的最佳手段，让学生参与一项亲历亲为的活动远比百次泛泛的说教更有效果。

读苏霍姆林斯基的著作，我经常沉醉在这样的描写中：

在校园幽静的角落里，学生们信任地将记录着自己内心世界活动的诗篇低声吟诵给教师听；在明朗的早晨或朦胧的傍晚，师生一块儿来到牧场或森林里，做游戏，听音乐，编故事；在天气晴朗的日子里，教师和小伙伴一起在潺潺流水的小溪旁，在雪中盛开的报春花中寻找春天；在初秋恬静的黄昏，师生来到他们亲手创造的美角与夏天告别……

这，就是班级活动。成功的班级活动能增长知识，陶冶情操，锻炼能力，加深师生之间的理解和信任，增强班级的凝聚力，并给学生们留下深刻美好的印象。

活动，顾名思义，"活"，应该是鲜活、灵动、开放，充满生命力；"动"，应该是动态、生成、发展，重在行动过程中的体验和内化。在现代班集体的建设中，活动有着尤为重要的意义。要给学生提供丰富多彩的课程，提供更多的学习选择机会，提供一个主动发展的空间，教育教学离不开有秩序、有目的的活动。班集体就是在实现班级奋斗目标的实践活动中发展和巩固起来的。目标是班集体发展的方向和动力，而组织相应的活动则是班集体向着既定目标前进的重要形式。只有在班级活动中，学生才能正确认识个人与集体、个人与他人的关系，培养集体主义精神和对集体的责任感、义务感。如果没有活动，学生的集体责任感、荣誉感就很难形成；而有了活动，学生则会精神焕发、斗志昂扬、你追我赶、携手向前。加德纳的多元智能理论指出，每个人都有优势智能，也有自己的弱势智能；教育要扬长避短，发展学生的长处。而只有通过各种各样的活动，才能够激活每一个学生的潜能，充分发展各自的特长和优势，并同时满足学生交往的需要，使他们在交往中培养起健康的、丰富的感情，学会处理各种人际关系。

谈到活动的开展，有些教师总认为很难，其实，一束花可以让整个教室充满春天的烂漫，一个具有创意的小活动可以让你的班级活力四射，一个小特长也可以激活一个自卑懦弱的孩子。班级的创新活动应该是清晰而明快的、丰富而多彩的。我们可以从以下几方面入手，争取有所突破。

一、把活动与班级常规工作有机结合

根据学生的年级和年龄特点，围绕班级实际问题，狠抓常规工作和学校的工作重点。班级活动的开展要创新，但是更要符合学校的工作规划，必须把班级活动与一些事务性工作有机结合起来。让事务意义性突出，让活动目的性更强。

开学之初，班级凝聚力的形成是一个重点问题，于是我们就把目光对准了学校安排的第一次大型班集体活动——军训汇报表演赛。"一鼓作气，再而衰，三而竭"，我们在认真分析了自己和其他几个班级的情况后，明确地提出班级的奋斗目标：只有第一。在这个具体奋斗目标的激励下，全体同学齐心协力，严格训练，无一人叫苦，无一人掉队，洪亮的口号、整齐的步伐、威武的气势，一下子就把大家征服了。

二、根据学生身心特点灵活开展活动

根据学生的心理和身体特点开展工作，关注学生的心理需求，注重情感体验。我们在组织班级活动时，一定要征求学生的意见，根据他们的年级和年龄特点，来开展一些有意义的活动。如"心理情景剧""男女课堂""儿子与母亲的心灵对白"等小品都深受学生喜爱。

三、注意活动的整体性和系统性

注意活动的整体性和系统性，就是以长远的目光，从班级和学生发展的整个过程来考虑和安排，由浅入深、由低到高去感染学生，多组织一些系列性活动，尽量减少随意性、盲目性。

无论哪个年级的班主任都有一个很重要的工作，就是教给学生一些好的学习方法。比如在初中各年级，初一需要我们先从培养良好的学习习惯入手，在初二可以搞些"学法小讲座"，初三毕业班则要利用"优秀学生现身说法""学法讨论会"等更具有参与性的形式。

四、注意活动在形式和内容上的开放性

闭塞的教育形式不仅不能得到学生的认可，也会阻碍班主任的成长。在班级活动这一块，尤其需要开放性，请家长到场，请学生提建议，看视频，演小品，唱歌等，这些形式比班主任纯粹的演讲所取得的效果更加显著。

1. 活动的教育性

说起活动，我们自然联想到陶行知先生的"生活教育"，它把教育和丰富多彩的生活紧密结合起来，大大拓展了教育的内容、空间和价值。可是在集中化、封闭式现代管理的今天，这种"生活"似乎离我们越来越远。但是有一点是不可能改变的，那就是教育的本质：教育始终是一个孕育、生成的动态过程。如果离开了各种各样的活动载体，教育就变成了没有灵魂和血肉的躯壳，活动应是教育最重要的特征之一。

早在 20 世纪 40 年代，陶行知先生就大声疾呼："解放孩子的头脑，让他敢想；解放孩子的双手，让他敢做；解放孩子的嘴巴，让他敢说；解放孩子的空间，让他走进大自然；解放孩子的时间，让他去创造。"

班主任要大胆放开孩子的手脚，创造性地开展适合本班实际情况的各种文体性活动，来塑造学生的精神人格。只有把教育目的寓于活动之中，才能使教育效果在活动中得到深化和升华。

许多教师都说，现在的孩子很自私，不会节约，花钱大手大脚。怎么办？开班会、搞演讲、办板报……学生能有多少体验与感悟？如果你领着孩子们

到农村去,看看农民怎样劳作、怎样生活,那样对孩子的触动才是真实的、深刻的。

再比如,要培养孩子的爱心,你说得再多,他也很难有感受。但是,如果我们能够让他参与到"爱心捐助"活动中,在帮助那些失学儿童,和他们的沟通交流中,他必定会受到心灵的震撼。

为增强班级创造活力,自2004年秋,我开始尝试班级活动承包制。就是把班级各种文体晚会或比赛、黑板报、宣传栏等一切大型活动的筹备、组织,都采取竞争承包的方式全部交给学生自己完成。每个小组拿出实施方案,向全班学生说明和承诺,然后由学生民主投票决定,最后按完成质量对相应小组进行奖惩。活动的开展,使学生们真正体验到了自己是班级主人的自豪和满足,锻炼和培养了一大批非常出色的学生干部,不仅使所有同学都能在不同的活动机会中得到提高,而且极大地鼓舞了学生们参与班级管理、为班级增光添彩的热情,蓬勃向上、积极进取的优良班风也很快形成了。

2. 活动的实效性

班级活动按内容可分为学习活动、科学技术活动、文娱体育及文化艺术活动、社会实践活动、社区服务活动、班队会活动等。开展班级活动的目的是为了使学生在活动中获得丰富的直接生活经验和真切体验,使学生不断学会认知,将活动目标内化为学生的自觉行为。因此,我们开展班级活动必须坚持:①以学生发展为本;②面向学生完整的生活世界;③坚持让学生亲历活动过程;④关注新课程下班级活动课程化、生活化、体验感悟型等几个基本理念。

班主任设计班级活动,必须以学生的困惑为载体,以学生关心的热点、焦点为载体,以学科课程的学习延伸为载体,以本地资源为载体,以传统节日为载体,审时度势,敏锐地发现活动资源,捕捉教育契机,迅速聚焦问题,形成科学可行的活动方案。同时,在开展班级活动时,还要注意以下几个基本原则:目的要具有教育意义;内容要贴紧学生生活;形式要有趣、新颖、灵活;实施要有可操作性,要短、小、实。

一谈到活动,有人就认为是什么歌舞表演、运动比赛等,但是活动并

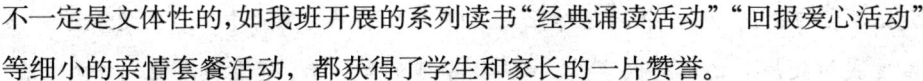

不一定是文体性的,如我班开展的系列读书"经典诵读活动""回报爱心活动"等细小的亲情套餐活动,都获得了学生和家长的一片赞誉。

课外活动或饭前饭后时,我喜欢约一两个学生边散步边谈心,双方摆脱了固有角色的束缚,无拘无束地直抒胸臆,这样既能及时了解学生的心声和思想,又能使教育内容和方法更符合学生与社会的实际。我特别向往英国伊顿公学式的交流活动:每隔一段时间,班主任和一群学生围坐在一起,没有任何教育批评或灌输目的地进行对话,每个人都讲出自己的真实想法,即使听到不同于自己的意见,也不要急于反驳争辩,静心交流,共享那种悠闲、和谐、轻松与真诚,感受彼此的尊重、关爱、坦率和深情。

3.活动的持续性

再好的活动也必须具有持续性,长时间开展才能使学生真正受益。比如,现在很多学校推行的师生一起读书、写笔记活动,几周、两三个月是很难看出什么成效的,贵在持之以恒。我想,坚持一年你就会有惊喜;如果坚持三年,你一定会收获奇迹。早饭后的"班级宣誓""三分钟自信演讲",是我们每天都做的两个小活动,开始时许多老师并不以为然,但伴随着我们的坚持,半年后发现:不仅学生的自信心大大增强,就连语言表达、沟通交流等能力也得到了显著提高。

4.活动的互动性

活动的素材也是随处可见。比如,管理经验丰富的王老师曾经在课堂上发现一个学生看科幻小说。一般情况下,很多老师的处理办法如下:一是当众没收,批评了之;二是当众撕毁,公开检查;三是暗示制止,事后处理,要求改正。可是王老师并没有进行"制止"的简单处理,而是从中发现了学生的长处,巧妙地转弊为利,由对学生个体的管理逐渐发展为班级的一个轰轰烈烈的活动,从而实现了更高的教育目标——既教育了一个学生,又教育了一个集体。整个事件的处理过程是:

(1)冷静处理——没收。王老师并没有任由"火冒三丈"的情绪冲动,而是采取"没收""继续讲课"的冷处理,避免了难以收场的课堂冲突。

(2)初步交流——思考。课后,王老师把该生叫到办公室谈话。简单批评后,就让学生回去了。但一个问题却让王老师陷入深深的思考中,学生爱看课外书本是我们教师求之不得的事情,但要指导他们如何看,还要激发他们自觉地看,这才是我们班主任管理的智慧。王老师决定在这个学生身上开始试验。

(3) 深入了解——发现本质。通过对该生成绩的分析,通过在同学中的了解,通过与家长的沟通,王老师发现了他在阅读课外书方面表现出来的良好个性特长——"接受能力较强""看书特快""知道的东西多,知识特丰富""看书时间分秒必争,不分课上课下和白天晚上,只要得到一本书,必定一气看完,算得上一个'书迷'""爱和同学说笑"等。

(4) 因势利导——发挥个体特长,创造群体效益。接下来,王老师主要抓了这样几项工作:①引导该生处理好看课外书的时间。②让他当班级的"好书推荐员",每周向全班同学介绍和推荐好书。③扩大效果,吸引另外几个志愿者共同参加好书推介。④成立"课外阅读介绍组",由他当组长,并在黑板报或手抄报开辟小专栏"每周一书"。⑤把课外阅读热情引向与教学内容互动,课外推介组成员成了各科老师的得力助手,许多任课教师也积极向学生推荐好书。⑥班级出现良好局面:没有再发生上课看课外书的现象;学生课外阅读积极性日益高涨;大多数学生的知识面明显扩大。

(5) 创造新局面——师生互动互补。这次偶然的课堂违纪,经过老师的精心引领,最后转化为一个良好的师生互动局面:老师与违纪学生实现了互动;违纪学生与班集体实现了互动;班集体与任课教师实现了互动;班集体建设与学科教学工作实现了互动。

在这样的互动过程中,班主任的主导作用才能与学生的主体作用真正地进行有机互补,产生美好的结合。这样,在发挥学生个性特长,形成班集体良好发展局面的同时,也完成了我们自我提升的发展过程。

5. 活动的全员参与性

"让我看,我记不住;让我听,我会忘记;让我参与,我会明白。"这是美国伊克中学的校训,它特别强调活动的重要作用。美国心理学家霍华德·加德纳强调,不要把孩子束缚在教师的计划中,而要让他们到大自然中去。孩子们的梦想比老师的计划要大得多,只有在活动中才能获得真实的体验，活动在塑造学生身心方面具有重要的作用。也只有在活动中，才能发现孩子的"多元智能"。活动，必须是全员性的，让每个孩子都有展示的机会、成长的机会，让每一个孩子都能得到身心的锻炼和情感的体验，从而磨炼意志、丰富心灵、增长才能。

活动是实现教育目标的最佳手段，积极创设有意义的文体和社会实践活动，让学生参与一项亲力亲为的活动远比百次泛泛的说教更有效果。在整个学习过程中，班主任教育学生的目标必然通过学生自身的内化来实现，留在学生们身上的真正具有价值的东西，就是在活动中生成的触动他心灵的，促使其思想、言行改变的，给他留下了深刻印象的东西。

一个活动对学生的一生都可能产生巨大的影响！

让读书成为一种习惯——建设班风学风的艺术

作者心语：班风，其主体就是学风，而学风建设，关键是培养学生读书的兴趣、方法和习惯。读一本好书，犹如交了一位益友。我想：一个洋溢着书香的班级，绝对是一个优秀的集体。青春是一片沃土，不种庄稼必定杂草疯长。如果说解决班级管理问题有一把万能钥匙，那就是让你的学生爱上读书。

班风建设固然有很多方面的内容，但其主要部分就是学风。一个班风不正的班级，不可能有良好的学风；一个学风浓厚的班级，必定是一个优秀的集体。

开学半个月了，班级各项工作已逐步走上正轨。但是，年轻的董老师却越来越伤脑筋：学生中消极、落后思想明显存在，有些学生不仅不关心学习，而且经常比吃比穿；打架、谩骂、偷盗等违规违纪现象也时有发生……董老师多次大批特批，严格惩罚，学生虽有所收敛，但部分学生的抵触情绪开始滋生蔓延……身心疲惫之下，她向长期从事班主任工作探索的郑老师诉说了自己的苦恼，请求给予指点和帮助。

在综合讨论分析了班级问题后，郑老师幽默地说："土地肥沃，杂草已生。最好的方法，就是种庄稼！"又如此这般地传授一通，董老师紧锁的眉头豁然开朗，连说："好，我去试试！"

第二天的班会上，董老师笑容满面地走上讲台。这一反常态的笑容让全班同学瞪大了眼睛，神经紧绷，急切地等待着老师笑容背后的故事。董老师微笑着说："同学们，我们先来个智力竞赛，好不好？""好！！"气氛一下子高涨起来。

"好。这是一个非常有意思的问题。"董老师用抑扬顿挫的声音娓娓道来，"从前，有一个老教授，他教了几个非常聪明的学生。学生们寒窗苦读好几年，眼看就快要学成出山了。这天，教授把学生们叫到院子里，指着前面的一块空地，说：'我要测试一下你们的智慧。你们看，这里什么也没种，再加上无人管理，所以杂草丛生，一片荒凉。你们各自都好好想一想，看如何把这些杂草都除去。'于是，教授的学生们八仙过海，各寻良策。半年过去了，大家各种方法都试过，可那些草就像和他们较上了劲一样，除了又长，死了又生。结果，一个人也没有成功。同学们，如果是你，你会怎么办呢？老师给大家5分钟的时间，先独立思考，然后分小组讨论。看哪些同学能够想出最好的解决方法。"

大家你一言，我一语，好不热闹。正像她所预料的，孩子们终究没有说出最合适的答案。董老师连连摇头，把或认真或急躁或细心或骄傲的孩子们都弄得满头雾水。见时机成熟，董老师又故意吊了一下胃口，"真想不出来了？"几个学生干脆高叫："老师，我们都急死了，你快说说吧。"

"原来是这样的：教授的那几个学生中，有的直接用锄头去锄，但费时费力却除不了根，一段时间后草又长得老高；有的用犁去耕，但耕后不久，新的土地上草长得更旺；有的打上除草剂，但发现持续时间不长，特别是一场雨后，杂草又遍地而生，而且打早了或打晚了都不太见效，即使正适时，也有很多草死不了……学生们折腾了半年都没有找到有效的方法，一个个只好怏怏离去。毕业后的某一天，学生们都接到了教授的信息，通知他们到校。教授把学生们再次领到那块地前，微笑着说：'你们看，现在还有杂草吗？'看着地里绿油油的麦苗，学生们目瞪口呆。原来，教授把地翻耕平整后，全部种上了庄稼，在旺盛的庄稼的控制下,杂草再也不能疯长了!"

许多学生听着故事也陷入了沉思。在同学们的叹服、惊奇、反思中,董老师忽然声音高昂,激动地说:"孩子们,人生需要梦想,没有梦想就没有希望。你们都是朝气蓬勃的少年,金色的年华,必须用健康的知识和思想来充实、滋养。青春也是一片沃土,不种庄稼必定杂草疯长!我们在叹服教授的智慧之余,是否想到我们的道德培养何尝不是如此?所以,我提议,我们班从本周起全面开始'书香班级创建活动'!……"

两个月后,班级风气明显好转,各项工作逐渐领先。再走进这个班级,学生们的精神面貌定会让你眼前一亮。

朱永新教授说:"一个人的精神发育史,就是他的读书史。"只有那些经常与伟人、名人交流,经常吮吸人类思想精华的学生,才能成为品格高尚、精神高贵、志向高远的人。"让读书成为一种习惯,让读书成为一种时尚,让读书成为我们生活的必需!"这是多年来我致力于建设书香班级的行动口号。"无限相信书籍的力量,是我的教育信仰的真谛之一。"苏霍姆林斯基说。我之所以能享受教育的快乐,取得点滴的成绩,也完全归功于读书。读书是智慧和灵感的源泉,是我解决班级管理问题的一把金钥匙。下面,我简单介绍一下我们班搞班级系列读书活动的一些安排。

一、营造氛围

(1)制作书讯板报。我们首先在教室墙壁上设计了一个读书宣传栏,介绍一些新书、好书和受关注的书,目的是想告诉大家该读什么书,并激发学生们的阅读兴趣。每周一期,由学习团队轮流负责。

(2)建立班级图书角。针对班级公共书少的情况,我们想到了捐书。集体的力量是巨大的,每个学生捐上5本书,图书角就会有200多本。为了激励学生们的捐书热情,我们还根据捐书的数量和质量,确定捐5本以上好书的同学每人可以把2本书带回家去读等措施。

(3)设置图书管理员。通过竞选,选拔出真正爱书的2名学生,接受全班同学的监督,负责图书的保管并协助老师完成其他管理事宜。制定班级图书借阅制度。比如，每周借阅一次，每次借阅不要超过 2 本，借阅时间为 1 周等。

（4）布置教室环境。我们在教室后面的黑板上开辟了"好书推荐""读书之星""美文欣赏"等小栏目。

二、做好示范

有人说，要让儿童爱上阅读，最终归结到一点：唯一而且最重要的是父母和教师为孩子大声地朗读起来。我们利用晨诵、午读等多种形式，由班主任和班干部轮流在全班读书，开始是童话、名人故事，后来逐渐扩展到诗歌、散文、小说等，极大地鼓舞了大家读书的热情。

三、师生共读

为了增强班级凝聚力，我想到了一个读书的好方法。怎么读？让全班共读一本书，这样，全班学生就有了共同的话题。我们可以围绕着"同一本书"设计大家共同感兴趣的问题，组织大家都喜欢参加的活动。

比如，我们开展的"读书接力赛"活动。每位同学从班级图书角里选择一本自己喜欢的图书，读完后写上感想，夹在书中，把书传给下一位同学，第二位同学读完之后，再根据自己的体验写出读后感加在下面，依此类推。"……这是本很值得一读的好书，小主人公和坎坷命运斗争的勇气让我们领悟到成长的魅力。不妨也写下你的感想，与大家分享。希望给你带来乐趣，也希望你把乐趣带给下一个人。"这个活动，带给老师和学生们的不仅是惊喜，更多的是感动。

四、建立写作小组

在学生们的兴趣逐渐形成后，我及时提出了成立兴趣小组的建议，得到了绝大多数学生的热烈响应。经过即兴演讲和自由写作两次比赛后，由 10 名学生组成的"世纪之星文学社"正式成立。他们不仅一起读书，还开展了如诗歌朗诵、名著赏析等精彩的活动，演讲、写作等能力都得到了巨大提高。

五、创建书香家庭

为了进一步培养良好的读书习惯，在第二学期，我们开始开展"书香家庭建设"活动。通过家长会、电话、书信等多种途径，向家长宣传读书的重要意义，号召家长们一块儿参与班级读书活动。倡议得到大部分家长的积极拥护，一个令人欣喜的家校共读的氛围初步形成。我们还通过一些新颖别致的读书笔记展、名著情景剧、家长读书报告会等活动，进一步激发大家的热情。

不能把学生当成等你灌充的空瓶，而要把他们看成等你点燃的蜡烛。"胸无点墨神难聚，腹有诗书气自华。"每一个与书为伴的班级，就是一处最温馨的精神家园；每一个能让学生洋溢着书香气的班主任，就是一位非常成功的教育家。做教师，就要做一个能熏陶学生乐学好读的教师！

爱上读书吧，经典内化于心，外化出来就是一道风景！

让成长可以回味——开好主题班会的艺术

作者心语： 教育是一种手段，但更是一个过程，是师生相伴成长的一个过程。如果生命的成长没有深刻的印迹，如果宝贵的校园生活没有留下可以回味的故事，那么人生就显得苍白、暗淡。主题班会犹如班级发展历程中的一个个连接点，在培养学生良好道德和塑造优秀班集体方面，具有非同寻常的意义。

针对班级学生存在的一些共性问题，我从来都是当作本学期的唯一工作去认真对待，挖空心思，精心准备。每一次主题班会都首先拿出方案，定出流程，然后再实施，会后要总结。这种精品意识，使我和学生们的相伴历程深刻、经典，值得品味，值得深思。

镜头一：感受……的珍贵

对于班级中大多数学生家庭富裕，从小就衣来伸手，饭来张口，不知感恩，不懂珍惜的现象，我已思考很久。

伴着悦耳的铃声，我走进教室，微笑着说："同学们，这节班会课，我们做一个游戏。好，下面，大家闭上眼睛，随着老师的讲述走进我们的故事：现在你坐在宽敞明亮的波音客机内，透过舷窗，外面是蓝蓝的天空和白白的云朵，你听着美妙的音乐，几万米下方是碧波万顷的汪洋。"许多学生静静地闭着眼睛，脸上早已露出了幸福甜美的笑容。"突然！"我把话音一转，"飞机遇到了强对流天气，剧烈抖动。不久，机长宣布，飞机已无法回避空难，现在离坠毁只有 5 分钟的时间。空姐给每位乘客送来了纸和笔（把早已准备好的小纸，随即发给大家），现在，大家只有 5 分钟的时间，请抓紧写下自己最后的生命遗言。时间紧迫，请大家睁开眼睛，赶快书写！"

全班同学长这么大，"5 分钟"这么短的时间第一次让他们感到沉重。"变故"突如其来，"不可能，我爸妈才说好给我过生日呢，怎么会……""我想都没有想过会有这种事情发生，太突然了，突然之间我感觉自己的人生才刚刚开始呢，还有很多事情要做，很多话要说……"有些同学开始有点无所适从，眼睛瞪着天花板。"可是人生就是这么残酷，旦夕祸福，你要学会应对这一切。"我开始开导。

"你们只有 5 分钟，计时开始！"随着我不容置疑的声音，同学们的笔开始在纸上飞舞。时间很紧，来不及考虑太多；思绪很杂，可是关于人生、关于亲情，此时表现得最真实。5 分钟很快就过去了，我立即叫停。还有很多同学在低头猛写，此刻好像有说不完的话语。

接着，在我的鼓励下，有几个同学站起来朗读了自己的"遗言"。"亲爱的爸爸、妈妈、老师，我经常贪玩不爱学习，总让你们伤心、失望，真是太不懂事了，我真想痛改前非，好好拼上一把，可是，你儿子乘坐的飞机遇到不测，就要……"没等第二个同学念完，教室里已经有了哭泣声。

有人谈到留恋亲人，有人谈到留恋老师，也有人谈到留恋同学……当一位女生拿起她那张"生命之托"时，几乎开不了口的她含泪哽咽着念"遗嘱"："爸爸妈妈还有哥哥……还……还有我的朋友们,你们是我生命中最重要的人,如果让我选择你们离我而去,我情愿选择我代替你们离去……"其他许多同学,也跟着哽咽起来。

见火候已到,我赶紧进行了干预:"同学们,虽然这不是事实,但是我们的生命中都会有诸多风雨。现在很多学生不知道珍惜时间,好好学习;不知道亲情珍贵,感恩父母;不知道感恩同学,珍惜友谊……当那一刻突然来临时,我们往往只有无尽的痛苦,无尽的悔恨。所以,我们一定要好好珍惜!我们这个游戏的题目就叫'感受……的珍贵'。"

下课了,可学生们似乎还沉浸在那个刻骨铭心的时刻。

镜头二:给学生一个永远的感动

感动班级十大人物评选,是我班最重要的评奖活动。在近几年的工作实践中,我发现"三好学生"的评选已经呈现出很多弊端,其中很明显的一条就是它多针对个人表现,而不利于学生合作精神的培养,不利于激发学生为班级做贡献的团队精神。为此,我们借鉴中央电视台"感动中国十大人物"的颁奖模式,开始了这个活动的筹划。

每学期末的最后一个班会,那应该是我们班最热闹、最隆重、最激动人心的时刻。我和学生们早早把教室装饰一新,彩灯高挂、彩带飞扬、歌声悦耳、鲜花怒放,大家耐心等待着家长们的到来……

"我班有一个女孩,爱说爱笑爱运动,爱写爱唱爱学习,她深知作为一个学生的责任,她把老师的关心、父母的希望都化作奋力拼搏的力量。她用最优异的成绩让同学羡慕,也给父母、老师献上了一份真正的厚礼!她就是班长郑晓玲!"老师庄重地宣读颁奖词后,伴随着激动人心的领奖曲,一个个受表彰的孩子携手家长走上讲台。意义深重的证书(全班同学共同设计并签名,所有老师都有寄语,凝聚了全班同学的心血与信任)、老师满含信任与期待的目光、同学们热烈的掌声……让每一个受奖的孩子终生铭记。

"不是你不努力,只因过去没有好好珍惜。知道自己有差距,所以你锲而不舍地坚持!绳锯木断,水滴石穿,大凡事业成功者,都是如你一样面对一次次失败,都会说:我决不放弃!你放心,老师和同学都为你加油,都为你欢呼!

有请刘玉伟！"玉伟简直不敢相信自己的耳朵，在许多同学的提醒下，他终于确信老师说的确实就是自己。其实，不仅玉伟自己不相信，其他大多数同学和他的家长也不相信：怎么可能是这个有点"弱智"的孩子？他可是次次考试都是倒数第一的主呢，从小学到现在，从没有受过什么表彰或奖励。当因激动而有些不知所措的玉伟拉着爸爸的手走上讲台，从我手中郑重地接过证书时，父子两个竟相拥而泣。时间好像已经停止，热闹的教室里空气一下子凝固了，许多家长和孩子也禁不住流下了眼泪。

新学年分班后，我就不再教他了，但我们师徒见面都是伸出右掌，用力一拍，相视一笑。

镜头三：我班全都是"名人"

那一年，我教小学六年级。有一个阶段，班里孩子们之间疯起外号。我强调了几次，可屡禁不止，仍然时有发生。一日读心理学著作，受暗示效应的启发，突然想起，既然大家对诨号这么感兴趣，我何不顺水推舟，再给每个学生取一个有意义的名字。

班会课上，走进教室，我顺手在黑板上写下了几个大字"名字的意义"，然后转过身说："同学们，大家都有一个好听的名字，里面包含了父母长辈对你的希望。例如：张玮，玮是宝石的意思，这个名字说明爸爸妈妈特别希望你能像宝石一样熠熠发光，一生精彩；刘晓阳，晓阳就是早晨的太阳，多美呀！看来爸爸妈妈希望你像新生的太阳一样充满生机，充满力量！现在，请同学们在小组内互相说一说自己的名字有什么深刻的含义。"可能是因为从没有思考过这个问题，教室里一下子热闹起来。

见同学们声音渐低，我立即提出了第二个问题："中国人口很多，每一个姓氏都有许多伟人和名人，请你说出和你同姓的几个。为了大家能找得多一些，我们可以利用网络搜索一下。"为了不让大家误解我的初衷，又补充道："我说的名人主要指一些为国家、民族、社会发展做出过重大贡献的科学家、政治家、军事家、文学家⋯⋯最好不要是歌星或影星。"没等我说完，有的小家伙已打开了电脑。"哇！没想到这么多！""老师，我们姓张的太厉害了，名人都数不过来啦！"⋯⋯最后，连我们这里比较罕见的毕姓，毕清云同学也搜到了活字印刷术的发明者毕昇和当代著名作家毕淑敏等五六个名人。听着孩子们自豪的声音，我知道，目的已基本达到。

于是，我把问题一转，"同学们，给别人起外号特别是一些带有戏谑、侮辱性的外号是很不文明的表现。但是，如果我们根据别人的兴趣、爱好或特长等，给他（她）起一个带有勉励、尊重性的诨号，却是非常有意义的。例如，王赛同学爱好思考，数学特棒，我们可以叫他小陈景润；郑鑫同学英语成绩突出，小小年纪竟能翻译小说，真了不起，我们可以叫他小翻译家。下面，我们一块儿根据同学们的情况，分别给大家取一个好听的名字，好不好？"

"耶——耶——我是雷锋了！""哇！我变成林肯啦！我怎么早没注意林肯的姓呢？哈哈！"……就这样，小爱迪生、小李白、小姚明、小神童……一个个带着同学们梦想的名字相继产生，我们班个个学生都成了"名人"。

此后，孩子们之间叫真名的越来越少，这些可爱的诨号反而日益盛行。

种瓜得瓜，种豆得豆。播下希望的种子，它就一定会生根、发芽、开花，收获奇迹的果实。

我常常跟同学们说，如果我们不能为自己留下一些让自己热泪盈眶的日子，那么生命就好像白过了。班主任和学生朝夕相处的日子是心心相印的日子，但是有的人过得很充实很幸福，有的人却过得很琐碎很苦恼。如果我们有一个伟大的梦想，有一颗博爱的心，我们就一定能把琐碎的日子堆砌起来，变成一个伟大的生命。希望每一个班主任、每一个学生都能把自己每天平凡的日子堆砌成伟大的人生。

第三章

经营好自己的试验田
——班级日常管理的创新艺术

班级是一本书,只有细细品读,才知它的真谛;班级是一支歌,只有深情吟唱,才知它的激越;班级是一条路,只有自己走,才知它的艰辛。这片试验田,就是你编织梦想的摇篮、展示才华的舞台。也许自己贫瘠的地里开不出什么绚烂的花朵,但我们不能放弃寻觅;也许自己丰腴的地里早已是芳草遍野,但我们仍然要用心血和汗水不停地耕作。有梦想就会有奇迹,有付出才会有收获。

甘当助手——把学生的班级还给学生

作者心语:著名教育家苏霍姆林斯基说,"只有能够激发学生去进行自我教育的教育,才是真正的教育。"在现代班集体建设中,一个优秀班主任要会很好地摆正自己的"位置",尽可能多地给学生创造锻炼的机会,自己心甘情愿地充当助手的角色。如此,不仅学生走上了前台,班主任也能有更多的时间学习、思考,更好地提升自己。

纵观我国班主任事业的发展,可以把班主任角色的演变分为两个阶段。20世纪90年代初,以魏书生、任小艾等为代表的一批优秀班主任大力倡导和构建新型师生关系为标志，教育界开始普遍反思传统师生关系的弊端。随着以平等、尊重、民主为特征的新型师生关系的确立，班主任的角色也发生了重大变化，由传统的决定者、控制者转变为组织者、合作者、引导者。在传统教育管理中，班主任是班级的主宰，控制着班级的一切，学生只能被动地接受、服从。于是，就导致了两大弊端：一是班级事务太繁太累，占据了班主任的大量时间，损害了班主任工作的积极性；二是学生的主体地位无法实现，缺少自主发展的空间，束缚了学生的成长。随着素质教育改革的深化，绝大多数教师早已开始了向现代角色的转变。虽然一些班主任身上还存在一些问题和不足，但班级教育质量已有明显提高。

谈到班级管理，我总会想起《读者》上的一个故事：

法国南部，一向以盛产葡萄而闻名。园农们为了把成熟的葡萄早点儿卖出去，总是将摘下的葡萄堆放在路边，招揽过往的游客和顾主。尽管他们个个累得疲惫不堪，但是成筐的葡萄很少有人问津。然而，有一个葡萄园里的生意却特别的红火，前来买葡萄的人络绎不绝。而经营这个葡萄园的园主，竟是一个年迈的老妇人。

原来她觉得把葡萄摘下来再拿去卖，既费时费力，又不能满足游客和顾主们尽情自由挑选的愿望，可谓吃力不讨好。于是，她想出了一个办法：凡是想买葡萄的人，只需向园子门口的铁罐里投放 5 法郎，便可以在葡萄园里随意摘上一篮子葡萄。老妇人只是准备了一些合适的篮子，坐在园子的门口轻松地收钱，然而，她家的葡萄却总是最快卖完。

我们不得不佩服老妇人的智慧。她的成功在于，多给了顾客一个参与的机会，顾客的人格受到了尊重，更在采摘中体验到了乐趣。在某种意义上，卖葡萄这件事就像我们的班级管理。表面上看，它只是果农（班主任）自己的事情，其实，决定他们成果的却是那些顾客（学生）。如果不能激发顾客们（学生们）的购买欲（参与班级管理的积极性），果农（班主任）再着急也效果不大，难免落得个费力不讨好。

前几年，我们总喜欢把班干部称为"老师的助手"。在这种认识之下，班干部最多只能干点跑跑腿、动动嘴的工作，班主任老师大都还是将管理班级的工作全部揽在自己身上。这种职空责虚的状态使班干部始终处于班级管理的边缘，其责任感和主人翁意识往往非常淡薄。班级是以学生为服务对象而建立的学校最基层组织，它的目的也是为了促进学生的成长和发展，学生是这个组织的主体和最有活力的因素。很明显，学生应该是它的主人。再者，班主任是班级的最重要成员，有不可替代的重要作用，但它毕竟是因为学生而设立的特殊岗位，所以，不是学生要当班主任的助手，而是班主任要甘当学生的"助手"。

在传统角色中长期扮演"保姆"和"警察"的班主任，总是放不下心，放不开手，担心这，害怕那，以为班级少了自己就不行，就好像是地球少了自己就不转。殊不知，学生最讨厌的就是这种班级管理模式。因为在这样的班级里，学生就像机器人一样，只能按照规定的程序运动，丝毫没有自主的空间。

有一句俗语叫"懒娘巧闺女"，意思是因为娘很懒，这样就逼着闺女自己多动手，所以非常灵巧。从这个意义上说，许多班主任的所谓"勤"，实际上剥夺了学生思维、尝试、体验的权利，并不一定是件好事。为了让孩子学会走路，父母常会在一旁拉着孩子的手，让孩子自己迈开脚步去体会怎么走，并一遍遍地练习。世上没有一个父母是代替孩子学走路的。总把孩子抱在怀里，孩子学不会走路。同样，我们也不能代替学生在班里当家做主，而应该站在学生们的身旁或身后，放手让他们自己做事情，搞活动，并经常对他们说："你们是班级的主人，老师相信你们！""你们做得真棒，老师为你们喝彩！"

班主任的最大价值，是促进班级学生的发展。因此，要尽力将班干部推到前台，让他们充分行使班委会赋予他们的职权，而班主任要退到幕后，教给他们工作的方式方法，为他们把握正确的方向，帮他们出主意，想办法，总结经验，反思教训。要尽力把学生推到前台，科学化地设立管理岗位，创造性地开展各种班级活动，尽可能多地给每一个孩子提供锻炼和展示的机会，使人人都感受到自己在班级中的价值和班集体的温暖。

前面我们明确了"为什么要把班级还给学生"的问题，现在我们再来研究应该"怎么还"的问题。我想,必须要抓好如下几件事。

一、与学生融为一体

去年秋,新班级开学的第一天学生点名时,我有意设计了如下环节。"41号!""到!""42号!""到!""43号!""哎,43号怎么还没到呀?"一机灵鬼立即问:"老师,咱班就42个人呀,哪来个43号?"我沉吟片刻,"你看,老师真忘事!明明是43号来得最早嘛!"这样一说,大家更糊涂了。见同学们面面相觑,我哈哈大笑,"大家不用找了,43号的名字叫郑立平!老师也是班级的普通一员,我就是班级的43号!43号特别愿意和大家一起生活、学习!……"还没等我说完,掌声早已响成一片。

还应指出的是,这里的"融为一体",更多地强调师生在目标和情感上的协调一致性,而不是说师生之间应没有距离。师生之间的交往,也应属于人际交往的一种,要保持适度的距离才能达到最好的效果。说实话,我不建议师生之间"零距离"做朋友,而认为教师应以恰当的方式了解学生,把他们当作有着独特经历的独特个体来欣赏。这就好比欣赏一件艺术作品,离得太远必然看不清楚,离得太近则无法观赏到整体美,会形成视角的盲点,而只注意到了其中的瑕疵。教师与学生之间要形成最融洽的关系,关键在于寻找这样一种最佳的距离。班主任既要对学生宽容大度,以拉近和学生的距离;又要有一定距离,从而有效树立自己的威信,使宽与严得以和谐统一,从而让师生间的"适度距离"产生"和谐之美"。

二、把管理班级的权利还给学生

在传统的班级管理中,往往出现两个鲜明的对立阶层——由少部分学生组成的管理层和由大部分学生组成的被管理层,两个层面之间缺少必要的流动和沟通。正如叶澜教授所说,一方面造成大多数学生缺乏班级主人感,常处在被动服从的地位,缺乏管理与自我管理的意识与能力;另一方面使少数连任小干部的学生产生优越感,把自己看作老师的助手,对老师的负责意识强,为同学服务的观念则不足,长大后很可能成为官僚的"接班人"。

这两种人都不是时代所期望培养的人。

近几年，我都是采用"双轨运行；模糊评价，团队管理；岗位责任制"的方式来管理班级。

1. 双轨运行

在班级管理中，我发现在传统的固定班委制中得到机会的总是极个别学生，不利于学生的全面发展；而轮流值日制又使班级没有管理秩序，有些学生也实在没有组织管理能力，所谓的机会对其实际上是另一种伤害。通过实验尝试，我摸索出了"双轨运行"的班级管理模式，即设立常务班委会全面负责整个班级的正常运转，而通过值日班委处理日常班级事务。

2. 模糊评价，团队管理

"模糊评价，团队管理"，就是把传统管理中对学生个人的详细评价转化为对各学习小团队的评价，淡化学生个人之间的激烈竞争，促进小组之间的合作交流、相互学习、督促和帮助。这样来推动小组中每个成员在学习、纪律各方面的积极上进，增强后进学生的集体意识、荣誉感、奋斗精神，从而形成班级的强大凝聚力，圆满完成各项工作，实现班级奋斗目标。

每学期初，我都会根据学生的学习成绩、纪律表现、相互关系等把全班40多人平均分成六七个学习小组，给每个小组命名一个能反映小组目标、决心、特点等的名称。每个小组就是一个分工合作的班委，各小组轮流行使班委的权利，履行班委义务；正、副组长管理组内的学习、纪律、卫生、交流、排桌等一系列事务；各组长还可根据自身实际情况，及时召开小组会议，协调和要求本组成员的学习、纪律等问题。班级分阶段对各小组的表现进行综合评比，如果哪个小组落后，就要受到一定的"惩罚"，比如一起给大家唱首歌，表演个小节目，等等。"表面上看是整个小组受了'惩罚'，但实际上是一种自省，更是一种锻炼。我们身为小组的一员，为了小组的荣誉也要努力。"刘子怡同学曾深有感触地对来访的记者说。渐渐的，那些暂时落后的学生在小组的带动下也取得了显著的进步。

3. 岗位责任制

在平时的班级管理中，还存在两种现象：其一，有岗无责或职责不明。

班内设立了不少岗位，也选举了不少班干部，但是没有具体的职责，致使班干部成了摆设。其二，职责过重。有些班主任常因个人喜好等原因，过于偏爱或倚重某个学生，什么事都让他做。这样，经常使这个学生成为矛盾的焦点，引起其他同学的误解；同时也容易使该生产生不正常的优越感，影响其心理健康成长。

所以，我们在尽可能多地细化班级岗位的基础上，大力强化岗位责任制。对班委干部、课代表、各团队队长等所有同学都有明确、具体的职责要求，使班级的每一扇窗、每一扇门、每一样物品、每一件工作都有人负责。明确岗位职责，促进了责任意识的形成，使学生知责任、明责任、负责任，突出了学生群体参与的主体地位，淡化了班主任的管理职能，逐步实现了学生自我服务、自我监督、自我管理、自我教育。

三、把组织班级活动的权利还给学生

1. 活动是班级生命的源泉

班级管理，离不开丰富多彩的活动。活动是班级生命力的源泉，最能体现班级学生的团队精神和创新能力。而在现实中，我们有些班主任却总是独自"霸占"着班级活动的主角。许多活动不是根据学生的年龄和心理特点来开展，也不是根据学生的成长需要来开展，而是由班主任的个人好恶来决定，这样就带来很大的随意性和盲目性。还有些班主任害怕活动把学生"带坏"，不想用心组织，偶尔在学校要求下组织一次活动，也是"蜻蜓点水"，只求走个过场。

2. 班务活动竞标制

在班级管理实践中，我发现，无论是以前效率低下的"大锅饭"一起干，还是目前分工明确、责任到人的承包法，都是在班主任"强行"指定安排的情况下，由学生小组或个人被动地实施完成。由于在活动任务的决策和实施过程中都缺少学生的主动参与和追求卓越的意识，所以就会逐渐产生机械应付、拖沓等现象，使班级活动的质量和效果明显削弱，同时也不能实现让学生在活动参与中得到锻炼和提高的目的。那么如何更大限度地调动学

生的积极性呢？

受工程投标承包的启发，我想到了"班务活动竞标制"。就是把班级日常工作中许多活动任务的组织权、管理权全部以竞争投标的形式承包给个人或小团队，由他们负责规划设计、组织安排、实施完成；班主任领导下的班务委员会根据该任务完成的绩效情况，负责验收评价，并在团队小组和个人综合考核中予以奖励性加分体现。为扩大参与面，我们还规定同一团队不能连续竞标。

在组织活动时，首先由班主任根据班级存在的问题和学生的要求，结合班级工作计划、学校工作安排，提前提出活动主题；再通过师生协商的形式确定活动项目；然后采用"竞标承包"的方式，把这个主题活动承包给学生团队或几个学生的自由组合。竞标成功者，根据要求设计出比较详细的活动流程和达成目标的计划，交班主任审阅通过后，正式组织实施。为激发学生的兴趣和积极性，我们尽量把团队竞争、男女竞争、宿舍竞争等多种形式引入所有活动。"我的感受我来说""通过活动，我认识到……"等富有特色的总结环节，对提升活动的价值也非常重要。

这种活动竞标的方式，尊重学生的自主选择，不仅使学生的特长和优势得到充分的发挥、发展，有效提高了班级任务完成的效率和质量；而且能充分调动学生的积极主动性和灵活创造性，使任务更明确化、精细化，大大增强了学生参与活动的责任心，增强了班级的竞争力、凝聚力。

四、把建设班级特色文化的权利还给学生

显性文化主要指班级的环境布置和卫生，隐性文化主要指班级人际关系和班风等。一个学生爱不爱自己的班级，对班级有没有深厚的感情，与其在这个班级的付出和获得的多少有直接关系。如果他在班级建设中倾注了自己的心血和感情，留下了美好的故事和回忆，结下了深刻的友谊，体验到自己的重要，感受到成长的快乐，那么他心中就一定装着班级、同学和老师，就一定把班级的荣誉看得很重，一定会努力做一个"让班级有你更好的人"和"班级离不开的人"。

教室的环境布置要尽量与班级岗位相结合，这样可以进一步强化职责意识。倡导每一个学生根据自身的喜好和特长，在班级合适的地方营建自己的成长角，努力让每一个地方呈现出蓬勃生机，让人一进教室就能感受到浓浓的文化气息和强烈的归属感、荣誉感。例如：别致的图书角为学生了解课外知识、拓展知识面提供了窗口；"学习园地""宣传栏""佳作欣赏""我有一双巧手""群星灿烂"等反映了学生多姿多彩的生活；"我的心愿""光荣榜""竞赛栏"等，激励学生不断进取、顽强拼搏；班级卫生公约、日常规范、安全须知等，有力地帮助学生形成良好的行为规范……

班级目标、班级口号、班歌、班训等班级隐性文化内容，更需要由师生根据自己班级的特色和愿景进行设计，充分体现学生们的聪明才智和价值追求。如我们的班级誓言、行为公约等，都是在师生几易其稿后才通过的。

五、把班级评价的权利还给学生

学生的自我意识、自律能力和对自我发展的认识与追求，与他参与实践活动后的反思和他人的评价密切相关。实践证明，学生就是在从他评转向自评的过程中逐渐学会自我管理、自我发展的。

我们对班级评价的改革，主要做了以下三点。

(1) 变"一元评价"为"多元评价"。不再以分数、名次为单一标准，而是实行多元化评价。从思想道德、行为习惯、学习成绩、特长发展、创新能力等多方面考查学生的综合素质。

(2) 变固定周期制为"即时和周期相结合"。不单采用学期末的"三好学生""优秀班干部"等常规评价，还建立起"日评""周评""阶段评"，对班级值日工作或其他岗位及时进行评价反馈；特别是我们重视"一事一评"的形式，对活动、竞赛、作文、表演或好人好事等，事后立即进行单项评价，表彰奖励优秀学生。

(3) 变"单维"为"立体"。把原来的班主任单维评价变为自评、组评、全班评、教师评、家长评等各种相关因素的全面参与，构建起立体多维的评价模式。

同时，在把评价权利还给学生的过程中，我特别注意方向性的引导，教育学生要学会多看别人的优点，努力营造友爱、融洽的集体氛围。例如，我对评语的改革就获得了非常好的效果。

"四语连心"评语卡

大家都知道，一份好的评语，应该能全面反映学生的个性特点，充分肯定学生的进步，既鼓励学生，又能适当指出缺点和不足；既使学生能正确认识自己，明确今后努力的方向，体会到班主任的深刻用意，又能使家长了解子女的真实情况，有效地配合学校的教育，促进子女的成长。怎样才能写好这份评语呢？多年来，许多教师一直在实验和研究这个问题。但是，从根本上说，我们当前评语的改革，更多地表现在语言人称和口气的变换，并没有真正触及它的目的和本质。

首先，现在的评语仍然只是班主任老师的"一言堂"和"单相思"，作为评价对象的学生在其中没有任何的发言权；其次，学生生活在一个复杂的环境中，除教师外，还有其他很多因素对其成长也起着重要作用，特别是同学和家庭的影响绝不能小觑，而这些因素在现在的评语中完全没有体现。我们知道，评语无论语言多么富有鼓动性，都需要激起学生自身的反思和共鸣，才能真正转化成促进学生努力上进的动力。

所以，最好的评语应是在教师、家长、同学等综合性评价基础上的学生自主性评语。那么这种既有综合性，又突出学生自主评价的评语该怎样设计呢？在仔细考察和实验后，我大胆推行了"四语连心"评语卡。

其基本内容如下表，它包含了同学、老师及家长对自己前段学习和成长的总体评述，更把学生主体对经验和教训的反思、感悟及总结也吸纳进来，同时又有利于教师、家长之间的沟通借鉴和学生之间的互相学习，共同构成了一个相辅相成的评语体系。

同学的真心话	
老师的评价与希望	
孩子，我想对你说（家长的话）	
自我反思与总结	

这种评语卡彻底改变了评语出自班主任一人之手的片面现状，它尊重学生的自主评价，促使学生自我反思、自我发展、自我提高、自我完善；同时，它特别尊重同学、家长的意见，为更全面、真实、公正地评价每一个学生提供了基本保障。2004年，"四语连心"评语卡一经使用，就获得了学生和家长的一致好评，有力地促进了我们优秀班集体的建设。

六、把处理班级问题的权利适度还给学生

学生作为班级的主体，理应享有处理班级问题的权利。但是，由于受传统师道尊严的影响，很多班主任往往一个人说了算。在班集体建设中，如果我们能把一些有代表性的典型问题交给学生，使其经历问题处理的过程，充分认识问题的本质，进而反思自己和身边的实际，改正和完善自己的言行，则会对学生的成长产生极为深刻的影响。因为问题处理的过程实际上就是一个真实的教育过程。

张琪和刘艺本是宿舍里最要好的同学，可最近却因"5元钱"的事闹翻脸。原来，张琪丢了5元钱，翻遍宿舍也没有找到。由于两人是上下铺，张琪多次问刘艺"你看见我的钱没有？"，都得到刘艺非常肯定的回答："没有！我若看见，早就和你说了。"谁知晚上睡前却忽然在刘艺的枕头底下发现了钱，于是两人争吵起来，我的劝说她们根本听不进去。两人满腹怒气，互不相让，在我给她们进行第二次调解时，她们竟当着老师的面扭打在一块儿，关系是越来越僵。

生气之余，我干脆把此事搬到了下午的班会上，让同学们谈谈该怎么处理。大家围绕"在刘艺的枕头底下发现了钱是否就证明她偷钱""珍贵的友谊是否因5元钱而被破坏""怎么处理和同学的矛盾"等一个个具体的问题，热烈争论。令我最为惊喜和感动的是，聪明的班长郑新宇在最后设计了这样的环节："两位同学，请听大家对你说"。在大家设身处地的分析和劝说中，两人互相道歉，拥抱言和。

其实，学生之间的许多问题并不像我们想象的那样复杂。学生与学生更容易沟通交流，更容易产生共鸣。我们的不放手，很多时候也是对自己的一种束缚。

叶澜教授曾指出，学生年龄虽小，但同样具有主观能动性，学生是有可能参与教育活动与班级管理的人。班级管理工作，主要不是为了让学生帮助班主任，而是让管理、制度本身都成为一种教育的手段和力量，开发学生的潜力，促进每一个学生更好地认识自己和实现主动发展，这是班主任工作的最高价值。一个班集体，如果人人都是被管理者又是管理者，人人都有锻炼的机会，人人都为班级服务，我们的工作就会越做越顺，集体的凝聚力就会越来越强。我们就可以从繁忙琐碎的班务中解脱出来，做个轻松、快乐的班主任。

教育是心灵与心灵的沟通，是生命与生命的对话。把班级还给学生，让班级充满成长的气息，这是我们的最佳选择。其实，班级就像风筝，如果想让它飞得更高，那就要放更长的线。大量实践证明，班主任更多起引领作用的"半自治状态"，是当前的最佳管理模式。

不要忘记惩罚——建立弹性惩戒制度

作者心语：没有惩戒的教育是残缺的，宽容和纵容有时只是一字之差。"适当的惩罚，不仅是一个教育者的权利，也是一个教育者的义务。"学生时代是一个人良好行为习惯、优良道德品质养成的关键时期，需要我们教师不仅采用表扬、赞赏的方式，而且善用批评和惩罚等丰富多彩的教育手段。一次必要的惩戒，对有的学生来说，也可能是一次灵魂的洗礼。

近几年，"教师体罚学生""学生自杀"等字眼总是不断地吸引人们的眼球，绷紧人们的神经。在惋惜、同情、愤慨等复杂的情绪之后，我们总不免想到一个词：惩戒。

这是一个崭新而陈旧的话题。说其崭新，是因为现在广大中小学生的规则意识和纪律观念明显下降，已是无可辩驳的事实，在这种情况下，教育惩戒被越来越多的人重新关注。说其陈旧，则缘于它几乎伴随着教育的产生而产生，对教师教育教学行为的影响曾根深蒂固。

新课改推行以来，我国教育界普遍倡导激励教育、赏识教育，强调家长、教师都要以平等的姿态和孩子对话，尊重孩子，给孩子创造一个宽松自由的成长环境。但是，激励和赏识是否就意味着不能批评？我们的教育到底需不需要惩戒？惩戒和体罚之间有什么区别？学生犯了比较严重的错误，该怎么处理？……相信，我们大多数班主任经常被这样的问题困扰。

透过社会对各种教育体罚事件的争论，我认为，人们近年来对体罚问题的讨论经常混淆了体罚与惩戒的概念，问题的实质不是要不要惩戒，而是如何采取必要而适度的惩戒措施，使其既能被学生接受，又能让学生受益。我作为一个从事学生管理工作19年的班主任，在整天与学生打交道的过程中，对这一问题进行过许多探讨性的思考和尝试。

一、体罚与惩戒，是不是一回事

体罚是对学生给予身体上感到痛苦或极度疲劳的惩罚，并造成学生身心健康损害的侵权行为。它包括体罚和变相体罚，即"体"罚与"心"罚。它是我国现行法律中明令禁止的行为。《中华人民共和国义务教育法》及其实施细则、《中华人民共和国教师法》《中华人民共和国未成年人保护法》等法律不仅明确规定了禁止体罚，而且对教师体罚学生应承担的法律责任都做了规定。因此，体罚是违法的，不仅不应当提倡，而且应该严格禁止。

惩戒，是指施罚使犯过者身心感觉痛苦，但不以损害受罚者身心健康为原则的一种惩罚方式，在《辞海》中解释为"惩治过错，警戒将来"。它在目的、手段、方式和产生后果上都与体罚有本质区别，其中最关键的在于，体罚损害了受罚者的身心健康。

惩戒与体罚的最大区别在于是否伤害了学生的身体或心理。惩戒虽然以惩罚为手段，但它是以尊重为前提，以法律为保障的，它适合未成年学生的心理特点和身体条件，是对学生的错误言行采取的强制性纠正行为，是在学生的身心完全能够承受的前提下采取的能够迅速引起犯规学生的反省，从而马上改过、走向正途的教育措施，是警示他人健康成长的教育手段。惩戒的目的是为了保护学生，而不是伤害学生。在具体的操作中要注意掌握惩戒的"度"，合理的惩戒是教育，超过一定的"度"就会变成体罚。

例如：某学生已连续两次不完成作业，班主任责令其利用课余时间补上，这就是合理的惩戒，但是如果强制其抄写10遍，就变成了变相体罚；上体育课违反纪律不听劝阻，老师加罚训练10分钟，对体质好的学生是合理的惩戒，但如果学生体质比较弱，就变成了体罚。

虽然二者不易区分，但我们不能因噎废食而忽视惩戒的作用，其实二者在目的、手段、方式等方面都存在本质的区别。随着我国教育法律法规的进一步规范和完善，合理的惩戒肯定会越来越清晰，体罚现象会越来越少，直至最终消失。

二、教育是否可以离开适度的惩戒

要回答这个问题，我们不妨先来看这样一个发生在美国的小故事：

一个12岁的少年，在院子里踢足球把邻居家的玻璃踢碎了。邻居说："我这块玻璃是好玻璃，12.5美元买的，你赔。"这是在1920年，12.5美元可以买到125只鸡。这孩子没有办法，回家找爸爸。爸爸问："玻璃是你踢坏的吗？"孩子说是。爸爸说："既然是你，那么你必须赔，我可以借钱给你，但一年之后你必须归还。"于是，孩子花了整整一年的时间，通过不断打工，终于挣回了12.5美元。

这个孩子就是后来的美国总统里根。他在回忆录中说，正是通过这样一件事，让他懂得了什么是责任，那就是为自己的过失负责。

其实，当一个人知道自己犯错误的时候，内心都有一种要接受惩罚的准备。回想我们自己长大的过程，每个人的成长中总有一些惩罚让自己终生难忘。一般地说，孩子犯错误的时候，恰恰是教育的良机。内疚和不安会使他们急于求助，在接受惩戒的过程中明白的道理可能让他刻骨铭心。教育不应该有体罚，但不能没有惩戒；没有惩戒的教育是不完整的教育、虚弱的教育、脆弱的教育、不负责任的教育。苏联著名教育家马卡连柯明确指出："凡是需要惩罚的地方，教师就没有权利不惩罚，在必须惩罚的情况下，惩罚不仅是一种权利,而且是一种义务。"对错误的迁就和放任,无疑如鸦片一样毒害着学生的心灵。

教育是一门爱的艺术,它既不能光靠苍白无力的说教,也不能异化为扭曲的暴力教育。作为教师,对于学生的缺点或错误如何进行批评、教育,这是一个非常重要而且含有技巧的问题。一方面我们需要以极大的热情真诚地去发现学生身上的每一个闪光点,并予以适度张扬,以此激励他们产生强烈的求真、向善、审美欲望。另一方面,合理的惩罚不仅是合法的,而且是必要的。合理的惩罚可以有效地警醒学生,帮助其克服缺点,改正过错;还有助于形成学生坚强的性格,增强学生的责任感和抗挫折的能力。惩戒犯错学生,不光在于教育犯错学生本身,更重要的是能起到教育其他学生的警示作用,让其他人引以为戒。

三、班主任有没有惩戒的权利

惩戒是一种权力而非权利,是教师用于惩处违反学校学习生活规范的学生的权力,针对的是学生违反规范的行为,是基于教师职业地位而拥有的一种强制性权力。它来源于教师的教育权力,是维持教育教学活动正常秩序、保证教育教学活动正常开展的权力,也是教师的职业权利之一。

从法律角度来看,教师具有管理学生的权利。《中华人民共和国教育法》第二十九条规定:学校及其他教育机构有对受教育者进行学籍管理,实施奖励或者处分的权利。《中华人民共和国教师法》第八条规定教师应履行下列义务:制止有害于学生的行为或者其他侵犯学生合法权益的行为,批评和抵制有害于学生健康成长的现象。《小学管理规程》第十五条规定:小学对品学兼优的学生应予表彰,对犯有错误的学生应予批评教育,对极少数错误较严重的学生可分别给予警告、严重警告或记过处分。另外,《中小学生守则》《小学生日常行为规范》也是教师管理学生的依据,学生如果违反了就要受到相应的批评教育和惩戒。教育部《学生伤害事故处理办法》《最高人民法院关于审理人身损害赔偿案件适用法律若干问题的解释》等都体现了学生在校期间有服从教师的义务,而教师惩戒权正是教师对违反学生行为规范、破坏校规校纪的学生行使的一种教育管理权，是法律赋予教师基于职业地位而拥有的一种强制性权利。

如果学生违纪违规，那学校就有权对他进行处理，而这个权利一般由直接管理学生的班主任行使。对学生进行惩戒的目的在于教育他，而不是为了侵害他的权利。在行使惩戒权时，既不能因为某些学生的违纪违规，以保护大多数学生权利的名义对其进行体罚；也不能因为要保护个别学生，而对违纪违规的现象视而不见，因而损害大部分学生的权益。"如果教师的良心、教师的熟练技术和教师的信念说明他应该使用处罚时，他就没有权利拒绝使用惩罚。"对有的学生来说，一次惩戒也可能是一次灵魂的洗礼。事实也充分证明，所有优秀班主任都是善用惩戒的班主任。

四、如何让惩戒更趋于合理、科学

为了避免惩戒的过度、异化现象，在不断地尝试、修改、完善中，我和学生们逐渐探索出了一种"弹性惩戒制度"。

它是建立在合理惩戒的基础上，进一步细化、优化违纪行为所对应的惩罚措施，使其更具人性化、弹性化、个性化，以实现学生自我教育目的的一种学生管理制度。它主要有如下特点。

（1）惩戒条目不再只有生硬的一条，而是由相对并列的若干条构成，尊重学生的个性选择和人格尊严。

（2）惩戒的措施、方法来源于学生，得到了学生的理解和支持，其目的不再是对违纪行为的惩罚，而重在让学生反思自己的行为，自觉维护集体共同生活、学习所必需的环境秩序。

（3）惩戒关注了不同学生的差异。学生之间的差异是众所周知的，惩戒权的行使必然也要因人而异，针对学生不同的形体、年龄、性别采取不同的方式。惩戒还要考虑到学生的性格，做到既达到惩戒的目的，又不伤害学生的身心状况，这样的惩戒，学生才能接受。

（4）惩戒的措施突出学生对自己违纪行为的自我体验、自我感悟、自我内化，真正让学生做自己的主人，对自己的行为负责，而不是被动地接受外在的惩罚。

如果学生违纪，他可以根据自己的情况从相应的惩戒措施中进行选择，然后再去执行；还可以由学生根据违纪轻重和自身特点，自己再申请另外的惩戒方式。例如，某学生上晚自习时和同桌吵闹，扰乱了课堂纪律。值日班长根据班规，很快就会开出如下的"惩戒通知单"。

弹性惩戒通知单

（　　年　　月　　日）

　　××同学：今晚自习上课时，你和××大声吵闹，不仅耽误了自己的学习，而且严重影响了课堂秩序。你的行为已经违反了我们的班规第20条，为使你进一步认识自己的错误，养成良好的学习习惯，请从以下几个惩戒方式中选择一个，并在学生纪律检查委员会的监督下认真接受惩戒。

（1）说明情况，向大家公开道歉，争取同学们的原谅。
（2）写一份"认真读书学习"的倡议书，张贴宣传。
（3）完成一份违纪心理剖析，并在同学中宣读。
（4）为同学们唱首歌，活跃一下班级气氛。
（5）到操场自我锻炼5圈，强化认识。
（6）自我申请的其他惩戒方式：　　　　　　　　　　　　　　　。

惩戒执行情况：
监督人：　　　值日班长：　　　班主任签字：

我们制定惩戒制度的主要目的在于促进学生自主管理，它的构建过程实际就是全体学生共同参与班级管理的过程，更是进行自我教育的过程。因此，在其制定的整个过程中，教师不能越俎代庖、全权决定，而应该做学生的顾问和指导，这样，来自学生自身的共性纪律问题才更有针对性。

我们还注意到，任何一项管理制度不可能也不应该事无巨细、面面俱到，而应有其侧重点和典型性。我们在全班广泛讨论的基础上确定了主要违纪现象，确保制度在执行时不至于出现因过细、过繁而无法真正有效操作的情况。同时，发动学生广泛参与协商，这样既可以使制度内容更为丰富、健全，也可以充分尊重学生的个性特征，使其更好地体现学生集体的意愿和制度的人文特点。草稿在试运行过程中需要不断地修改、完善，班委会最后定稿后交由班级学生会议表决通过。实际上，这里的表决更重要的意义在于把它转化成学生集体的意志,变成学生人人必须遵守的"法规",使其具有普遍的约束力。

弹性惩戒制度已经初步成为我们进行班级管理的一个重要措施,取得了非常明显的效益。

其一,健全了学生制度,大大优化了学生管理。从"人治"走向"法治"是现代学生管理的必然趋势,弹性惩戒制度自产生以来就成为学生制度不可缺少的一部分。它作为学生日常行为规范的有益补充和维护,使学生制度建设更趋于合理和完善;同时,它以其广泛而深刻的人文性、民主性被学生充分认可,使学生管理更趋于规范和科学。

其二,改善了师生关系,促进了学生自主管理。弹性惩戒制度充分体现了尊重学生个性和以人为本的思想,把每一个学生都置于"学生"和"班规"的民主监督和约束之下,避免了由班主任个人强行"独断"的尴尬被动局面,有效地促进了师生和谐关系的形成。同时,学生的积极支持和参与不仅提高了自我管理的意识和能力,还大大减轻了班主任的管理负担,使之从繁重的班级事务性工作中解脱出来,有更多的精力投入到关乎学生长远发展的协调性和策略性工作,促进其专业化素质的提高。

其三,增强了学生活力,提高了管理质量。有人说,新课改最核心的理念只有三个字:关注人。我们的每一项工作都从尊重和理解学生的角度出发,因而得到了学生的充分认可和拥护,真正给学生带来了无限的生机和活力。弹性惩戒制度的制定和实施,有效调动了全体学生参与学生管理的热情,规范和约束了学生的不良行为习惯,使班集体持续稳定健康发展,各项工作扎实有序、成绩突出。后来其被迅速推广,更显示了它深刻的现实意义和教育价值。

五、《幸福七三弹性惩戒制度》的部分实施细则摘录

第1条:在餐厅内,不按顺序乱插队、乱拥挤或抢饭抢菜者。班主任与其谈心交流后,由学生自愿选择以下惩戒方式:①以后一周内在餐厅维持打饭就餐秩序,记录违纪情况。②在以后至少两天内帮助整理餐厅卫生,并每天上交300字心理感受短文1篇。③搜集文明行为故事5篇张贴到宣传栏。④做

一次关于文明习惯养成的脱稿演讲。⑤在班内介绍一下自己父母的工作和生活，并谈一下感受。⑥在班内为大家演唱校园歌曲两首。⑦根据事情经过，编写情景剧，并进行模拟表演。

第2条：不遵守午休、晚睡纪律，大声吵闹，严重影响其他同学者。班主任与其谈心交流后，由学生自愿选择以下惩戒方式：①在以后至少两天内于午休、晚睡时间在公寓门口值勤，中午巡查，晚上到11点。②在以后至少三天内，于中午、晚上帮助导育教师运水、拖地、做记录等，导育教师认可其确实悔改后方可以解除。③在违纪以后至少三天内，每日上交300字心理悔改短文1篇。④在班里写"温馨提示"小黑板一周，直至充分认识到错误行为。⑤为全班同学做一件好事，并得到2/3以上的人签字认可。⑥对宿舍进行一次净化或美化。

第3条：上下楼梯时不注意安全，拥挤或追逐打闹者。班主任与其谈心交流后，由学生自愿选择以下惩戒方式：①认真地规范抄写并背诵《学生日常行为规范》。②协助检查人员值日一周，并主动提醒同学5人次以上。③背诵古诗10首，并默写上交。④做一张以校园安全为主题的手抄报。⑤为班级建设构思一个金点子，并组织实施。

第4条：在有老师在的情况下，依然故意违反课堂纪律影响大家学习者。行为较轻者，班主任与其谈心交流后，由学生自愿选择以下惩戒方式：①向老师道歉，并决心悔改。②停止当天下午的课外活动，写内心反省。③向老师和同学们征求对自己行为的意见，并认真抄写2遍。④搜集文明故事1篇，背熟并默写上交。⑤为全班同学表演一个节目，并获得认可。

行为较重者，班主任对其批评教育后，学生必须于课后自愿选择以下惩戒方式：①郑重地向老师、同学道歉，并当众决心悔改，请求大家监督。②熟练背诵《学生日常行为规范》。③写违纪相关科目的小论文和说明书各一份。④写"向全班同学道歉书"一份上交，张贴或公开宣读。⑤为同学做一件具体的有意义的事情。⑥针对班级的违纪情况，提出几条合理化建议。

第5条：考试时严重违反考场纪律者。对在考试期间吵闹、说笑或睡觉的，给予警告提示，考试完成后先与班主任谈心交流，再由学生自愿选择以下惩戒方式：①背诵默写《考生守则》。②搜集诚信故事3则，背熟并默写上交。③自编考场情景的小品一个，并在班级表演。

对考试抄袭作弊者，该科试卷适当扣分。班主任与其谈心交流后，由学生自愿选择以下惩戒方式：①下周一早上做倡导诚信文明的演讲。②认真抄写《考试作弊处理规定》2遍，然后结合自己的感受写出反思。③搜集抄写诚信故事3则并上交。④写出不低于500字的反思感悟，直至心悦诚服地认识错误。⑤自我锻炼1500米以上，以示深刻反省。⑥创作以考试作弊为主题的幽默漫画一份，在班内张贴供同学欣赏。

第6条：背后谩骂、侮辱师长者。谈心交流、批评教育后，由学生自愿选择以下惩戒方式：①写一封非常诚恳的道歉信。②抄写《学生守则》2遍上交。③熟背并默写《学生日常行为规范》。④搜集师爱或尊长文章3篇，抄写上交，并心悦诚服地认识错误，向老师道歉。⑤在班内做以文明礼貌为主题的脱稿演讲一次。⑥做一件令老师感动的事情。⑦自制一个小礼物送给老师，以示悔改。

第7条：不经过同意，偷看别人信件或乱拿别人的东西者。班主任与其谈心交流后，由学生自愿选择以下惩戒方式：①写说明书一份，并向别人真诚地道歉。②搜集并抄写文明故事2则上交。③熟背课外英语道德故事3篇。④为同学做一件好事，以示忏悔。⑤在班内做"假如别人这样对我"的自我体验说明一次。

第8条：故意破坏学校或班级卫生者。谈心交流、批评教育后，由学生自愿选择以下惩戒方式：①向全班同学道歉，并承包相应区域的卫生整理一周，不认真履行则延长期限。②辅助卫生班长做监督员一周，及时检查和提醒同学注意养成良好的卫生习惯。③熟背《学生日常行为规范》。④在之后的至少三天内每天上交一份300字的关于爱护环境的保证书。⑤做以保护环境为主题的脱稿演讲一次。⑥自带几盆鲜花来美化教室，并认真负责养护。

第9条：旷课逃学半天以内者。班主任与其谈心交流后，由学生自愿选择以下惩戒方式：①向所有老师和同学征求对自己的看法与希望，并认真抄写留存，时常通读。②在连续一周的悔过改正观察期内，每天必须上交一份300字左右的保证书。③搜集背诵3篇热爱读书或学习的文章，并抄写2遍上交。④认真读一本名人传记,并做深刻反思。⑤积极参加一项有益的文体活动,并尝试写日记,记录每日的快乐、幸福时刻。⑥主动承担班内的一项事情,并认真做好。对认错态度不好者,先由家长领回反思,学校根据其诚恳要求适时准予回校。

第10条:在学校公共场所有意破坏公共秩序者。班主任与其谈心交流并给予批评教育后,由学生自愿选择以下惩戒方式:①认真背诵《学生守则》并抄写3遍。②上交600字左右的真心实意《劝诫同学书》一份,并协助班长做纪律监督员一周。③编写相关内容的情景剧,并在班内模拟表演。④收集文明故事3篇,并在班内宣读。⑤为班级争荣誉或做好事一次。⑥熟背英语文明短文2篇。

第11条:对公共设施造成损坏者。若属无意者,班主任与其谈心交流后,由学生自愿选择以下惩戒方式:①按原价赔偿,并上交《劝诫同学书》一份。②搜集抄写文明故事2则上交,并熟背其中一篇。③默写英语文明短文1篇,并上交《劝诫同学书》一份。

对故意破坏者,须加倍赔偿,班主任与其谈心交流并给予批评教育后,由学生自愿选择以下惩戒方式:①在下周一早上自我检讨错误,倡导同学爱护公物。②认真抄写《学生日常行为规范》5遍。③搜集并抄写文明故事5则,并上交《劝诫同学书》一份。

第12条:出入营业性网吧、舞厅、歌厅者。班主任与其谈心交流后,由学生自愿选择以下惩戒方式:①搜集2篇关于网络危害青少年的文章,抄写上交。下周一早上做"远离网吧,健康学习"的发言。②写出不低于500字的悔过决心书,并抄写《学生守则》2遍。③之后一周内每天上交300字左右学习日记一篇。屡教不改的,通知其家长,与学校一起对其进行谈心交流,并在两周的悔过改正期内每天上交300字左右的学习日记一篇。

第13条:拉帮结伙,组织小团体,在校内造成不良影响者。班主任与其谈心交流并给予批评教育后,由学生自愿选择以下惩戒方式:①抄写背诵《学生守则》和《学生日常行为规范》各2遍,并在之后一周内每天上交300字左右的文明决心书一份,直至完全改正。②搜集"交友不慎,荒废学业"的文章3篇,抄写上交,并上交心理悔过书2篇。③之后两周,在每日晨会时都做文明交友的班内三分钟讲演。

第14条：穿奇装异服，佩戴成人首饰，文身者。班主任与其谈心交流，提醒其改正。对依然不思悔改者，和家长商谈后，由学生自愿选择以下惩戒方式：①迅速改回朴素端庄，背诵《学生守则》，并默写上交。②迅速改回朴素端庄，在班级宣读劝诫书。③迅速改回朴素端庄，在班级张贴幽默自画像3张。④收集并背诵节俭类文明故事3则，并在班级内选读。

第15条：有意侮辱同学人格者。班主任与其谈心交流并给予批评教育后，由学生自愿选择以下惩戒方式：①当众向同学郑重道歉，表示悔改，并让大家监督。②写一封道歉信，并认真抄写《学生日常行为规范》2遍。③熟背同学文明相处故事2篇，并在班级展示。④写600字左右的检讨书，向他人公开道歉。⑤写充满感情的"团结友爱"文章一篇，在班内宣读，并获大家认可。⑥在第二天早上做以"我爱同学"或"珍惜友谊"等为主题的脱稿演讲。

第16条：经调查，确系谈情说爱荒废学习者。班主任对其做正面引导，谈心交流后，由学生自愿选择以下惩戒方式：①抄写背诵《学生守则》2遍，迅速安心学习，写保证书一份。②在之后连续两周内，每天背诵励志名诗2首。③每天上交一份不低于300字的观察对方缺点的议论或说明日记，直至能充分认识不当念头给对方带来的危害，坚决摒弃错误思想，安心学习。④收集抄写早恋危害类文章5篇，并写好心得体会。

第17条：恶意盗窃者。追回其财物或赔偿其损失，认错态度较好者，班主任与其谈心交流后，由学生自愿选择以下惩戒方式：①写一封诚恳的道歉信，私下道歉。②抄写并背诵《学生日常行为规范》2遍，并默写上交。③搜集并抄写文明故事10则，班内张贴。④之后一周内，每天上交300字左右的心理悔改日记一篇。⑤在班级公开认错道歉，并决心悔改。⑥归还物品，并为同学做好事一件。情节严重或经教育仍不改正者，通知家长，联合教育。

第18条：沉迷于上网聊天、打游戏、浏览不健康网站者。班主任与其谈心交流并给予批评教育后，由学生自愿选择以下惩戒方式：①以后一周每天背诵励志名诗3首。②每天抄写名人、伟人的成长故事1篇上交。③做班级好书推荐员，每周向同学介绍一本好书。④搜集并抄写刻苦学习类故事5则，并默写其中2则。⑤在班内"露一手",并教会其他所有同学。⑥选择一项自己爱好的体育活动,每天课余时间练习。⑦在之后2周内自学微机编程,设计电脑精彩动画两个。

第19条:对同学恐吓威胁、索要钱物者。按《学校学生违纪处罚条例》的有关规定严肃处理。情节轻微者,班主任与其谈心交流并给予严肃批评教育后,由学生自愿选择以下惩戒方式:①首先退回钱物,写出悔改保证书,当面向同学道歉。②退回钱物,之后2周内每天上交300字左右自我表现说明书一份。③首先退回钱物,并在至少连续两周内,每天抄写《学生日常行为规范》一遍。④道歉认错,请求原谅,并在之后一周内每天上交一篇300字左右心理悔改日记。情节特别严重者,通知家长,全校通报并移交公安机关。

第20条:打架斗殴者。班主任与其谈心交流并给予批评教育后,由学生自愿选择以下惩戒方式:①上交不少于600字的事件说明与反思,待双方情绪冷静后,由管理教师分别与其进行严肃的谈心交流,两天后双方互相检讨。②根据当时情节,自己创编小品或相声一个,在班内表演。③之后连续一周内,每天上交写同学友谊的日记(不少于300字)一份。④抄写《学生守则》2遍,并在下周一早上做珍惜同学友谊的班级内讲演。累计两次以上打架或结伙打架者,通知家长,联合教育;如情节严重,则移交公安机关处理。

成功的90%是习惯,教育的90%是内省。弹性惩戒,既能培养学生的良好习惯,又能促其深刻反省、自我教育。孔子曰:"知耻而后勇。"如果我们回忆已走过的人生,经常会被自己小时候那些因犯错而受到的惩戒感动。

让你的班级与众不同——经营出自己班级的特色

作者心语:世界上没有两片完全相同的树叶,只要有一点与众不同,我们就会创造出与众不同的价值;坚信蓬勃且富有朝气的创新精神,更有利于达成目标。同样的教育问题,不同的教育方式,能给我们带来更多成功的支点。只有努力经营自己的特长、特色,我们才能够不断走向优秀和卓越。

"我也想跟他们坐在一起，与他们交流我们的快乐与体会；我也想让他们能坐在一起辩论，锻炼出出色的口才；我也想带着他们徜徉在文学与历史的大海，分享那些睿智之士、不世英雄的快乐与悲哀；我也想带着他们游山玩水，听他们自由地歌唱……但是，当看到其他班的'羊儿'被圈在教室里读书，听到他们吟诵的声音如同庙里的佛乐，我只好一次又一次把这些想法残酷地抹去。"

与其说这是一个年轻班主任留在网络上的文字，倒不如说这是许多班主任的叹息和悲哀。是的，太多的教师，太多的班主任，就是这样在各种各样的压力下被世俗同化，抹杀了自己的个性，磨灭了自己的梦想，不敢再有自己的想法，不敢再有自己的行为，变得像"过去的老师"，变得像"别的老师"，变得像"所有的老师"。

大自然因为生命的千姿百态、千奇万变而绚丽多彩；社会因为亿万不同的人各具特色的生存和生活而充满勃勃生机；优秀班主任总是与众不同，别具风格，洋溢着自己的特色。魏书生的执着与灵透，窦桂梅的机智与果敢，李镇西的爱心与洒脱，张万祥的博学与灵活……他们最大的成功就是将自身个性与管理底蕴自然地融合为一种内在品质——个性与激情！听他们的讲座，我们总能感觉到在他们身上自然渗透并浸润开来的个性魅力和无可抵挡的激情！他们是独特的，是唯一的。其实，正因为这种独特，才成就了他们精彩的人生和卓越的事业！

我认为，品牌不仅是学校赢得家长和求得生存与发展的关键，也是教师形成特色、成就自我的核心。学校要打造学校的品牌，教师要打造教师的品牌。一提北大立即想到思想活跃，一提清华立即想到严谨，一提海尔立即想到服务，这就是品牌；一提到民主科学就想到魏书生，一提到爱心教育就想到李镇西，这也是品牌。一提到什么，就能想到我们班主任呢？一提到我们又能立即想到什么？有的班主任仁爱敦厚，靠宽容获得学生的爱戴；有的班主任多才多艺，凭"绝活"征服"刺头"学生；有的班主任严而有格，班级秩序井然有序；有的班主任善于组织活动，学生能力突出、视野开阔……每一位优秀班主任都要有强烈的打造自己管理品牌的意识。

回首近 20 年的班主任工作，让我最引以为豪的，就是我始终在坚持自己的一些想法、做法，始终在坚持探索"爱心＋智慧"型的班级管理模式。比如,让班级充满歌声的"每周学一歌"，开阔学生视野的"现代新科技""每周大事播报"等，或许它们并不算优秀，但却深深地打上了我的烙印，凝刻着我的智慧和心血。现仅略举几例。

一、永怀一颗童心

孟子曰："大人者，不失其赤子之心者也。"在班主任的所有素质中，我认为最重要的就是不丧失婴儿般的纯洁、善良、天真之心。

只有具有童心，我们才能以孩子的眼光看世界，才能站在孩子的角度上思考问题，才能蹲下来和孩子玩乐在一起，才能悄悄地走进孩子的心灵世界，倾听花开的声音。正如李镇西老师所言，"人不可能永远处于儿童时代，但他却可以永远有一颗童心。因为儿童的纯真与善良，在一个人不同的年龄阶段，都可以以不同的方式体现出来……保持童心就是保持对人民的善良之心；保持童心，就是保持对邪恶的正直之心；保持童心，就是保持对事业的创造之心；保持童心，就是保持对生活的热情之心。"童心，使我忘记了工作的烦恼，保持着快乐和激情，坚守着心灵的宁静。在孩子们面前，近 40 岁的我依然像一个大孩子。一位学生曾来信对我说："郑老师，有句话我一直想说，您最可爱的地方就是有时候童心未泯，显得比我们还年轻。忘不了您的天真烂漫，忘不了您的幽默傻笑，忘不了玩'剪子包袱锤'您输了后背着我跑的身影……"

二、和每个学生都进行一次推心置腹的交流

几年前，在一次上千人的班主任培训中，教授问："这学期，你和你的每一个学生都做过一次推心置腹的交流的，请举手。"我当时特别激动，因为整个会场就只有我一个人把手高高举起。

只有了解学生，才能因材施教，教育和培养学生。我和学生的交流坚持"一对一"模式，一般从开学前的"谈心计划"开始。新学年开学前，在

接到班级学生名单后,我会立即投入到对学生的了解中。根据掌握到的情况,我首先列一个"一二三四五六"名单,即特殊学生名单(所谓的"一二三四五六",意思是一两个爱打架,三四个不听话,五六个学习差),作为重点谈心对象。之后,谈心交流活动会逐渐拓展到每个学生。从兴趣、爱好、家庭一直深入到学习基础、未来目标、困难困惑、希望要求等,都是我和学生们交流的话题。

教育,就是一颗心对另一颗心的温暖、包容、激荡。操场上有我和学生边走边聊的身影,网络中有我和学生敞开心扉的对话……在一次次"朋友式"的交流中,师生的心贴得更近。

三、独特的每日宣誓

我虽然是一个数学教师,但却喜欢舞文弄墨。文化立班,是我的宗旨。每接一个班级,我总是着力打造文化特色。在班训、班歌、班级口号、班级公约等之外,我们的"每日宣誓"曾引起轰动。

每个学校都有自己的校训,有的班级还有自己的班训,但是如果我们问"你们的班训是什么?",肯定有很多学生回答不出来。事实告诉我们,在班级管理中,我们的许多希望和要求尽管经常讲,但学生可能熟视无睹,并没有真正地内化为自己的思想和行为。那么,如何把我们的育人期望和培养目标更深刻地渗透到学生的自身言行之中,融入学生的内心和血液,使之成为学生自我奋斗的动力源泉和行为标准呢?在长期思索后,我想到了"每日宣誓"。

其实,宣誓是许多学校常有的活动,但一般只在举行重大活动时才有,我们却把它纳入班级每天的日常管理规范中。每天早饭后,同学们来到教室的第一件事就是宣誓。这时,所有学生必须停止一切自我行为,高举右拳,整齐站好,跟着轮流值日的主持人高声宣誓。

班级誓言

我是世纪学子,

要有良好的修养和丰富的知识;

我是世纪学子，
要有健康的体魄和高雅的气度；
我是世纪学子，
要懂得感恩和诚信；
我是世纪学子，
要做到文明和勤奋！
我是七三一员，
我爱同学，我爱班级，
我爱运动，我爱学习，
我爱节俭，我爱刻苦，
同学是缘，相聚是福，
我的一言一行都要给班级增添美丽！
我爱老师的表扬，
也爱优异的成绩。
我要成为父母、老师的骄傲，
我要让大家因为我的存在而感到幸福！
我要让大家因为我的存在而感到幸福！

通过每日宣誓，凝聚了学生的感情，激发了进取的斗志，让学生深刻地领悟到发展目标和行为规范，使班级迸发出一股振奋昂扬的勇气、志气和正气。在这样持久的耳濡目染中，这些誓言必定内化为推动学生健康成长的动力。当然，随着班主任所要宣扬和提倡的思想道德、价值观念深入学生的行为和灵魂，我们的誓言可以再进一步简化，使它变得更有气势和力量，更能振奋人心、催人上进。

我曾在书上看到过一个真实的故事：

美国科学家把许多犯人关到军营中，让他们每天都抄写信，信的内容就是向父母表示自己要怎样改过自新。一段时间后，他们发现，这些原本行为放荡顽劣的犯人大变模样——竟真的逐渐按照信中的要求来生活了。

我相信，我们的"每日宣誓"恰如塑造心灵、涵养道德的一支乐曲。

四、精致的自信演讲台

自信可以为一个人的成长产生巨大而持久的动力,大凡成功者都是比较自信的人。但在班级中,我们经常发现有些学生比较内向,比较胆怯,比较懦弱,而这种性格对学生在集体中生活、成长非常不利。在课堂和生活中,教师可以有意地进行引导和培养,但是外在因素只有在转化为学生自身的内在动力后才能起作用。我们能不能建立一个班级长效机制,给学生营造一个宽松、和谐的教育环境,让学生在具体的班级活动中通过亲历体验、真实感悟,逐渐培养自信心呢?回答是肯定的。

但是,属于学生心理调整的问题,一般需要一个长期的过程,而我们的教学情况又不适合开展大型的班级活动。怎么办?只能采用短、小、实的方法,把针对性的活动与学生的学习和生活密切结合起来,充分利用零星时间。我们的"自信演讲台"就是在这种情况下产生的。

所谓"自信演讲台",其实就是充分利用每天早饭后的 3~5 分钟开展的一个专项演讲活动。说其精致,是因为时间短、内容专的缘故。开始时,我先挑选了几个优秀而大方的学生示范带动;两周后,采取轮流上台的方法给每个学生都提供一个展示自我的机会;逐渐地,我们就把它放开,让学生们自由上台,竞争上台。演讲内容以倡导刻苦学习、加强文明修养、注意纪律安全为主,兼顾读书心得、活动感悟、亲情交流等,主题自定、形式活泼,充分尊重学生的意愿。

早饭后,到了规定时间,就会有几个学生争先上台。不管演讲者的水平如何,他总会获得同学们一阵热烈的掌声。这个活动虽小,但意义重大,长期坚持下来,不仅锻炼了学生的胆量,提高了口头表达能力,增强了学习的信心,而且活跃了班级气氛,增强了班级的凝聚力、竞争力,营造出一种积极向上的进取氛围。许多学生事后回忆,都说:"小小演讲台,改变了我懦弱内向的性格,给我插上了自信的翅膀!"

五、让后进生当课代表

每个学年的开始几天,我都会向各任课教师推荐一位精心选择的"宝贝同学"做课代表,而各任课教师也大都会有同样的表情——惊诧。因为我选中的"宝贝同学"并不是学习上的优秀生,而是一些该科成绩中游甚至下游的偏科学生。

我从1993年就开始了"让后进生当课代表"的实验,至今已坚持了16年,产生过许多后来居上的奇迹。

首先,课代表的委任充分体现了班主任对学生的信任,容易激发学生的学习潜力,调动其学习积极性;其次,通过做课代表的机会,与教师经常接触、交流,便于教师的针对性辅导和个别培养,能够促使学生弱科的迅速提高;最后,大量教育实践证明,信其师方信其道,学生偏科的成因,许多起源于以前和教师的矛盾。在与任课教师的密切交流中,课代表能很容易地和教师建立良好的师生关系,形成良好的学习氛围。《山东教育》副主编隗鹏老师在深入采访后感叹地说:"结果是很让人兴奋和吃惊的,这些并不被各任课教师看好的孩子,在学习上的进步却非常大,处理事务非常爽快,和老师的沟通交流也非常融洽,逐渐成了老师的得力助手。"

教育要为每个学生的发展服务,优秀教师和合格教师的显著区别,就是看他眼中有没有后进生。他不会因为某个学生学习好而偏爱,也不会因为某个学生学习差而鄙夷。优秀班主任对后进生的期望应更多,他会千方百计给这些学生创造进步的机会。

六、坚持搞"草根"课题和调研

对班主任搞教育科研,我有两点认识:一是必须做,二是尽量小。

现在的班主任大都接受过良好的教育,有一定的教育理论修养和科研能力,这为开展教育科研打下了坚实的基础。班主任和专门的教育科研人员相比,还具有两个天然的优势,那就是与教育对象(学生)和实验基地(班级)的紧密联系。所以,一个有志于专业成长的班主任不仅要搞教育科研,而且完全可以做出一些成绩。

但是,我们也知道,班主任做教育科研毕竟不同于一般的学术团体或科研机构,其资源比较贫乏,力量比较薄弱,因此,不宜开展一些大主题的教育科研项目,而应该在力所能及的前提下,关注日常教育教学的实际问题,提炼出一些尽可能小的课题,开展扎实的实验研究。

我把这种由教师自己提出、开展、总结的课题称为"草根"课题。它具有四个特点:第一,切入的角度非常小;第二,立足于解决班级或课堂的实际问题;第三,真正是我们自己具体操作;第四,不是以实验报告的形式来呈现结果,而是通过案例写作等更简明实用的形式来展示课题成果。

多年来,我根据自己教学或班级管理的实际问题,设计开展了十多个"草根"课题研究,如提高学生思维能力的"把学生推上讲台"实验,改变学生不喜欢做作业现象的"诗意作业"改革,针对后进生转化的"三一工程"(每天一个微笑,每节课一个合适的问题,每周一次温馨的谈话),等等,都取得了良好的成效,其中有些还获得了省市级成果奖励,被大家广泛借鉴和推广。

如果说"草根"课题是为了解决问题,提高和完善自己的教育教学,那么"草根"调研就是为了及时发现和掌握学生情况和班级管理中存在的问题。为此,我经常设计一些有针对性的小调研。有时是小问卷,有时是现场调查,有时是网络沟通。学生父母的受教育水平、学生的交友情况、以前被惩罚的情况等,大大小小的问题都曾引起我的思考和重视。这种形式快捷方便、真实有效,为我进一步优化班级管理提供了重要依据,自己也在这种实验性的研究中得到了快乐和幸福。下面是针对学生们对老师和班级的认可程度所做的一次调查。

时间:2009 年 3 月 13 日(周五)　　　　地点:教室

首先,我让同学们每人拿出一张 32 开大小的纸,在上面记下三个问题:

(1)你认为最好的 5 个地方是哪里?(大到国家,小到家庭都可以)

(2)你认为对你影响最大的 5 个人是谁?

(3)你希望自己将来从事什么职业?(写出 3 个)

接着，我引导大家真实地写出自己的回答，并以无记名方式上交。课后，我对调查情况进行了统计。发现：全班42人，对于第一个问题，100%的学生都写了班级（有的写教室，其实还是班级），有17个学生既写了学校，又写了班级；在第二个问题中，100%的学生都写了我，其中36人把我排进了前三位，与他们的父母相并列；在第三个问题中，有14人写了教师。

面对这个结果，我心里别提有多么的温暖与满足了！

七、每周自我反思

只有走进学生心灵的教育，才是最好的教育。班主任平日的表扬、鼓励、批评、督促等一切教育手段能否产生积极的效果，关键取决于学生能否注重自我反思，把教育内化到自己心里，成为约束和指导自我行动的基本价值理念。几年如一日，每周的班会，我们都有一个相同的环节——自我反思。反思的问题也是固定的："根据表现，我现在是哪种人？我要做哪种人？"

在完成班会主题后，我会问："同学们，无论是我们班级，还是你们的小组或者宿舍，凡是一个集体，都会有不同的个人。我们能否得到同学的关心和友谊，我们能否在集体中过得快乐、幸福，关键取决于我们自己，取决于我们在班集体中的表现。任何一个班级都由这么四种人构成：第一种是班级离不开的人，第二种是班级有我更好的人，第三种是班级有我没我都一样的人，第四种是班级没有我更好的人。下面，每个人根据自己的实际情况，好好想一想，我现在属于哪种人？我想要成为哪种人？"于是，大家开始反思自己这一阶段的言行，内心做着争论、分析、判断。几个学生的典型性发言，进一步凸显了反思的主题。

在这样一次次的反思中，学生会在自己心中立一面镜子，时常审视自己。这种反思习惯的形成，会有助于学生一生的发展。

八、团队合作至上

曾收到几个老师的来信："郑老师，我也仿照你的学生考核细则，制定了我们自己的管理办法。刚开始还挺见效，可越来越不行，现在学生又恢复老样子了。我该怎么办呢？"确实，我的班级照样有《学生日常行为考核细则》，而且多为扣分的项目。那么，为什么同样的方法别人用就不灵呢？其中固然有个人素质等多方面的原因，但是，一些操作细节上的东西也不容忽视。

有些年轻班主任虽然能借鉴这些考核细则，但是没有注意到这些细则建立的基础——重视团队合作，珍爱团队荣誉。这是我们的班级精神之一。也就是说，我们的考核虽然非常具体、非常细致，但是考核的重点不是学生个人，而是他所在的团队。

比如，某学生自习课大声吵闹，他所在的团队就会得到一个书面或口头通知："因为××同学破坏自习纪律，影响同学们学习，所以给你们组扣2分。请组长加强管理。"同样的，如果有学生为班级做出了贡献，他所在的团队也会得到类似这样的通知："××同学在全市组织的演讲比赛中荣获一等奖，为学校争得了荣誉，为班级增光添彩。特为你们组加5分，以示奖励。"再比如，我们始终在强调"一花独放不是春，团结协作春满园"，将团队考核成绩直接与期末评优挂钩，每个小组评优人数的分配完全按照考核名次，这样的考核管理既教育了学生本人，又突出了整体教育，强化了团队约束力和凝聚力。各个团队比学赶帮，力争上游，奠定了良好的学风、班风。

九、为学生成长创造关键事件

在一个人的成长历程中，关键的人、事往往起着非常重要的作用，甚至会影响人的一生。比如，某人爱上文学可能只是由于小学语文老师一句中肯的鼓励、一段被当堂诵读的习作、一篇被推荐发表的短文；某人从懦弱变得自信，可能仅仅是因为一次优秀的表演、一次对抗中的获胜、一次偶得的成功。

有活力的班级，应该有与其他班级不一样的活动；有特色的班主任，应该注意创造能给学生一生的发展奠定基础的"事件"。从刚接手一个新班起，我就开始规划班级学生的发展问题，确定学生要做的几件事情。

下面是秋季开学后，我要求新班级每个学生必做的20件事情。我相信，每一件事情的完成，都可能产生巨大的影响力。

(1) 写下一年里自己最想实现的事情。

(2) 参加一次班干部竞选，体验失败与成功。

(3) 学会忍耐，体验一次精疲力竭的感觉。

(4) 尝试着在正式刊物上发表一篇文章。

(5) 给自己找个对手，时刻激励自己。

(6) 选择一项自己喜欢的运动，并长期坚持下去。

(7) 从中外历史中确定一个真正值得自己崇拜的英雄。

(8) 写一封长信，尝试对好朋友做一次赞美。

(9) 与同学或好友合作完成一件课外事情。

(10) 学会感激，当面谢谢帮你的人。

(11) 敢于承认自己的错误，做一次真诚的道歉。

(12) 打开心扉，与自己的父母或老师做一次深刻的交流。

(13) 摒弃玩游戏的坏习惯，让电脑成为自己学习的好帮手。

(14) 珍惜时间，养成立即行动的习惯。

(15) 记住父母的生日，争取给他（她）个惊喜。

(16) 掌握适合自己的记忆方法。

(17) 每天争取阅读 30 分钟，坚持写文摘或感受。

(18) 利用假期去看一次大海，感受海阔天空。

(19) 走进田园，真正体验一次农村生活。

(20) 争取在公众场合做一次演讲，锻炼自己的自信和胆量。

十、学生必记格言

走进我的班级，你经常会听到学生们在整齐地背诵，那大概就是"幸福七三"必记格言了。有时候，我们"众里寻他千百度"，可是"蓦然回首"，却浓缩成人生智慧的一句话语，可以令人顿悟，可以催人新生。有很多精粹的、经典的语句，要比长篇巨著都厚重。这里我仅选择其中一部分：

(1) 一切伟大的行动和思想，都有一个微不足道的开始。

(2) 发光并非太阳的专利,只要持续地努力,每一个人都可以。
(3) 生气是拿别人的错误来惩罚自己,冲动往往以愚蠢开始,以后悔结束。
(4) 生活中如果没有朋友,就像生活中没有阳光。
(5) 成功不是聪明人的专利,但"不可能"却只存在于蠢人的词典里。
(6) 人生有两个青春,第一个是天生的,第二个只能靠自己努力。
(7) 你可以选择做或不做,但不做就永远不会有机会。
(8) 把快乐和别人分享,你会加倍地快乐。
(9) 肯承认自己的错误,则错已改了一半。
(10) 在纠正别人之前,先好好反省自己。

这些饱含哲理的语句,犹如一个个诤友贤师,在默默地滋养着我们生命的根基,给我们以力量,给我们以启迪,慢慢会内化,会孕育,会喷薄而出。

我们都有这样的感觉:如果你遇到一个好老师,那么令你难忘的往往不是他教给你的知识,而是他的行为方式、性格、气质等。例如,他对生活的豁达和热情,他严于律己的工作态度,他认真果断的处事风格,他令人羡慕的文学才华等。一个班主任的性格、爱好、兴趣等特征,会不知不觉地渗透到自己的班级管理中,直接影响到班级内学生心理特征的变化和形成。在比较长的一段时间后,就会使班级形成与班主任性格、处事特征相类似的相对独特而稳定的班集体外显特征,这就是"班魂"。

思想是脚下的路,而理想是引路的灯。一个班主任不能人云亦云,只会机械地忙碌学校安排的事务,而要把自己的爱心、智慧融入班级,要学会用"脚"思考,根据自己的实际情况,发挥自己的特长和优势,在长期的班级管理中逐渐形成自己的个性特色。你会唱歌,就让班级歌声嘹亮;你会书法,就让班级飘满墨香;你会写作,就让班级飞翔梦想;你会运动,就让学生的英姿活跃在操场……平凡中孕育最美丽的风景,坚持中造就最经典的故事!

一个真正优秀的班主任,他的班级不仅能给每个学生创造成长的机会,更能满足最优秀学生的需要。不会跳舞你就弹琴吧,不会弹琴你就唱歌吧,不会唱歌你就倾听吧。只要你有心,多彩的教育,总能找到你最佳的位置!

锦囊妙计哪里来——我的班级管理知识储备库

作者心语：同样面对千差万别的学生，同样出现棘手难办的问题，为什么总有人能以妙计良法轻松化解？拥有同样的时间，承受更多的压力，为什么总有人能机智灵活地从容应对？在学习的路上，只要你用心，随处都有智慧的小贝壳、小彩石，收藏、积蓄、提炼，就可以串成一条成功的项链。

班级虽小，但心的世界却很大很大。班主任的主要工作就是育心，在心灵的世界里耕耘，要做得恰到好处真不是件容易事。要灵活处理纷繁琐碎的班级事务，有效培养千差万别的个性学生，班主任必须储备丰富的班级管理方法和管理知识。一个善于储备的班主任，就好比给自己的教育教学工作存储了大量的智慧和能量，面对工作中出现的各种问题，都可以运用自己储备的知识来灵活地处理和化解，真正做到未雨绸缪、运筹帷幄。

在长期从事班级工作的实践中，我通过撰写、搜集、摘抄、剪贴等逐渐积累了六七十万字的管理笔记，并按内容系列整理成了四个班级管理知识储备库，即德育故事库、学生案例库、活动素材库和管理方法库。这四个储备库犹如我的"百宝囊"，不仅为我提供了大量的教育管理学生的实际案例和管理方法，而且极大地提高了我的班级管理素质与能力，使我不断地品尝到"储备"的幸福和甘甜。

一、德育故事库

德育故事库让我的道德教育朴实而充满诗意。"狼来了"警告我们做人要诚实，"农夫和蛇"告诉我们要感恩……这些德育小故事富有哲理性、启发性，能令人深思，催人奋进。世事变迁，岁月流逝，从懵懂年少到满头银发，忘记了父母、老师那些叮咛唠叨，但这些故事却深深铭记于心。

大家都知道，班主任主要是做学生的思想工作，这就免不了说教。但是在很多情况下，我们枯燥空洞的说教令学生心烦厌倦，经常会出现班主任大会小会强调不断，而学生却依然如故、视而不见的尴尬局面。

比如，倡导学生文明礼貌，我们只讲大道理，只规定不准这样或那样，无疑是机械生硬、落不到实处的。如果我们引用几个具体生动的例子，特别是学生比较崇拜或熟悉的人物的实际例子，让学生对比自己的实际行为，明确文明就在身边，道德体现于点滴的小事，并不是高不可攀，则会产生强烈的轰动效应。故事中的主人公很可能会成为学生自我评价、自我完善的一面镜子，会成为学生向善向美的一座灯塔。

或经典或朴实的德育故事，或幽默或诙谐的笑话短语等，在生活或文学中比比皆是；班主任也可以让学生从书籍、网络、生活中广泛搜集，然后加工整理成具有班级特色的校本教材；当然最美的还是让"自己"走进故事，用自己的爱心和智慧唤醒、升华学生心灵中固有的真善美。

二、学生案例库

学生案例库使我的学生培养方法洋溢着个性魅力。如何形成学生案例库？一是班主任要多从报纸刊物中摘录一些别人所经历的学生事件，特别是事件处理中所引发的反思和讨论；二是要深入学生，善于观察，善于交流，细心记录发生在班级学生身上的一些思想、行为动态，并加以梳理、剖析，以便研究和提炼班级管理的方法。

陶行知的"四块糖"，任小艾的"让谈恋爱的学生给对方找缺点"，李希贵的"在校园里悬挂调皮学生的装裱书画"等育人案例，无不给我们以心灵的震撼和智慧的启迪。李镇西老师说，要善于用文学的耳朵倾听花开的声音。优秀教师往往都特别重视对学生管理中一些典型案例的积累、总结、反思、升华。

班主任要养成写班级日记的好习惯，随时记录生活中那些给你启迪、引你思考的精彩瞬间，珍藏那些令你感动、感悟的精彩片段。

前些日子，数学老师怒气冲冲地把班内学生冯某领到我面前，要求严惩。询问原因，才知道这个孩子趁办公室无人之际，把数学老师要进行测试的试卷偷出来提前做了一遍，后因成绩忽然太高被老师怀疑追查才承认了错误。

这原本是一个非常诚实上进的孩子呀，他不可能无缘无故地去偷试卷。如何处理更为恰当？以班主任的身份再狠狠批评一顿，还是通知家长？看着数学老师生气而涨红的脸，再看看因恐惧害怕而浑身发抖、神情茫然的孩子，我竟一时无措。

忽然，我想起了我的学生案例库中存有处理类似学生事件的文章。我很快翻找出来，读后深受启发。是啊，其实孩子偷试卷的性质并不是我们教师认为的那样"差""坏"，归根到底，孩子只是为了取得一个好成绩。这么良好的渴望，不正是我们所要培养和追求的吗？于是我尝试着模仿文章中记述的方法，既保护了孩子的自尊心，又使他充分认识了错误，从而比较圆满地解决了冲突。

三、活动素材库

活动素材库为我的班级管理增添了无限生机和活力。其实就是几个专门记载开展什么样的班级活动、如何组织班级活动的本子。只有在活动中才能获得真实的体验，活动在塑造学生身心方面具有重要的作用。

班主任的专业技能主要体现在对班级学生的管理策略、团队组织、潜能挖掘和成长引领上，一个优秀班集体的塑造无不是通过一系列有序的教育活动来实现的。班主任教育学生的目标必然通过学生自身的内化来实现，因此教育一定要给学生留下"故事"。活动是实现教育目标的最佳手段，我们要积极创设有意义的文体和社会实践活动，让学生参与一项活动远比听你几次泛泛的说教更有效果。

许多活动我们不一定想得到，也不一定去做，但别人的方法会对我们有极大的启发和借鉴。《班主任之友》《中小学德育》等刊物中都有很多介绍班级活动的文章，我们可以借鉴，甚至尝试实践。班主任一定要静下心来认真读一些班级管理的书籍，放开胆子搞一些丰富多彩的活动，尽可能多地去摘抄、借鉴、探索、积累一些班级开放性、创新性、体验性或实践性活动的组织开展方法和程序及意义，同时也要注意吸取别人活动组织中的经验教训，以丰富、开阔、完善自己的管理思路和策略。

今年的感恩节，我就是根据活动素材库中的收藏，融合了好几个班主任老师的实践经验，把它做成了一盘精美的"大餐"，使学生深受震撼，引得家长一片赞誉。我们在节前开展了以"感恩"为主题的故事会，并要求每位孩子自己为父母精心设计一张感恩手抄报；感恩节当天，孩子们围绕"感恩"，为到校的父母表演了精彩的文艺节目。为巩固和深化活动成效，节后我开始每周末都设计亲情作业，让孩子走近父母身边，体验父母的辛劳。接着，我们又组织孩子们到社区捡拾白色垃圾，为遭受冰雹灾害的地区捐款捐物，将"感恩"迁移到社会，使"感恩"深入到心灵。

四、管理方法库

管理方法库大大提高了我的管理智慧和能力。它其实就是我长期积累和收集的班级管理方法。

比如，面对班内学生的恶作剧、顶撞老师等严重违纪问题时，很多班主任一般都是火冒三丈当面训斥，甚至通知家长，推向学校等，而这样往往就和学生直接对立起来，不仅解决不了问题，还常常留下终生的遗憾。

其实，在违纪之前（特别是严重错误），学生往往已经预想到了事情的结果，即已经做好了应对最坏局面的心理准备，对你可能要采取的态度和处理方法已经有了应对的心理防范。从某一方面来说，他这样做的目的，无非是为了引起你的注意，故意引你发火、生气。也就是说，这时候如果你发火，就正好中了他预设的圈套。

那么怎么办？这就需要我们的方法和智慧。一句幽默、玩笑让学生不好意思，镇定自若、置之不理让学生自觉没趣，巧妙转移让学生无机可乘，等等，我的管理方法库中就收录了许多避实击虚、轻松化解矛盾的方法。

差生转化是许多班主任的难题，而我把管理方法库中的方法进一步完善、提高后，逐渐摸索出了"差生来当课代表""阅读法转化""差帮差，一起走""优点强化"等一系列有效的方法。

在看了几本企业管理方面的书籍后，我强烈地感到一些世界名企的经典做法对我们的班级管理极有借鉴意义，完全可以变通移植到我们的教育教学中。所以我的管理方法库中就收录了诸如英特尔的"一对一面谈"、通用电器的"手写便条"、沃尔玛的"周六例会"、海尔的"日日清"等许许多多的管理妙招。

同样的一个问题，不同的人很可能有不同的方法；你遇到了一个难题，别人或许已有了很好的解决思路。所以，我们一定要博采众长，积极探索，开拓创新。

积水成渊，厚积薄发。在不断的积累中充实，在不断的思考中完善，让我们用爱心和勤奋使班级管理富有智慧和诗意。

第四章

让学生摸得着你的关爱
——学生个体管理的创新艺术

写在纸上的爱,须臾就可读完;挂在嘴边的爱,转身就会忘记。只有教师对学生的爱,雕刻在其心灵深处,才会成为他一生的财富。而这雕刻就是一门艺术,创新是艺术的灵魂。唯有用智慧给这份爱编码,通过畅通的渠道传递,才能让学生正确地解读。

你的心事有我愿意听——倾听是一种智慧

作者心语:教育是雕塑心灵的艺术,真正的教育必然是从心与心的对话开始的,而心与心的对话又是从真诚的倾听开始的。不会做一个真诚的倾听者,绝对成不了一个合格的教育者。

受社会环境的影响,当代青少年的心理有着非常明显的双重性:思想上的开放性与内心的闭锁性,目标上的时代性与需求上的享乐性,认识上的自负性与情感上的自卑性,发现问题的敏感性与分析问题的偏激性……这些特有的心理特征使他们的内心世界充满了困惑、矛盾、烦恼。他们渴望向别人倾诉,渴望得到别人的理解和尊重,十分在乎外界对他们的评价和接纳。与这群处在心理"疾风骤雨"中的学生打交道,是一件非常危险的事情。

记得有这样一句名言:这个世界上最得人缘的,不是会说话的人,而是懂得倾听的人。倾听是一门学问,可以使我们近距离了解学生的信息,进而进行良好的沟通,解决学生的问题,赢得学生的信任。倾听别人的说话,不仅表明你对别人的尊重,还是一种暗示性的赞美,表示"我很在乎你的谈话""我很重视你的意见"。被学生爱戴的老师,大都善于倾听学生的心声。班主任和学生之间的感情,就是在互相倾听中通过沟通和了解建立起来的。

一、做个"老顽童",与学生一起分享忧与乐

"人不可能永远处于儿童时代,但他却可以永远有一颗童心。"我始终认为,保持童心是做好班主任工作的重要条件。当我们今天一再回味"你的教鞭下有瓦特,你的冷眼里有牛顿,你的讥笑中有爱迪生"时,无不为陶行知先生 70 多年前就能如此生动准确地抓住我国班主任的"顽疾"所叹服。

在脍炙人口的《师范生的第二变——变个小孩子》中,他一针见血地指出,在"小孩子懂得什么?"的态度下,牛顿被认为是笨伯,瓦特被认为凡庸,爱迪生被认为是坏蛋;若想在笨伯中体会出真牛顿,在凡庸中体会出真瓦特,在坏蛋中体会出真的爱迪生,教师必须把自己变成个小孩子,和孩子一起成长。他还耐心地告诫我们,"小孩子是再大无比的一个发明家""不可轻视小孩子的情感""您若变成小孩子……学校立刻变乐园……你立刻会发现小孩子的能力大得很"。

先生的话中渗透着三层含义:第一,学生是发展的人,每个孩子都具有巨大的发展潜能,谁也无法预测他们的未来;班主任要善于因势利导,用爱心和智慧点燃孩子生命的灯塔。第二,学生是处于发展过程中的人,与成人存在巨大的差异;既然是孩子,就意味着不成熟,成长必然与失误相伴,我们不能用成人的标准来衡量孩子,而要俯下身子倾听孩子的心声。第三,学生是具有独立意义的人,他们自己才是学习的主体,不是要孩子去适合教育,而是教育必须符合孩子的身心发展规律。这些字里行间,闪烁着教育智慧和人文精神的永恒光芒。

孩子总归是孩子,他们难免有一些天真的想法,有一些单纯怪异的感受,

更有许多自己独特的欢乐与忧愁。用学生的眼睛看世界，才会与他们产生共鸣。班主任在倾听学生谈话或回答时，首先要保持一颗童心，让自己变成孩子，不要摆出一副严肃、庄重的姿态，完全可以放松自己的情绪，深入学生的学习和生活，同学生打成一片，与学生同喜同乐、同悲同愤。要用平等的眼光注视学生，用平等的心态接纳学生，而不是把他们当成不懂事的孩子，置于自己的对立面。

在倾听时，还要做出一些积极的反应，有时可以用面部表情，有时可以用各种手势，许多时候要做出一些孩子特有的夸张的语气、动作或表情。比如，哇哇地大叫、哈哈地大笑、竖起大拇指、OK 的手势等。这些都可以把承认、接纳和关心的信息传达给学生，使学生真正感到班主任是他们中的一员，从而真正走进学生的心灵世界。孟子曰："大人者，不失其赤子之心者也。"这句话明确地告诉我们，品德高尚的人，就是不丧失其婴儿般的纯洁善良之心的人。

二、做个"知心朋友"，让学生乐意把心里话对你诉说

青少年有很多的烦恼与忧愁，多是因为他们的内心和行为得不到成人的理解。有人把"课堂倾听"贴切地称为"师生的心灵之约"。在新课程、新理念指导下的班主任，更不应是高高在上的领导者、指挥者，而应是学生的朋友，而且要做学生的知心朋友，要多和学生交往，了解他们对人生的态度、对未来的向往，也了解他们对教材的理解、对班主任的看法。

善于倾听的班主任，在学习上是学生们佩服崇拜但可以共同探讨协商的优生偶像，在生活中是学生们可以求助、可以信赖、可以交心的大朋友。班主任要放下架子，蹲下身子，主动地和学生交朋友，积极参与或赞同学生的一些建议、意见。班主任要经常有意做个求助者，向学生征求意见或寻求帮助，让学生深切地感觉到你是真心把他当朋友，你就是他性情相投、志同道合的朋友，这样他就可以向你敞开心扉。

在课下和学生单独交谈时，要注意使用循序渐进的策略，可以先和学生拉拉家常话，随便聊聊班级或家庭的情况，也可以设计一些学生感兴趣

的浅白问题,如"老师这样讲课,你能适应吗?""我想组织一次文娱活动,你有什么好建议?"等,引导学生把真实想法、看法告诉你,在友善、温情的气氛中,逐渐进行深入的交流。学生只有在把你当成知心朋友时,才愿意把心里话对你说。

倾听,并不单纯指声音,倾听心声才是更深的层次。写信就是倾听的一种有效方式,学生心中许多当面不好讲的话,都可以在信中自然流露。网络聊天其实也是一种更新的倾听形式。网上交流可以减轻学生的心理压力,自然而亲切,正日益受到年轻班主任的重视。师生之间的许多问题都可以通过网络及时地沟通和交流。

教育上有个令人痛心的"2大于5现象",即在平时的教育过程中,5天的学校教育成果常常被周末两天的家庭影响抵消,甚至产生思想倒退现象。特别是寒暑长假中的学校教育空白问题更成为近几年的一个教育热点。那么,如何在休息日或假期中和学生们保持密切沟通和交流,从而对学生的思想、学习、行为等各种情况进行有效的监督和指导呢?这无疑成了许多教师棘手的难题。电话、写信、家访等常规方式都在费用、时间上存在着许多不便,那么有没有一种更便捷、更让学生喜欢的方式呢?

2005年春,某报刊作者的QQ群给了我极大启发。如果能给班级建个QQ群,把学生和家长都纳入其中,岂不是一件非常有意义的好事。这样既可以很好地促进老师与学生、学生与学生之间的交流和友谊,又可以很直接地掌握学生在家的行为和表现,及时督促和鼓励;特别是还可以利用QQ群非常方便地和家长们"知心面谈",互相交流情况和教育方法,形成家校双方共同育人的合力。我把这个想法一说,学生们欢呼雀跃。

两周后,一个涵盖了26名学生(当时全班42名学生)和18名家长的QQ群就被班级"网络高手"建立了起来。我们在星期天举行了"开坛大典",老师、家长、学生几十人在网上你来我往,说说笑笑,好不热闹!逐渐地,QQ群成了我和孩子们谈心的重要工具。

进入网络,好玩游戏的孩子会经常收到"孩子,电脑是很好的学习工具,但绝不是玩具"的善意提醒;有些灰心失落的孩子会经常收到"孩子,相信自己！老师渴望看到你的欢笑和进步"的鼓励；家教太严、管理粗暴的家长经常会收到中外成功人士教育子女的经典故事；期望太高、过分注重分数的家长经常会收到关于孩子身心全面培养的文章或建议……利用网络，可以比较好地避免面对面谈话时一些语言上的生硬和尴尬，QQ群里我和多个问题学生推心置腹、拆拳过招，成为知己。当然，我也不断收到家长和孩子们的感谢和祝福。后来，我还根据每个孩子的家庭情况、个性爱好、兴趣特长等，通过QQ群布置专门的"亲情作业""实践作业""个性作业"。

就这样，利用QQ群交流帮我较好地解决了管理"空白期"的问题，把学校教育延伸到了社会、家庭，真正使"班级管理无处不在"，极大地拓展了教育的时间和空间，深化了教育的内涵和效果，也给我的班级管理增添了许多智慧和诗意。

三、做个忠实的"听众"，给学生充分表达的机会

"风流不在谈锋胜，袖手无言味最长。"倾听本身是一种教育，即使你没有给对方什么指点或帮助，但有了倾听，你便在心灵上给予了他十分丰厚的精神馈赠。

我们一直强调，教师要学会"蹲下来看学生"。随着新课改的深入，学生的主体性得到充分发挥，课堂上随时都可以出现学生的质疑、反驳、争论，这一切更需要班主任学会倾听，全身心地听学生说，成为学生的忠实"听众"。

在回答问题时，不管是好学生还是差学生，无论是说对了还是说错了，无论是说得清楚明白还是语无伦次，班主任都要专注地倾听，不轻易批评对方，不要急于发表自己的见解，不能有半点不耐烦。一个具有倾听意识和习惯的老师，不会武断地制止学生偏题的发言，他会给学生留足表达的时间；他不会冷嘲热讽地应付学生的询问，他会带着朋友般的热忱与亲切来聆听学生的倾诉；一个具有倾听意识和习惯的老师，善于慢慢触摸学生情绪的温度，善于耐心剖析学生的言外之意，善于在学生的谬误中发现蕴藏的智慧火花。

有这样一个经典故事，给了我们深刻的启迪。

一个老师问一个小学生长大后想当什么，小学生回答说要当飞机驾驶员！老师接着问："如果有一天，你的飞机飞到大海上，没有油了，你会怎么办？"小学生想了想说："我先告诉乘客绑好安全带，然后我系上降落伞，先跳下去。"老师惊得瞪大眼睛，同学们都露出鄙夷的神情。但老师看到孩子激动地张着嘴说不出话，就鼓励他把话说完。那学生说："我下去拿燃料，我还要回来！"听到这里，老师会心地笑了——他因为保持着倾听者应该具有的一份亲切，一份平和，一份耐心，才听到这个小学生最善良、最纯真的心语。

马卡连柯说过："要尽量多地要求一个人，尽可能地尊重一个人。"对学生而言，我们的倾听就是对他的一种厚爱和尊重。

倾听，就是为了了解学生的真实心声，从而给疑惑者以解释，给困难者以援助，给失落者以鼓励，给徘徊者以心灵的点拨。常言道："一双灵敏的耳朵胜过十张能说会道的嘴。"真正的倾听，不是简单地听学生把话说完，而是心与心默默地靠近，是情与情悄悄地对流，是一颗心去感受另一颗心的跳动，一种爱去共鸣另一种爱的真情。因此，班主任在耐心倾听时，还要特别注意抓住对方反映出的问题，予以灵活巧妙地引导或化解，要设身处地地感受学生的体验，用真挚的感情引起学生的共鸣。

倾听，是一种理解，一种等待，更是一种爱。班主任都应学会倾听，倾听学生的话语，倾听学生的心声，倾听他们对世界的理解和对未来的梦。

奇迹就这样发生——善于宽容学生的过失

作者心语：教育就是要促进人的发展，批评只是教育的一种手段，而不是教育的目的。教育的过程应该渗透智慧，寻求优化；对许多事情的处理，往往有比批评更好的方式，即使批评也要讲究恰当的方法。"狗熊"教育培养不出"英雄"，种下"笨""恶"的种子只能收获"笨""恶"的果实，一味地训斥、嘲讽会毁掉孩子的前途。

初为教师时年轻气盛，孩子们稍有违纪的事情，我就发火训斥，结果弄得师生关系很僵，曾一度陷入苦恼和消极。后来一位德高望重的同事意味深长地对我说："无论处理什么事，都要寻求好的解决方法。不要动辄就批评孩子，批评并不是教育的目的！"老教师的好心使我感到温暖，但对这些话的深意我却一直模糊不解，直到多年后的一封学生来信把那件小事重又勾起，思想也在这心潮的涟漪中不断被叩问，不断被洗涤……

那是一天午后，我正要骑车外出。在甬路上和一位学生打招呼的声音刚落，忽听身后一位学生问："老×，您要出去？"语音清脆而特别，把我和往来的学生都惊了一跳，我停下来，周围也很快有不少学生围拢过来。虽然前段时间学生中盛行过外号，但是给老师起不雅的外号，并且在大庭广众之下当面叫出来，这也应该算是大年初一——头一回。

面对这突如其来的称谓，我满脸的恼怒与尴尬。自己那位"大逆不道"的弟子茫然无措地站在路中间，那些驻足观望的学生似乎专门在等着看我怎么来处理。怎么办？发火？狠批？揪他到教导处？叫家长？……我努力控制着自己的情绪，迅速地调整着思维的角度，盘算着处理的方式。忽然，我想起了前些日子就一直在思考的问题：批评是不是教育的目的？还有什么方法比批评更有意义？

一会儿，我左手一摸自己自然卷曲的头发，右手轻轻拍了拍孩子的肩膀，慢慢地说："好小子，你可真行！虽然我听着不雅，但你抓住了老师的外貌特征，还很有些创意呢！老师希望你以后更有礼貌些！"那学生似乎还没有从惊恐中回过神来，有些哆嗦地辩解说："老——老——老师，其实同学们都感到您特别亲切！我也是觉着亲切才那样叫的，以后再也不敢了……"没等他说完，我接着安慰道："不要紧，我知道你也没有什么恶意。如果你真的感觉这样亲切，就尽管叫好了。"说完，我就扭头走了。或许是自己的一反常态，那些学生们都愣在了那儿，既而才欢笑着散去。

此事很快就被我淡忘了，但说来也怪，那个非常调皮的孩子竟从此文静了许多。好多年后的一天，我忽然收到了他从大学里的来信，很是吃惊。打开信，里面的文字却让我顿觉温暖。他在信中说，那件事对他触动很大，使他第一次懂得了老师的胸怀,知道了什么是真正的宽容。就为了报答老师的这份信任,他发誓开始改过自新。

读着学生充满感情的来信,被他那份纯真的信任与感激感动着,我真的无地自容了。自己只不过是有些心血来潮的一时之举,却成为学生永久的记忆;而自己处理问题时的一点反思,竟因此成了一个问题学生转变的开始,没想到教育竟这样神奇!

"批评不是教育的目的",老教师那富含哲理的话语又在耳畔萦绕。是啊,教育的目的是唤醒,是完善,是发展;当我们仅仅把批评当作教育的归宿时,教育也就变得盲目、粗暴、肤浅、势利,失去了其应有的内涵和意义。从生命的个体属性来说,教师是"人",学生也是"人",他们在人格上是完全平等的。孩子们之间可以叫外号,成人之间可以叫外号,熟人之间如同学、战友等往往非得叫外号才显得亲切,那么我们的学生善意地叫老师的外号也就无可厚非。如果教师都能放下师道尊严的架子,以尊重、博爱之心为学生们开辟一处自由、平等的人性绿洲,那么我们的班主任生活也就轻松、自然而幸福了。

像经过了一场透雨,心田萌生了许多新的东西。教育就是要促进人的发展,批评只是教育的一种手段,而不是教育的目的!教育的过程应该渗透智慧,寻求优化;对许多事情的处理,往往有比批评更好的方式,即使批评也要讲究恰当的方法。"狗熊"教育培养不出"英雄",种下"笨""恶"的种子只能收获"笨""恶"的果实,一味地训斥、嘲讽会毁掉孩子一生的前途。如果我们不再简单地把批评当作教育的目的,教育就会变得丰富而神奇!班级管理不仅需要爱心,更需要智慧,而"奇迹"往往源自宽广的教育情怀。教育的成功,就在于给了孩子一个梦;只有在宽容的天空下,梦想才能够自由地飞翔!

记得有这样一个非常温馨的故事:

唐代著名的慧宗禅师常为弘法讲经而云游各地。有一回,他临行前吩咐弟子看护好寺院的数十盆兰花。弟子们深知禅师酷爱兰花,因此侍弄兰花非常殷勤。但是,一天深夜,狂风大作,暴雨如注,偏偏当晚弟子们因一时疏忽将兰花遗忘在了室外。第二天清晨，弟子们面对倾倒的花架、破碎的花盆、萎蔫的花枝后悔不迭。过了几天，慧宗返回。众弟子忐忑不安地上前迎候，准备领受责罚。得知原委后，禅师泰然自若，神态依然是那样平静安详。他宽慰弟子们说："我不是为了生气而种兰花的。"就这么一句平淡无奇的话，在场弟子听后，肃然起敬之余，更是如醍醐灌顶，顿时大彻大悟。

  我们对学生施行教育，目的是期望学生获得教益，有所长进，而不是仅仅宣泄自己的情感。从这一层讲，单凭感情用事，我们的行为后果与我们的行为目的很可能背道而驰。人们做错了事情，受到相应的惩罚是无可非议的。但是，从教育学生来讲，很多时候宽容更能震撼学生的心灵。每个人都渴望得到别人的赏识，我们不要指望自己的批评能够让别人发生改变。批评解决不了真正的问题，它只能给别人带来愤怒和痛苦。

  西方教育界对教师教学能力的考核非常注重"现场教学风度"（teaching presence）。当我们在教育教学中遇到一些突如其来、不留情面的诘难时，冲动暴怒、大发雷霆除了会进一步恶化教育教学效果外，起不到其他任何作用。这个时候，作为教师，我们应当具备一种柔韧性，思考其中的价值，获得有用的引导，从中寻找出教育教学的踏脚石，用和善之心对待批评，用随机应变来调整自己的言行。这样才能达成最佳的教育效果。

  是啊，如禅师将一株快乐的兰花栽种于心田，我们就拥有了兰心蕙质，心境一定会温馨美丽；那么将一个宽容和博爱的胸怀送给人生，我们就有了太阳般的魔力，会使许多人因此变得灿烂幸福！教师是自身幸福的追求者，更应是学生幸福的创造者！

补丁可以绣成一朵花——辩证看待学生的缺点

作者心语：补丁可以绣成一朵花，天才往往曾经是丑小鸭。许多孩子身上的所谓缺点，其实并不是缺点，而是特点；这些与众不同的特点，就是世界神奇、精彩的根源，更可以转化成孩子的优点，成为孩子走向成功的支点。

转化后进生一直是我工作的一个重点。在长期的教育教学实践中,我清楚地认识到教育学生的主要任务是育心,而育心的关键是树立那些学困生和特殊学生的自信心。为此,我经常有意在班级中组织一些有针对性的活动。而某年秋季开学初那次班会的情景,至今仍在我心头荡漾。

虽然开学两周了,但是小风的表现却总让我担忧。这是一个身体瘦弱的男孩,从其平时的表现看,除了学习差、上课从不回答问题外,也算是一个比较有礼貌而且懂事的孩子。他虽然见到老师总有些害怕的样子,可总也忘不了"老师好"的问候;上办公室时只顾把头垂得很低,还总爱拉着另一个学生一起去;平时说话不多,课间玩耍时经常只在旁边静静地观看。

下午第三节是班会课,一走进教室,我又注意到了那双似乎充满忧郁而畏怯的眼睛。这孩子到底怎么了?是又被老师批评了,还是被同学嘲笑了,或者又被父母训斥了?为什么整天一副愁眉苦脸的样子?……我的心一阵战栗,也为自己早已筹划好的班会内容而欣喜。

调整了一下情绪,我微笑着说:"同学们,我们这节班会的主题是'同学,我为你骄傲'。"我把题目大大地写在黑板上,见大家望着发呆,我接着说:"虽然我们刚组成一个新的班级,但是大家彼此并不陌生。同学们朝夕相处,亲如兄弟姐妹。我想,你肯定得到过别人的关心、爱护和帮助,你肯定从同学亲切、鼓励和赞赏的言行中感受到了温暖和幸福。有的同学刻苦努力,学习优异;有的同学特别热情,乐于助人;有的同学讲究礼貌,尊师敬长……别的同学身上肯定有许多优点、长处值得你学习。那么,下面就请大家好好想一想你身边的同学,起来说说他们身上有哪些优点。"

经过一番议论,我让班干部带头,班会一下子热闹起来。张华、刘庆……一个个被别人表扬的孩子,乐呵呵,喜上眉梢。而平时学习较差的孩子和那些经常违纪被大家批评的孩子,却很少被人提到,他们大都羞愧地低着头,偶尔抬抬眼,似乎渴望什么,但他们渴盼的奇迹始终没有出现。

那些品学兼优的孩子正沉浸在被别人赞誉的欢乐里,我突然高声把话锋一转,说:"今天,老师想谈一谈小风同学。虽然接触时间很短,但老师已经发现了他身上的许多优点,下面请同学们根据自己的观察和了解谈一谈,好吗?"

同学们似乎不相信自己的耳朵：老师竟在表扬小凤？不知是谁在嘟囔：他还有优点？我有意先找了平日和小凤关系最好的小强，小强说他特别有孝心，每周末回家都是先去看望爷爷奶奶，并给他们扫地、打水、捶背等，乐得爷爷奶奶出来逢人就说"有个好孙子"。但是，令我吃惊的是，小强的发言并没有起到带头作用，大家谁也不说话，互相观望着，等待着。见此情景，我感到一阵莫名的悲哀，就故意问："既然大家给小凤同学找不出优点，那么大家就谈谈他的缺点吧。"同学们好像松了一口气，我先点了一个想举手发言的孩子，"他每次交作业都很晚"，没等站起来，洪亮而急促的声音已经结束。"打扫卫生时，他拾掇物品很慢""他背课文好像在唱歌""他上课从来不举手回答问题""他成绩很差，老使我们组被扣分！""上周考语文，他的作文才写就交卷了"……

学生们的发言让我心酸，我简直不敢想象，在这样所谓"一无是处"的氛围里，那些如小凤的孩子怎么生活，看来，我的班主任工作任重而道远。任凭大家怎样嬉闹，我故意沉着脸什么也不说，只在教室里一圈又一圈地踱着，努力地思考着我将怎样改变我的学生们这种不健康的功利思维。逐渐地，学生们好像觉察到了什么异常，整个教室慢慢陷入死一样的沉寂。无人再起来发言，大家充满疑惑地互相望着，沉默、沉默，空气也似乎已经凝固，只孕育着那一声振聋发聩的雷鸣。我要的就是这种气氛！也只有在这样的气氛中，我苦心设计的教育才有刻骨铭心的效果。

突然，我用低沉有力而又略带生气的声音慢慢说："有的同学虽然基础差，但他坚持努力，不甘落后。"我刻意把语调突然变得急促高昂，接着问："这是不是缺点？！"大家似乎被我的声音震得一颤，短暂的沉默后，洪亮的声音齐声道："不是！！""好，有的同学虽然不太爱说笑，但他为人忠厚诚实，做事一丝不苟，这是不是缺点？""不是！""有的同学虽然学习不好，但他积极参加各种文体活动，为学校为班级增光添彩，这是不是缺点？"……我慷慨激昂的一长串反问，把大家问得目瞪口呆，班级里又骤然寂静下来。

我刚要接着说，突然，一向快言快语的晓玲站起来说："老师，我明白了。你是不是要告诉我们，每个人身上既有优点也有缺点，而且缺点在很多时候也可以转化成优点？许多人身上的缺点，其实并不是缺点，而是……是……"

几个聪明的孩子在我的启发下，也忽然明白过来，齐声补充："而是特点！！"特点，我感觉眼前豁然一亮，不由自主地鼓起掌来。

是啊，基础差，但他没有放弃，依然在努力追赶；做事拖延，但他从没有偷懒不完成作业和值日任务；写字慢，但他从来都是一板一眼，规范认真……可以说，慢，成了他的一个特点；在某种意义上说，也成了他的一个优点。

后来，我根据小凤的这些特点，为他制订了详细的发展规划，进行了专门的跟踪教育和辅导，积极创造一些机会让他在班级活动中锻炼和展示，还让他参加了学校的毛笔字和绘画特长班。慢慢地，他洋溢起了灿烂的笑容，鼓起了自信的风帆。现在他已在班中小有名气，并且成了学校板报小组的骨干成员，画作令大家羡慕不已。

忽然又想起从书上看到的一个小故事：

明明是一个非常厌学的孩子，老师、家长、班干部三方结合，采取种种措施，结果都宣告无效。一天，爸爸惊讶地发现明明居然在屋里认真看书，而且一看两个多小时。于是，他好奇地偷看了一下，发现孩子在看他的一本关于古钱币的小读本。他灵机一动，决定从此处下手，开始尝试。他先给明明讲了几个关于古钱的趣事，发现孩子对古钱真的非常感兴趣。后来，明明过生日，他特意送给明明几枚古币。以后，他有意识地给孩子一些零花钱，孩子都攒着买了铜钱和有关书籍。令人惊喜的是，他看到孩子逐渐地开始看一些课内书了，成绩也在不断上升，有一次吃饭时还兴致勃勃地说要立志考大学学古钱币。就这样，明明一点一点在进步，最终考入了重点大学的历史系。

从令父母、老师头疼失望的学习差生到名牌大学的学生，奇迹的产生就在于父亲善于根据孩子的特点因势利导。试想，如果这位父亲不是有意地去引导，而是不断地训斥、责骂，明明有可能成功吗？

事实上，大多数教师和家长总以什么"三好"的标准来评价我们的孩子，用成人的思维方式来判断孩子的行为，他们口头说的是尊重，可根本不知道去尊重什么、怎样去尊重？"斜视"的眼光，一味地否定，给孩子贴上了"坏"的标签，对孩子心灵造成了很深的伤害。

每个孩子都有各自的特点，就像世界上没有两片完全相同的树叶一样，世界上也绝对没有两个完全相同的孩子。有的孩子好动,有的孩子则好静;有的孩子贪玩,有的孩子则刻苦;有的孩子果敢,有的孩子则怯懦……这些都是孩子各自的特点。有的孩子爱说爱笑,但可能轻率浮躁;有的孩子行动迟缓,但可能很有条理;有的孩子比较沉静,但可能做事周全……

其实,孩子的每个特点都有其双重的视角,我们很难做出优劣的判断。因为物种的差异,才有了地球的美丽;因为文化的差异,才有了世界的神奇。我想,正因为孩子们个性的差异,才赋予了教育深厚的内涵和创新的精彩!新课程要求我们尊重孩子,最重要的一条就是承认孩子的差异;只有承认每一个孩子都有特点,才能正确地理解孩子,科学地培养孩子。

这件事情对我的影响非常深刻,应该以怎样的视角来看待学生,应该以怎样的思维来看待学生身上存在的问题和缺点,直接关系着我们班主任工作的质量。正如美国教育家杜威所说:成人有成人的价值,儿童有儿童的价值;教育的秘诀就在于把成人当成人,把孩子当孩子。调皮的达尔文后来成为进化论的开创者,爱摆弄的爱迪生后来成为大发明家……这些生动的事实,一再告诫我们必须转换思维方式,多换位思考。

孩子身上的许多缺点,其实不是缺点,而是特点,更可以转化成优点;即使是错误,我们也要以宽容的心态和欣赏的眼光寻找错误中的"亮点",因为犯错是孩子成长过程中的必然。补丁可以绣成一朵花,天才往往曾经是丑小鸭。聪明的老师能从千差万别的孩子身上发现特点,善于引导孩子不断地发挥与运用,将自身的特点变成特长,形成特色。

日本著名女作家金子美铃曾写过这样一首别具韵味的小诗,我们读后肯定深有感触:

我、小鸟和铃

虽然我展开双臂,
也绝不能飞上天空,
会飞的小鸟却不能像我,
在大地上奔跑。

虽然我晃动身体,

也不会发出美妙的声音,

会响的铃却不能像我,

会唱许多歌谣。

铃和小鸟,还有我,

大家不同,大家都好。

《读者》上曾登载过这样一个故事:

智者广收门徒,聚有百余人。智者每天都教他们修身养性,习文练武。弟子们非常珍惜难得的受教育机会,大多刻苦学习、虚心请教。只有一个人吃喝玩乐,不服管教。

几年后,弟子们几乎都掌握了一技之长,声名远播。而那个冥顽不灵者依然浑浑噩噩,并不时搅扰师兄弟们的学习。于是,弟子们一起来找智者:"师傅啊,请您开除那个坏蛋吧!"

"不行,我要收留他!"

弟子们愤怒了:"您要是仍把那个坏蛋留在这里,我们可要集体离开了。"可智者仍坚持自己的立场。几天后,他的那些弟子们纷纷离去。

十几年后,最顽劣的弟子终于修成正果,继承了师傅的衣钵。

有人问智者:"当初你不听那些弟子的劝告,是不是发现他确有慧根?"

智者连连摇头:"不,我只知道他是最需要我帮助的人!"

当然,我们不可能为了一个顽劣的孩子,而把其他学生都丢弃。但是,这个哲理故事却告诉我们一个很深刻的道理:那些有这样或那样缺点和问题的孩子更需要我们的教育;假如每个孩子都非常优秀,我们教师的工作就没有了存在的意义。

谁提高了我们的教育技能?是那些后进生啊!谁锻炼了我们的能力?也是那些后进生啊!我们常常说,名师出高徒,然而实际很多情况下,正是那些特殊学生成就了我们教师。我们遇到的每一个孩子,都是我们幸福的源泉;我们应该学会感恩,感谢每一个孩子,感谢优秀的孩子给我们自信,也感谢落后的孩子催我们进步。

看着那些畏怯的小脸绽开笑颜，真想为这次班会水到渠成般的成功而喝彩！

切勿站到学生的对立面——批评学生的艺术

作者心语：如同花木离不开修剪一样，教育永远离不开批评。但是，面对千差万别的生命个体，面对内容和实质各不相同的学生问题，教育者必须讲究批评的艺术。有时固然需要"猛药"，但最好的批评应像春雨，既滋润枝叶，又不伤根系。所有的人，都是在批评中逐渐走向成熟。

有的教师三言两语把学生说得心服口服，有的教师痛心疾首却使学生怒目相视。批评是学生成长过程中的良药，虽然苦，但是必需。正如不同的病症需要不同的方法疗治，批评没有固定的模式，一定要讲究艺术。

在长期与学生打交道的过程中，我逐渐总结出了一套独特而行之有效的批评技巧，可以概括成 4 句话 12 个字：缓一缓，避一避，绕一绕，冷一冷。

一、缓一缓：选择合适的时间与地点

面对学生的错误，教师往往情绪激动，稍不留心，就会出现过火的言行，影响批评教育的效果。而这时学生的内心也是非常复杂、懊悔、自责。因此，在这个特殊时刻，班主任尽量不要立即指责，也尽量不要当着其他同学的面进行指责，首先要稳定好自己的情绪，然后对问题进行调查、了解、分析。当心中对学生错误的来龙去脉、前因后果非常清楚时，再心平气和地着手处理。

我曾经处理过这样一件学生打架的事情，认为很有借鉴意义。

汪强出言不逊，当众讽刺王磊，幸亏被同学拉开，否则两人非打起来不可。怒气未消的王磊跑到办公室找我评理。

当时，我正忙着给学生批作业。"王磊，"简单听其介绍后，我慢条斯理地说，"有时候，别人的言行是很难理解的。如果你不介意，请等我批完这份作业，好吗？"等我批完作业，王磊的情绪已有些缓和，我依然轻轻地说："我知道你现在心里还感觉很委屈，让老师给你一个小建议，行吗？批评和侮辱，跟泥巴没什么两样。你看，我的裤腿上的这些泥点，就是今早过马路时被溅上的。如果我当时立即去抹，一定会搞得一团糟。所以我先不管它，专心干别的事，等泥巴晾干了再去处理，就非常容易了。你看，轻轻搓几下就没事了。"我边说边搓着沾了不少泥点的裤腿，又拍打了几下，那些泥点已经基本看不出来了。聪明的王磊也似乎醒悟了，脸上的乌云已消。我接着说："老师年轻时不善于控制情绪，深受其害。慢慢地我发现，最好的办法是先把让我恼火的事搁一边，晾一会儿。等我冷静下来后，再去对付它们。如果你现在就去质问汪强，你会更生气，你俩的矛盾可能会更严重。我建议你等情绪的水分都蒸发掉了，再来想这件事。到那时，如果你还很生气，老师就替你揍他。"

第二天，我在路上正好碰到王磊。"还生气吗？叫汪强来，我替你揍他一顿。"听到我的问话，王磊也扑哧笑了："老师，不用了。就像你说的，那些泥点早淡得找不到了。"王磊幽默的回答，把我逗得哈哈大笑。

再来看一个案例：

考场上很安静，班主任苏老师正在监考。忽然，一个纸团飞到小强脚下，他刚要去捡，苏老师咳嗽了一声，慢慢踱了过去，伸手捡起了纸团。过了一会儿，苏老师发现小强的考卷不见了，只见同学们在偷偷地传阅一张纸，谁看了都忍不住要笑。苏老师走上前去，一把将那张纸抓过来，考场上"哗"地一阵大笑。"笑什么？"苏老师大喝一声，笑声戛然而止，但许多同学仍在偷着乐。这张纸正是小强的考卷，题目没做两道，却写了一篇小作文："啪嚓，啪嚓，考场上静极了，只有'大皮靴'（苏老师穿一双部队的大头鞋）来回度（踱）步发出的声响。你看他，双手背在身后，昂首挺胸，一付（副）盛气另（凌）人的样子，严（俨）然一个鬼子指挥官。突然，一个纸球滚过来，'大皮靴'几步迎上去，一脚踩住，弯腰伸手……嘴角上露出鬼子指挥官常有的那种冷笑……"苏老师看得头皮发胀，脸发烧，不由得怒从心中起。但很快，他冷静了下来，班主任的使命使他想到了宽容。他灵机一动，拿起一张空白卷子放在小强桌上，对他说："你的卷子不能用了，就用这张做吧！"又对其他同学说："大家做题吧！抓紧时间。"

考试结束后，苏老师没有批评小强，只是说："我对你太不了解了，过去老是看你的缺点，却没有发现你的作文写得不错呀！"小强渐渐抬起了头，眼里满含着惭愧与后悔，老师没有批评他反而表扬他，这使他愧疚不安。苏老师抓住这一时机，教育他要自觉遵守考场纪律。从此以后，苏老师和小强成了好朋友。小强的每一篇作文都要给苏老师看，请苏老师指导。后来，小强成了小有名气的作家。

缓一缓，实际上就是给师生创造一个静静思考的时间与空间，以便选择更好的观察视角和更恰当的解决机会，酝酿更成熟、更理智的处理方案。实际上，我们所看到的孩子身上的缺点错误或不好解决的问题，许多都只是一时或表面的现象，是必然要出现的非常正常的问题；即使我们不去理会，也往往会伴随着孩子们的成长慢慢消失。许多时候，这样的缓和恰恰成了解决问题的最好的方法。

等待孩子把自己的心里话说完，等待孩子慢慢改正自己的缺点、错误，等待孩子逐渐认识问题的本质；等待跑得慢的孩子跟上来，等待怯弱、内向的孩子大方、快乐起来，等待有抵触、误解的孩子悉心领悟过来……教育是一项慢的艺术，教育的过程，其实就是一个用爱心和智慧等待的过程。

二、避一避：注意保护其自尊和隐私

苏霍姆林斯基说："在影响儿童内心世界时，不应挫伤他们心中最敏感的角落——人的自尊心。"即使学生犯了再大的错误，其人格尊严也都应受到保护。平常发生的师生冲突事件，大多数都是因为教师不注意自己的言行，侵犯了学生的自尊和隐私而引起的。比如，有的教师私拆学生信件，并在班级公开，结果给学生的心灵造成极大伤害。再比如，本来只是迟到的小事，可有的教师无原则地把事态扩大，从学生的表现批到学生的品质，从学生自己一直批到其家庭。"你怎么屡教不改？不知羞耻！""真是有其父必有其子！""你这样的学生，没有什么出息！"等谩骂、侮辱、绝对性的言行常常把师生关系弄得很僵。

这里有一个非常经典的小故事,深刻地阐释了批评的艺术。

一官员微服私访,路过田间,看到一农夫驾两头牛耕地,他大声问:"这两头牛,哪头更好?"农夫看了他一眼,并没有回答。等到了地头,牛在一旁吃草,农夫附在官员的耳边,小声地说:"东边那头牛更好。"官员奇怪,问道:"你为什么这样小声地说话?"农夫说道:"牛虽然是畜类,但是它的'心'和人是一样的,如果我当面大声说哪头牛好、哪头牛不好,它们会从我的眼神、手势和声音分辨出我对它们的评价,那头虽然尽力但不够优秀的牛心里会难过的……"

教师的不同态度,常常影响着学生不同的学业成绩,甚至决定了学生不同的生存状况。美国的海姆·吉诺特教授有一句名言:"我总结出一个可怕的结论,我在课堂上起决定性的作用……作为一个教师,我拥有让一个孩子的生活痛苦或幸福的权力。我可以是一个实施惩罚的刑具,也可以是给予鼓励的益友,我可以伤害一颗心灵,也可以治愈一个灵魂,学生心理危机的增加或减缓,孩子长大后是仁慈还是残忍,都是我的言行所致。"这些语言,像一个警钟,时刻敲在我们心中。班主任的主要任务就是给予学生精神上的关怀,要像对待荷叶上的露珠一样,小心翼翼地保护学生幼小的心灵。

三、绕一绕:正面冲突不可要,旁敲侧击效果好

当学生犯错时,先入为主,不分青红皂白地一通棒喝,是最愚蠢的做法。这样不留情面的正面碰撞,常常把学生"逼上绝路",只能一错再错。当师生都还处在"情绪爆发期"时,绕过"锋芒",巧妙地点化学生,使其充分认识到自己的错误,是智慧的表现。

曾读到这样一则案例:

有一段时间,社会上流行染发,年轻人为了赶时髦把自己的头发染成各种颜色,我们班少数几个同学也仿效之。我看了后,在上午的最后一节课的中途对同学们说:"大家可能有点累了,我给大家讲一个故事。一天我和我的儿子逛街,走到一个美发店门口,他总在不停地回头望,不小心把脚扭了。我问他:'你怎么了?'他说:'妈妈,怎么不同颜色的鸟毛长到那个叔叔头上去了呀?'我一看,

原来是那个年轻人把头发染成了几种颜色，并且像狮毛狗那样卷着。"同学们笑了，那几个染发的同学低下了头，过了几天，都把染过的头发给剃掉了。

故事中的"我"既没有大肆地批评，也没有高调地说教，只是通过一个玩笑、一个幽默，就达到了神奇的教育效果。

教育是说的艺术，班级管理的策略与技巧体现在点与破的和谐。有时要循循善诱，但有时也需要沉默，像老婆婆一样碎嘴不是教育的理想形式。与其因为学生的点滴过失而说得口干舌燥，遭到他们的反感，倒不如谨言慎语，凭借一个暗示，借助一个点醒，等待学生自己去发现、判断、纠正，这样的教育更轻松，效果也会更深刻。

四、冷一冷：冲动往往乱方寸，心平气和情谊真

班主任在错误或矛盾的初期，往往容易急躁、冲动，缺少理智，把握不住分寸，常常把事情弄糟。这时，最好的策略是冷静。再者，要正视学生的错误，教育学生要勇敢地承认错误，主动地改正错误。并不是所有的错误都需要立即批评，有些事情放一段时间后再处理，效果比当时处理要好很多。罗曼·罗兰说："自我批评，是一所培养良心的学校。"自我批评，是批评的最高境界。只有学生真正地认识到自己的错误，才能很好地改正错误；其实当学生承认错误时，他已经改正了一半。

有一句名言说得好："紫罗兰被一只脚踩扁，可它还是把香味留在了那只脚跟上，这就是宽恕。"无论孩子做出多大的傻事，我们教师工作的目的都是关怀和帮助。孩子总归是孩子，孩子的特征就是不成熟，不成熟就必然会犯错误，人都是在不断地改正错误中成长的。犯错误是正常的，不犯错的人是不存在的；假如孩子们都不犯错误，那我们班主任也就失去了存在的意义。在我国现行的一些法律中都明确地提出了保护孩子、宽容处理的原则和内容。

另外，我还有一个"四少四多"的口诀，和大家一起分享。

批评学生时的"四少四多"

少直接,多铺垫;

少当面,多书面;

少批评,多赞美;

少(不)批人,多批事。

最后,让我们来共读一篇文章,体味学生那种真诚的渴望。

王老师教语文,也是班主任。

我的第一篇作文被王老师大加赞赏,她尤其欣赏这一句:运动员像离弦的箭一样……

后来才知道,这不过是个套路而已。但是如果不是赞扬,而是一顿批评呢?孩子的自信心通常是被夸奖出来的……

王老师教了我一年,移交给下一任老师时,她的评语是:该生至今未发现有任何缺点。这为下一任老师修理我留下了把柄。

这位年轻力壮的女老师一接手,就咬着牙根对我说,听说你红得发紫,这回我给你正正颜色。

我倒也配合,大概是到了发育的年龄,我整天想入非非,经常盯着黑板发愣。数学老师把教鞭指向右边又指向左边,全班同学的头都左右摇摆,只有我岿然不动。于是他掰了一小段粉笔,准确无误地砸在我脸上。

数学老师说,你把全班学生的脸都丢尽了。嗷,全班一片欢呼,几个后进生张开双臂,欢迎我加入他们的队伍。从此,我的数学成绩一落千丈,患上了数学恐怖症。

高考结束后,我的第一个念头是,从此再不和数学打交道了。

38岁生日前一天,我从噩梦中醒来,心狂跳不止,刚才又梦见数学考试了。水池有一个进水管,5小时可注满,池底有一个出水管,8小时可以放完满池的水。如果同时开进水管和出水管,那么多少小时可以把空池注满?

神经吧,你到底想注水还是想放水?

有一天我去自由市场买西瓜,人们用手指指点点,"这不是《实话实说》吗?"我停在一个西瓜摊前,小贩乐得眉开眼笑,"崔哥,我给你挑一个大的。一共是7斤6两4，一斤是1块1毛5，崔哥，你说是多少钱？"

我忽然失去控制，大吼一声，"少废话！"

抱歉！对我来说，数学是疮疤，数学是泪痕，数学是老寒腿，数学是类风湿，数学是股骨头坏死，数学是心肌缺血，数学是中风……

当数学是灾难时，它什么都是，就不是数学。

所以我请求各位师长手下留情，您不经意的一句话、一个举动或许会断了学生的一门心思，让他的生命走廊中少开一扇窗户。

读完央视著名主持人崔永元先生的这篇文章，我们心里充满的不仅有同情和感伤，更多的还有希望和期待，希望以促进学生发展为目的的教育千万不要变成伤害，期待每一个教师"要像对待荷叶上的露珠一样，小心翼翼地保护学生幼小的心灵"，使他们不仅拥有幸福的明天，更重要的是拥有今天的幸福。作为一个班主任，学生的许多缺点需要我们批评指导，学生的许多问题需要我们解答帮助，我们拥有更多教育学生的时间和机会。我们一定要利用一切可以利用的平台、工具、手段，给学生留下积极美好的东西。

在我们抱怨学生不好好接受批评时，应该首先问问自己：是否注意了批评的艺术？无论遇到什么事情，我们的任务都是为了促进学生健康成长，尽量不要刺激学生那根"坏"神经，让它慢慢地萎缩、消失；千万不要上纲上线，无故地站到学生的对立面。

对症下药——研究是解决问题的根本方法

作者心语：常言道，一把钥匙开一把锁。不同的问题，应该采用不同的方法处理。班主任理应是一个研究者，在研究中寻求解决问题的方法。教育的艺术就在于将问题转化为机会。学生出现问题时恰恰是教育、帮助学生的良机，也恰恰是教师不断修正自我、不断进步的契机。

面对形形色色的学生问题，我们应以什么样的态度对待，用什么样的方法处理？这实在是个非常棘手的问题。

一、学生"犯错"了，你该如何应对

在当前的学生管理中，大致存在着两种教育方式：一种是干涉式教育，另一种是帮助式教育。就前者而言，教师的主要活动是评价学生、批评学生、要求学生，追求的是顺从、服从；而在后者中，教师的主要活动是研究问题、巧妙介入、共同分析、辅导帮助，教师往往创造一个合适的教育情景，使学生在不知不觉中得到体验和感悟，受到启发和教育。显然两种方法的成效有着天壤之别，前者过分依靠教师的权威，而在后者中，教师以研究者的身份参与，不但需要有爱心，更需要有先进的教育理念和教育技巧。

如果我们从工作目的的层面做个分析，就会发现很多班主任仅仅是为了管理而管理，目光没有关注到学生真实的成长。难道只要学生服从教师的管理，就是好班级吗？肯定不是。这纯粹是以"教师为中心"的逻辑。处理班级学生问题，一定要做到以学生为本，以问题为主线，这样的教育才是真正意义上的教育。

前几年，我曾处理过一个与报刊上相类似的偷卷现象。那时我教初一数学，担任班主任。从东北转来一个学生叫郑树杰，树杰其他成绩倒还算可以，唯独英语特别差。差到什么程度？他开始学习英语的时间比其他同学整整晚了一年。几次考试，他都没超过50分。孩子有些泄气，其父母也非常着急，我也很想帮帮他。可怎么帮呢？好几天也没找到切实可行的方法。

这时，正好学校要组织段考。考前一天午睡我值班，刚要进办公室，就见树杰慌慌张张地从里面出来。我立即叫住他，一看，他手里拿着一张英语试卷。树杰涨红的脸告诉我一切，他竟敢偷卷，我真想把他狠批一顿。

可看着他那羞愧的样子，心想：算了，他只不过太想有个好成绩，也没有什么大错。于是，我灵机一动，计上心头。我坐下来，把他拉到身边，然后把试卷从头至尾给他辅导了一遍，又叫他拼命地背。结果，在段考中他开天辟地地考了78分。

没等英语老师（家在校外，非班主任，所以中午一般不到校）看完试卷，我就先在其耳边吹风：这一周，树杰学习英语的积极性很高，连续好几天中午都不睡，专门来办公室找我给他辅导英语，我虽然不太懂，但感觉他进步不少。成绩出来后，英语老师对树杰大加表扬。我鼓励树杰要充满信心，加倍努力，一定会赶上去。

三周后，第二次段考。我干脆亲自偷出了一份试卷，又提前给他讲了一遍（平常学校或教师自己组织的英语考试没有听力），这次他竟考了86分。老师的表扬，同学们的羡慕，使树杰信心更大，学习积极性更高了，我不禁为自己的良苦用心而高兴。

逐渐地，在课后也经常听到英语老师对他的表扬了。就这样，三个月后，全市举行了统一测试，成绩显示：树杰的英语学习已经进入中游行列！孩子的英语成绩稳步上升，后来以优异成绩升入重点高中。

说到这里，我又想起好几年前的一件事，至今仍感觉非常惭愧。

一天，我老远就听到教室里有人在高声吵骂，到门口就看见学生刘清正把隋陆摁在地上用拳头狠打，而且看到我进去，也不放手。我非常恼火，大声呵斥他们站到教室外面，不问青红皂白就训斥起来。

可是，刘清却毫无认错的意思，开始朝我梗着头瞪着眼，我更火了，禁不住责骂："想干啥？还想打了同学再打老师呀？土匪见了他师傅都下跪，真是没良心的东西！"谁知，我这一骂，那孩子突然大叫："什么老师呀！偏心！我不上了。"说完，就撞开门去拾掇东西。我当时正在气头上，见状更是火上浇油，高声道："滚，愿意滚，快滚！"我和学生们眼睁睁地看着那孩子跑出了教室。

事后，我了解到，那孩子确实受了委屈。刘清的母亲有一点生理残疾，隋陆借此经常在班内讽刺挖苦。这天课间，隋陆又在胡说八道，刘清多次制止无效后终于忍无可忍，于是两人扭打在一块。取笑别人父母的生理缺陷，是对别人的一种巨大侮辱，即使是我们成人也不会一再容忍，何况一个孩子呢？

了解事情缘由后，我多次登门动员刘清返校，可他始终躲着不见我。现在，我们有时在路上见了，他还是扭头就走。我一直在懊悔，在孩子本应得到老师安慰的时候，反而受了更大的伤害；本是为了教育两个孩子，可因为自己的鲁莽，却造成了师生永远难以化解的矛盾。

老师在化解这些矛盾的时候,要宽容为怀,就事论事,点到为止,不要和学生斤斤计较,更不能上纲上线。

有一次,我和老师们聊起××同学没有完成作业的事情,结果好几个老师说这个孩子故意和老师作对,品质怎么怎么败坏。这种思维方式,非常令人担忧。这个一没偷二没抢三没骗的12岁孩子,品质能恶劣到什么程度?不就是作业没有按时完成吗?其实这也是一个很正常的现象。我们教师应该怎么办?训斥?惩罚?讽刺?显然,这些做法都不能从根本上解决问题。

我们首先要做的就是调查其没完成作业的原因:是由于偷懒还是忘记了,是不想做还是不会做?事实证明,大多数孩子不完成作业的原因是后者,他们不是不想,而是不会!只有找到了这个真正的原因,我们才能采取一些真正帮助孩子补救知识缺陷的措施,而不至于只会盲目地批评指责,给孩子贴上品质恶劣的标签。老师的过度批评极易引起学生的反感,使其产生抵触情绪。

二、你的班级管理模式为什么不受学生欢迎

针对班级管理的形式,我也曾大胆地做过实验研究。调查发现,当前的班级管理一般采用固定班委制或值日班长制。前者实际上是班主任一手抓的延续,不利于大多数学生的锻炼和培养,也很容易引发师生、学生间的矛盾冲突;后者虽充分体现了现代教育的民主意识,但是这种方式在实施过程中必然造成许多本身缺少管理能力和群众威信的学生处于被动、尴尬局面,而班级内部结构的频繁变动,势必导致班级管理的无序和混乱。那么,如何吸取这两种形式的优点,较好地解决它们存在的弊端呢?于是,在摸索中,我逐渐形成了自己独具特色的"双轨运行;模糊评价,团队管理"制度(详见"甘当助手——把学生的班级还给学生")。

三、你的教育为什么会经常失败

孩子总归是孩子,对事物的判断及对事情的处理能力都非常有限,在成长过程中出现失误是正常现象。在教育教学中,许多教师总是简单地把"学

生承认错误"看作其教育的成功，看作处理"打架""不做作业""偷盗""顶撞老师"等事情的结果，殊不知这往往连开头也算不上。多年的实践经验告诉我们，学生犯的大多数错误，其实他在犯错之前就已经知道这是错误的了。从某种意义上说，就是明知故犯。如果只是在口头上承认了不对，而不知原因何在，不知今后应如何避免，那么这些认错又有多大意义呢？只有找到错误产生的根源，才能有效地实施教育；只有让孩子从内心深处真正认识到错误，问题才能真正得到解决。当然，教师不仅要让孩子认识到错误，更重要的是要让孩子明确今后应该怎么做。

教育是手段，也是目的，但教育的目的并非只有通过采取教育手段才能实现，它必须要在学生的内心产生共鸣。

你班学生在充分准备后，满怀信心地参加了一场比赛，结果由于评委不公而成绩可怜。面对学生们的不快，作为班主任的你该怎么办呢？

我想，大多数人都会及时训导学生：不公是一种普遍的社会现象，一个人要能吃得起亏，经受住挫折的考验，这样才能成为生活的强者。但是学生们呢，却往往心中强烈不服，甚至愤然反击：我们不是强者，我们讨厌那卑鄙的行径！结果师生的谈话不欢而散。这次教育的失败，关键就在于教师的"教育"味太浓，在于教师不能从学生方面考虑问题。因为这时的学生，需要的不是"教育"，而是"同情"！

另一则事例同样提醒我们要讲究教育方法。

一天晚上，学校组织看爱心故事片。生动感人的情节使学生们热泪盈眶，感慨万千，电影结束了还恋恋不舍，不愿离开放映厅。这时，老师却大声布置任务：明天，每人上交一篇500字左右的观后感。结果，学生唉声叹气，嘘声不断，激动的情绪顿时全消，心中充满了怨气。

四、作为教育者，你还缺什么

在英国皮亚丹博物馆中，有两幅十分引人注目的藏画，一幅是人体骨骼图，一幅是人体血液循环图，这是当年一个名叫约翰·詹姆士·麦克劳德的小学生的作品。

在上小学的时候，有一天，他忽然想看狗的内脏是怎么样的，于是和几个男孩偷偷地套了一只狗宰杀，把内脏一件一件割离、观察。谁知这只狗不是别人家的，正是校长家的，而且是校长最喜爱的狗。校长很生气，再说，小孩被狗咬伤了怎么办？于是校长决心惩罚他，就罚麦克劳德画一幅人体骨骼图和一幅人体血液循环图上交。这时麦克劳德已经意识到自己的鲁莽，心甘情愿地接受了处罚。他认真画好了两幅图交给老师，老师和校长看后都觉得画得非常好，杀狗事件就这样轻松了结了。

在这件事的影响下，麦克劳德后来成为有名的解剖学家，研究发现了糖尿病的胰岛素治疗方法，并荣获1923年诺贝尔医学奖。

校长抓住麦克劳德是因好奇心而杀狗的动机，为了保护孩子这种强烈的好奇心，同时又能使他充分认识自己的错误，于是采用了这种巧妙的处罚方法。在批评的形式下，却给了他一个学习生理知识的绝佳机会。这种解决问题的方式，以教育为目的，以真正的爱为前提，用惩罚的方式让学生做，更增强了他的责任感和认真态度，给学生留下了不可磨灭的影响。

研究，换句话说，就是不断对问题进行思考、分析，逐渐调整和完善解决问题的思路、途径和方式。下面我们以学生的课间打闹问题为例，来分析一下我们的解决思路。

对于这个令分管校长、主任、班主任们非常头疼的问题，老师们真是想尽了办法，可就是屡禁不止，恼火训斥后虽有所收敛，但几天后定会悄然如故。有没有什么灵丹妙药？我想，孔子再生、陶公在世也找不到！圣人渴望和孩子们"浴乎沂，风乎舞雩，咏而归"；先师喜欢和孩子们做木工、玩泥巴。那么，我们就束手无策了吗？不是！我们所应做的和要做的，都是思考，先从自身方面思考！而思考正是智慧产生的源泉。

第一步：追问"是什么？""不是什么？"

结论：学生是孩子，是朝气蓬勃、活力无限、精力过剩、躁动成长的少男少女，是人；不是成人，更不是老气横秋、风烛残年、筋疲力尽、成熟温顺的老人，不是机器、木偶。追逐、打闹、好动，是正常的，如果相反则可能是不正常的。

第二步：追问"为什么？"

结论：孩子们打闹的原因不是故意违纪，而主要是一种本性，一种生理的驱使、活力的外泄。而我们大多数学校，班级人数众多（一栋四层教学楼内大约有850人），校园面积有大有小，但适合孩子们活动的操场不是太小，就是离得较远不太方便，许多硬化地面也很不安全。

第三步：追问"怎么办？"

一方面，我们出于安全和学习环境的需要，需要一种和谐安静的氛围；另一方面，又要尊重孩子们的本性和生理发育特点。"堵"是堵不住的，"压"是压不了的，那么两全之策有没有？有。一是开展读书和合唱等一系列室内活动，提倡孩子们读书和唱歌，用书养性，用歌育情，来陶冶学生的情操，减少盲目和冲动；二是建立一套使孩子们活力外泄的活动系统，譬如延长课间时间，添置孩子们喜欢的活动设施，组织孩子们下楼进行体育活动……

在这种思维下，再来审视我们过去的工作，的确停留在"治表"的浅层次：执勤监督、扣分量化、写检查、请家长、开会点名……似乎一切都无济于事！这边寂静那边闹，摁了葫芦起了瓢！比如，许多班级至今也没有形成一套比较规范的学生层级管理制度，班主任、班干部更多的只是做了"救火员"，谁出问题就找谁，问题堆成了堆……这些现象说明，我们许多班主任距离追问"为什么"和"怎么办"的"治标""治本"的层次，还差得太远。

为了更清楚地认识有些班主任作为一个教育管理者还缺少什么，我在这里再举个例子。

你注意到班内一名女生有明显化妆的迹象后，怎么办？学校三令五申不准化妆，你也在班里强调过多次，她怎么还敢公然违反呢？

把她喊到走廊里，证实后训斥一顿，重新强调学校规定，为保险起见，最好再威吓一句：再化妆，就在班里点名，做检讨。这肯定奏效——因为我们多数教师一直这样"短平快"地处理这类问题。

假如你是个有经验、有爱心的教师，首先不能在班里当着其他学生的面训斥、挖苦，可以把她叫到办公室、走廊拐角无人处。可是，叫出来训一通就能解决问题？是否有一个声音在你的心里响起：她为什么要化妆呢？出于什么目的？

你可以先想想这个女孩子的情况：她不但长得不好看，而且脸特别黑，"黑子""黑妮儿",是很多爱搞恶作剧的男生给她起的绰号,为此她没少和这些男生闹……

这时,你要做的事是什么?就是寻找最佳的切入点!而不是生气!

你把她叫到走廊里,平静地问:"是不是化妆了?"她沉默一会儿点了点头。

"我们班里有一批爱搞恶作剧的男生,是不是经常惹你?或者有时还讽刺挖苦你?"看着她逐渐垂下的头,你一定会感到这个切入点还是正确的。

"是不是好像有人还说你黑,给你起绰号?"说到这个话题,她已经流下泪来。

"黑,是什么缺点?你看老师长得更黑,可是老师一点都不自卑!白,就一定好看吗?人的长相是父母给的,我们无法去改变它,也不需要去改变它!因为我们都是世界上独一无二的'一个'!世界上任何人和你都不一样,因为世上唯独缺少一个你这样长相的人,所以世上才有了你!"

"那些好像很漂亮的、自认为漂亮的,脸蛋也是父母给的,并不是他自己努力得来的。什么才是自己的?是素质、能力和品质。人不是因为美丽才可爱,而是因为可爱才美丽。我们不能改变自己的长相,但可以改变自己的素质,改变自己的成绩,改变自己的同学关系,主动为同学、班级服务。自己的形象改变了,别人的看法自然就改变了!"

"你看,我们班里的很多同学,长得也不好看,可是别人都感觉不出来,为什么?因为他们要么学习好,要么人缘好,要么品行好,凭着这些别人身上没有的优点也让人感到他们很可爱。其实这里还有一个心态、方法的问题。他们说你黑,他们自己也是满身的缺点呀,譬如有的很矮,有的很胖,有的眼睛比你差远了。你不要拿自己的缺点跟人家的优点比,也不要人家一说什么就信了,当真了,这样岂不上了他们的当?你越是化妆,越说明你很在乎,说不定他们更拿你说事儿。你不在乎了,说就说去呗,他们看你不在乎,就觉得说得没趣了!"

最后,你把没收来的化妆品递到她手里,说:"把它装到深一点的口袋里,回去放在家里。我想你应该知道怎么做了……"

任何一个学生都是一个丰富而复杂的世界,不要漠视或简单地去臆测任何一个——即使他很不漂亮,很不优秀,很不聪明。这个企图通过化妆改变自己，然后改变别人的做法，何尝不是人之为人的最起码的希望——被人肯定赞美的人性需求？

可事情就这样完了吗？没有！因为回到那个可能还要被人嘲讽的世界，你依然不知道她能坚持多久。……你必须跟上后续的关爱与辅导措施！

绕了半天，我们到底缺少什么？说白了，就是缺少一种研究的态度，一种思考的精神，一种正视自我的工作品质。有时，只看虚假的表面，却无视事情的实质和本源；有时，被功利吸引，却忘记了要成事先做人的古训；有时，总爱当指挥，却很少考虑自己的问题，我们是否有引领别人的素质；有时，总爱定条令，却不考虑实际可行性，反倒一些很好的东西没有毅力坚持；有时，口头上高喊奉献，却犹豫徘徊在困难面前……

人是会思想的芦苇，思想是人与动物的区别，人正因为有思想才伟大。我们都有这样的感触：无论发生什么事，很多人根本不去想，不去追问，也不会追问，只是拉磨似的一圈又一圈按老路子老经验旋转……追问是什么？追问为什么？追问应做些什么？这应该成为每一个人的工作方式和生活方式。

从某种层面说，我们的班级管理现在都面临两大问题：一是进一步拓展和加快班级与师生的共同发展，二是进一步增强师生教育生活的幸福感。两者互为依托，相辅相成。每一件事，都能找到最佳的解决途径；任何事情的成功，都是因为能找出把事情做得更好的办法。而我们面对问题的思考方式直接决定了我们的行走方式。有了路，就不怕远，可是怕走偏。希望班主任老师们都学会在"研究"中不断成长，也只有在不断"研究"中才能放眼未来。

不要大惊小怪——巧妙处理学生恋爱问题

作者心语： 生活中的很多小问题，常常因为世人的大惊小怪，反而棘手难解。对于很多看似复杂的事情，如果我们换一种思维和眼光，往往轻易就能解决。当青春期的孩子来到"感情"这条河边，我们不能只想着阻止他们，更重要的是要帮助他们慢慢蹚过。

学生的恋爱问题，始终是困扰班主任的一个难题。随着生活水平的提高，人的成熟期明显提前，同时，受影视作品、思想观念等各种社会信息的影响，中小学生的早恋问题也日益严重。我始终认为，它是青少年生理和心理发展到一定程度的自然产物，就其性质而言，绝不是错误的事，更不能上升到道德败坏、品质恶劣，也不是什么伤风败俗的坏事，只不过是不合适的人在不合适的时间做了不合适的事而已。

因为学生自控能力弱，所以很容易受恋爱情感的左右，导致思想和行为陷入某种误区而不能自拔，进而严重影响身心健康和学业成绩。因此，势必要引起班主任老师的高度重视。虽然我们不能说学生出现了恋爱问题一定是家长和老师的过错，但是，既然有恋爱问题，说明家庭和学校中一定有"爱的阳光"没有照到的地方，一定有催生这种情感的土壤。《学记》中也说："发然后禁，则扞格而不胜。"意思是，等问题出现了才加以制止，无论用什么强硬的方法，也很难使问题完全消除。所以，班主任的工作应走在前面，努力营造和谐、高雅的班级氛围，教育和引导学生积极创设正常的人际关系，及时化解思想和心灵的郁结，保证学生情感的健康成长。我想，当学生心中被更有魅力、活力、激情的任务、活动、目标、志向吸引、激荡、充盈、鼓舞时，就不可能去寻找"恋爱"这种学生自己明知有危险的情感抚慰方式了。

但是，如同早春的田野总有几棵小草最先探头探脑，人的情感在很多时候是很难被遏制的。那么，当班级真的发生了学生恋爱问题，我们怎么办呢？下面，请看我亲历的三个故事。

一、"早熟的果子易得病"

有一次与某重点高中学生面对面交流，有一男生忽然问："郑老师，你说为什么不让我们高中生谈恋爱？"是啊，我们整天对学生大讲特讲"不准谈恋爱"，可到底为什么呢？这是许多学生一直在追问父母、老师的问题。看来，一个强制性的"不准"并不能简单了事，千叮咛万嘱咐的"耽误学习"也不能让学生真正认识到问题的实质。

如何帮助学生走出思维的泥潭？略做停顿，我笑着反问："是吗？是老师不让你们谈恋爱吗？"另一个大胆的男学生学着老师的声音说："不好好学习，净想些乱七八糟的坏事，谁再敢以身试法，毫不客气，坚决开除！"这话引起全场学生的哄堂大笑，在场的许多教师都为我捏了一把汗。谁知我故作惊讶地说："哇！这就是老师不对了。好像我国任何一条法律法规都没有规定'不准高中生谈恋爱'。据我所知，像你们这个年龄的那些没有考上重点高中、普通高中而被迫回家务农的学生，即使不想谈恋爱，有些父母也在催孩子找对象了吧？"此话刚一落地，立即引起全场师生的共鸣，许多人点头认可，也有人在悄悄私语："是啊，我有两个没上初中的小学同学，早就订婚了。"

我不紧不慢地继续道："我也是一个农村孩子。小时候我家里有一棵大枣树，那时生活条件不好，根本没有什么水果，吃几个清脆甘甜的枣儿，真是一种幸福。每年秋天，我都盼着枣儿快点成熟。偶然发现枝头红了一个，就赶紧想方设法用竿子打下来。结果，一看，被虫子咬了。再弄一个，还是已被虫子吃过的。后来，我就总结出一条经验，'早熟的枣儿易生虫'。同学们，一个熟透喷香的果子和一个青涩酸苦的果子，你愿意选哪一个呢？"一学生站起来大声说："那还用说吗？除非是傻子，人人都知道应该选熟透喷香的。"这话让我精神一振，"这位同学说得太对了！当然，如果有人非要选那个酸涩的果子尝一尝，本也无可厚非，但却很不明智，非常愚蠢！"

"同学们，其实老师们都是为你们着想，既然你们的身心还没有成熟，既然你们的主要任务还是学习，那就先不要考虑恋爱之类的问题，更不能陷在感情的旋涡里！因为你们年龄还小，自我约束能力还比较弱，人生经验也还少一些，所以，很多时候会控制不住自己，需要老师的提醒和帮助。"看着大家脸上的微笑，我知道，到这个时候，同学们的心里已经豁然开朗。"最后，郑老师想送给大家一句话：'既然你心中还有更大的梦想，那就不要因为路边的野花而迷失了前进的方向！'"

后来，那个学校的校长笑着告诉我："郑老师，你讲得太好了。现在一有学生有恋爱的苗头，许多同学就提醒他（她）说，'你别做傻事呀，吃被虫子吃过的枣儿会闹肚子。'同学们的学习积极性明显提高了。"其实，我只不过讲了几句实话而已。在平常的教育教学中，或许正因为我们缺乏思考，生硬武断地禁止这儿禁止那儿，把问题搞得神秘兮兮，反而愈发增加了学生偷尝禁果的好奇心。如果我们能引导学生理解老师的用心，明白其中的道理，许多棘手的问题也会迎刃而解。

二、"你应该感谢那个女孩"

2002年秋，我正担任毕业班的班主任。期中考试后不久，刘大伟同学的父亲来学校找我，开口就问："郑老师，大伟谈恋爱了，你知道吗？"我故作吃惊地说："不知道呀，但是他学习明显后退，我不是让你也多和他谈谈吗？你了解到什么原因？马上就升学了，我们千万不能掉以轻心啊。"

他有些生气地说："我来，就是要找找六班的任丽霞，是她和大伟谈恋爱了，已经有很长时间了。她学习很差，考重点高中没希望，却把我们大伟弄得成绩明显下降，真不像话。就是她的事，我得找找她！"我心里暗喜，和我了解的情况完全一致，看来大伟回家没和父亲撒谎。于是，我接着问："你找人家干什么？你好好想想，大伟的学习成绩是从什么时候开始下降的？到底是恋爱之前，还是在恋爱之后？"这一问，真把他问住了，好一会儿才说："我想起来了，初二下学期的期中考试，大伟头一次跑出了前10名，当时的班主任王老师还找过我呢。"

我笑着道："这就对了，大伟学习成绩的下降是在他恋爱之前，也就是说，不是因为恋爱影响了他的学习，而是他学习成绩下降后心理压力比较大，情绪上失落、郁闷，而父母和老师又没有及时帮助和疏导，所以就谈了恋爱，以此来获得一种情感上的释放、抚慰。"

见其态度明显缓和，我有些戏谑地说："说到这里，你还得好好感谢那个女孩呢，是她在你孩子学习遇到挫折，最需要有人安慰的时候，给了他温暖和抚慰。据我了解，因为大伟成绩下降，你把他痛打了一顿，是吧？"大伟父亲连忙回答："是啊，是啊，都怪我当时脾气不好。郑老师，你也别批我了，你就说咱应该咋办吧！我和他妈都没上完初中，大伟可是我们家的希望啊！"

我说："这你放心，事情我也了解清楚了。你和他妈妈现在的任务就是多些鼓励、少些批评，孩子回家时多和他沟通沟通，不要动辄就拿成绩、名次这些东西来刺激他，要对他充满信心！如果我们双方配合默契，我想大伟很快会好起来的。"

一段时间过后的段考，大伟的成绩回到了前10名，第二年以优异成绩升入市重点高中。除了特殊的几个人知道这件事，一切就好像什么也没有发生。

现在，当初的那两个孩子都已经结婚成家，各自拥有了美好的家庭。或许，在很多人的心灵深处都曾有一朵这样的玫瑰，它羞答答地开了，又悄悄地凋谢，只留下一段粉红色的回忆，象征着年轻，昭示着成长。

三、"没了距离，也往往没有了爱"

新学期刚开始，我一接手初三新的班级，就发现我们班的刘亮和女同学李琼关系过密，直觉告诉我：他们早恋了。一打听，吓我一跳，原来他俩早在六年级时就信鸽不断。老师、家长多次找他们谈话，他们有时当面答应得很好，可回去后却又来往有加。虽然不在一个班，但只要有机会就在一块儿，甚至有几次偷偷半夜起来约会。父母的打骂、老师的劝说都无济于事，所有人也都对他们失去了希望。现在，他俩恰巧分到了同一个班级，这对小冤家心里欢喜，可是却给我出了个大难题。

陷入沉思的那天晚上，我不知怎么就想到了罗密欧与朱丽叶的爱情故事。忽然，感悟顿生：既然别的班主任都没管住，已是临近毕业的学生了，思想波动很大，如果我再重复"禁"的老路，肯定只会自讨没趣。干脆让他们同桌，自己蹚蹚这条河的深浅如何？

于是，在他俩的惊喜和学生们的惊讶中，我好像什么也不知道一样把他俩安排成了同桌，也开始实施我心中的计划。开始，他们确实非常亲密，我只是通过经常在班会时讲早恋的危害进行旁敲侧击，但从没有刻意批评过他们。我就像一位父亲惬意地站在河边，欣赏着在河里游泳嬉闹的两个孩子。

但是，一个多月后的一天中午，刘亮找到我，说要调位置。我心中暗喜，知道冒险计划就要成功了，但装作吃惊地问："怎么了？你不是和李琼同学很合得来吗？"他满脸羞红，不好意思地说："原来我看她什么都好，可自从我们同桌以后，我发现她缺点越来越多，我们近来经常闹别扭。老师，请你把我们调开吧，我们都知道我们以前做得不对，想法太幼稚了。"我笑着说："你们知道了就好，把心收回来吧。就当咬了青涩的果子一口，自己知道吐掉也很好。学习是学生的天职，先用自己的努力去创造优异的成绩，为美好的未来奠定坚实的基础！"事情就这样解决了，年后，这两个学生双双考入了重点高中。

莎士比亚的名剧《罗密欧与朱丽叶》讲述了一个爱情的悲剧。罗密欧与朱丽叶相爱很深，但由于两家是世仇，他们的感情得不到家里其他成员的认可，双方的家长百般阻挠。然而，他们的感情并没有因为家长的干涉而有丝毫的减弱，反而相爱更深，最终双双殉情而死。

在现实生活中，也常常见到这种现象，父母的干涉非但不能减弱恋人之间的爱情，反而使他们的感情得到加强。父母的干涉越多，反对越强烈，恋人们相爱得就越深，这种现象被心理学家称为"罗密欧与朱丽叶效应"。心理学家的研究还发现，越是难以得到的东西，在人们心目中的地位越高，价值越大，对人们越有吸引力；轻易得到的东西或者已经得到的东西，其价值往往会被人忽视。

"教育成功的秘密在于尊重。"教师的尊重与信任是打开学生心灵的钥匙。不管学生出现什么问题和错误，他们总归还是孩子，正是犯错误的年龄。犯错误是正常的现象，学生一个错误也不犯才是怪事。只要我们教师多用心理换位想一想自己当年的情况，其实就不难理解孩子们的心理。情窦初开，自己当初这个岁数时不是也常常胡思乱想吗？谁的心里没有个或酸或甜的小秘密？只要我们放下师道的尊严，充分尊重学生，信任学生，热爱学生，做学生的知心朋友，学生也肯定会特别相信自己的老师。早恋对学生的身心危害毕竟很大，但只要我们动之以情，晓之以理，使他们明白其中的利弊，问题也会慢慢化解，用不着把后果说得那么可怕。

早恋，并不是什么恶魔，而是每个人都必经的一条感情之河。对此，我们的认识和理解很多时候过于成人化。有的孩子对异性有好感，其实也只是好感和向往而已。他们很纯洁，能够看上一眼、说几句话就满足了，我们却七想八想地想得太多，什么那男生不好，没有前途啦，什么和后进生谈朋友没出路啦，等等。把本来芝麻大的小事，无意中弄得碗口粗。安排有早恋倾向的学生作为同桌的聪明之处，不仅在于它显示了教师对每一个学生的宽容与理解，更在于它充分利用了疏导在管理学生中的更大作用。我们知道：当两个身心发育还很不成熟，只不过是朦朦胧胧有好感的学生真正同桌后，在密切、直接的相处中，彼此肯定会发现对方越来越多的缺点；而原先使之产生爱恋的那些优点，肯定会在对方越来越清楚的认识和了解中慢慢淡化。再加上教师委婉的劝导和批评，同学们有意识的监督，早恋问题肯定会不攻自破。

其实，早恋问题不是什么新鲜事物，它是青少年身心发育的正常反应。我们每一个成人在年轻时虽说大都没有早恋，但是一定有过心仪或暗恋对象，不照样走过来了吗？那个特殊时期的玫瑰故事，反而为生命增添了许多值得回味的色彩。试想，如果没有情感的奔涌，还有没有青春的生机与活力？早恋问题之所以走上我们的工作日程，正说明了我们在这方面教育的贫乏，青春期生理心理卫生教育应该引起我们的足够重视。随着人们生活水平的日益提高，孩子早熟早恋的问题不仅不可避免，而且会越来越多。它并不可怕，但可怕的是当我们面对学生早恋问题的时候，常常不能站在学生的角度上冷静想想，总是大呼小叫，围追堵截，想一棍子打死。其结果也经常事与愿违，有时甚至酿成悲剧。

罗密欧与朱丽叶效应，给我们一个深刻的启示：感情如水，越堵，水越积越大，压力就越大，最后可能会泛滥成灾。涓涓细流叮咚作响，回旋嬉闹，那是一种自然，一种和谐，一道心灵的风景。

人是有感情的生命，完全理智的只能是机器。特别是在充满感情旋涡的青春期，教师最重要的任务不是阻碍孩子们情感的成长，而是要教会他们逐渐学会用理智解决问题。一个人如果一辈子都没有一次感情用事，那也将是人生的一大遗憾。

祸起亲子关系——标本兼治戒网瘾

作者心语：对许多家长来说，谈网色变并不是危言耸听。劝说、打骂、禁闭等各种办法都用过，不仅不能解决问题，反而会酿出许多悲剧。其主要原因就在于他们仅仅把网瘾看成孩子的不良习惯问题，没有发现"亲子关系危机"这个病根，更想不到"多与孩子沟通"这副灵药。

"郑老师，是不是学校又要收50块钱呀？"张浩奶奶在电话那头急切地问。突然的发问，让我有些惊诧，"没有啊，这周没布置收钱。怎么啦？"或许对我的回答表示质疑，她又接着问："真的没布置收钱？其他老师也没有？""没有，绝对没有！""唉，孩子可别又偷着上网啊。为这，没少挨他爸爸打。"一种长期当班主任形成的直觉告诉我，张浩出什么事了。果不其然，从进一步的交谈中我了解到，张浩开学以来的几个周末都向奶奶要钱，说学校收费，这次他又说学校临近毕业要收50元试卷费。他频频要钱，引起了奶奶的怀疑，于是来电话询问。哇，我恍然大悟：原来他"假传圣旨"，以学校收费为借口，在骗奶奶的钱。听着奶奶的讲述，再联想到张浩开学来的一些表现：脸上带着困倦，上午上课就经常打盹，目光与我接触时总是躲闪，同学反映他课下常谈论游戏……突然，我有一种不祥的预感：张浩染上网瘾了。

作为老师，没有人比我们更清楚网瘾的危害。它和吸毒、赌博一样，是一种精神依赖病症，一旦陷入，很难自拔。看来，张浩骗钱偷着上网已经有好长时间了，可我竟然还不知道。我真后悔，接这个新班已经几周了，还一直忙于各种事务,没有能深入了解每个学生,更没有及时发现这样严重的问题。

怎么办?自己对张浩的第一次网瘾阻击战该怎么开始?他迷恋网络多长时间了?为什么要偷偷上网,症结何在?他上网都做些什么?为什么开始骗钱?对于这个比较顽固的病症,该怎么使他戒除?仅靠老师的力量远远不够,需要他父母怎么配合?……一个个棘手的问题浮现在眼前,我不由得倒吸几口凉气。

难题慢解,易事快做。在经过一番深思熟虑后,我开始实施我的行动方案。

一、触动

故作不知情,通过与张浩进行个别谈话,大肆强调网瘾的危害。这样既可以消除戒备,利于师生深入交流;又可以敲山震虎,促其反省。

询问了一番在新班级的情况后,我很随意地问他:"听说,咱班有的同学经常偷着到网吧?你知道吗?"他的脸腾的红了,见状,我立即缓和了一下语气说:"唉,这些同学太令我伤心了……"于是,从2004年12月天津男孩为追寻网络游戏中的朋友跳楼"飞"去,到2005年12月四川15岁少年为上网向奶奶要钱未果,竟把奶奶活活捂死……一个个触目惊心的故事,直说得他满脸煞白、冷汗直流。见效果初步达到,我没有再问什么,就结束了这次谈话。

二、自悟

循循善诱,旁敲侧击,使其主动承认错误,说出事情的前因后果。

在第一次谈话后的第二天晚自习,我又叫出张浩,见办公室有人,我就领着他来到了空无一人的操场。我们边走边谈,也许被老师的真诚感动,说着说着,他竟泣不成声。在我的耐心劝导下,张浩主动承认了错误,并详细地介绍了自己家庭的一些情况。

原来在富裕和谐的家庭背后,他有太多不被人注意的苦衷:多年来,父母一直在昆明为某防水材料公司代销产品,半年才回家一次。家中只有他和年迈的奶奶,父母每次回家除了关心他的学习成绩,再给奶奶和他留下一些生活费、食品外,别的几乎不管不问。偶尔的来电,第一句话也往往是"近来考试没?考了多少分?"。每天他最怕的就是晚自习后回家,偌大的屋里只有他孤单的一个人(奶奶住正房,一般早睡着了),呆呆地瞅着黑漆漆的屋顶,听着窗外哗啦啦的树叶声,想着一落再落的学习成绩,迷迷糊糊的,但却怎么也睡不着。

特别是在雷雨交加的夜晚,他常常呜呜地哭泣。有一次,他实在忍不住拨打了父亲的电话,竟被一顿臭骂:"……这么晚了,还不睡,干啥?学习怎么不长进,15岁的毛孩子怎么这么多事?"

就这样,"为了打发寂寞和孤独",先是胡乱看书,从七年级下学期开始就经常偷着上网,后来干脆放学不回家,直接去网吧了。开始奶奶有时还询问,被他编些理由骗了过去,后来说也不听,最后就啥都不问了,"反正早晚都见不着"(他是走读生,但因奶奶做饭不方便,所以早上到学校吃饭)。今年暑假的一半时间,他基本是在网吧里和游戏一起度过的。暑假里,为上网曾多次被爸爸狠揍。升级后,虽收敛了不少,但有好几晚上也是下自习就直奔网吧,通宵达旦,天明后直接到学校。爸妈给留的零花钱早被花完了,所以产生了以学校收钱为名骗钱上网的想法。

三、收心

对其处境表达深深的理解和同情,赢得其信任,然后和他一起制定戒除措施。

听了张浩的叙述,庆幸他还没有陷得太深。于是,我建议他晚上睡前读书,隔几天就向老师汇报一次读书感想。读书是治疗寂寞的良药,他爽快的接受让我充满了希望。为了鼓舞他的信心,我用力拍了拍他的肩膀。

满以为在我的监督下,他会很快好起来。谁知令人伤心的是,在我们谈话后的第三天晚上,在我和学校刘主任到网吧寻找一个学生时,却发现了正在网上玩得疯狂的他。可能自知辜负了老师的信任,没等我发火,他就跑了出去。气愤之余,心想:这小子,还知道怕,有救!

由此,我也认识到两点:一是要戒除学生的网瘾,单靠教师个人的力量远远不够,必须取得其家长的支持;二是和网瘾学生谈学习,无疑如对牛弹琴,收效不大。从某种意义上说,网瘾学生就是被"学习"逼上了"梁山"。

有救,但何其困难。训一次,好几天;再训一次,再好几天。之后,我们一直这样反复较量了一个多月。当我真有些无奈时,在同事的提醒下,我忽然想到了救兵——他的父母。对呀,他怎么上的网?不就是因为缺少父母的关心、爱护,内心困惑得不到倾诉,心理压力得不到缓解吗?解铃还须系铃人,也只有父母的关爱能让他那颗迷失的心回归。

四、寻根抓源

学生染上网瘾的根源在哪里？在家庭，在亲子关系危机，在父母教育的缺失。

我很快和张浩的父母取得了联系，向他们详细地介绍了孩子染上网瘾以及几次与张浩谈话的情况，并诚恳地谈了自己的一些想法，希望他父母一起或一人能回家照看孩子。起初，得到的大都是"打也没用了，这孩子没治了""我们很忙，回不去，孩子就交给你了"之类的逃避或搪塞。在张浩又一次在课上呼呼大睡后，我终于愤怒了。

"我知道你们挣钱不容易，也很辛苦，但是你们考虑了没有，挣钱是为谁？不就是为孩子吗？孩子是我们的希望啊，没有了孩子，钱再多有什么用？他已经不再是两三岁的孩子了，他需要感情，需要理解，需要和人沟通，需要和人交流，需要父母的关心，需要被人关注。网瘾是外在的现象，原因却是其内心孤独、渴望被关爱，而根源就是你们亲子关系的危机！无论老师怎么帮助他，关心他，毕竟不等于父母。……你们到底是要钱，还是要孩子？"

不久，张浩的父母回家了。在我的引导下，他们对孩子的态度明显有了改变，父子二人也经常促膝交谈，一家人其乐融融。虽然有些反复，但在我们的积极配合、互相协作下，两个月后，他终于戒除了网瘾。

近20年来，我接触到的网瘾学生没有几个，但这个成功的案例却留给了我很多思考。你想让他集中精力抓学习，可往往是你越抓他越不想学，自己根本不想吃的东西，即使吃到了肚子里也会被吐出；你想控制他的时间，可他是自己的主人，我们不能无时无刻地看着他，只要他想，总能找到机会；你想控制他的行为，可你控制不住他的心，解决不了"心"的问题，其他一切都是空谈；你想抓他一个人就完事，可任何事情都不是孤立的，我们有时能管住孩子，可常常忘了父母是孩子问题的根源。

在这千丝万缕的关系中，父母对孩子正确的关爱是最主要的因素。据原北京军区总医院网瘾咨询中心对2000多名患者的临床分析证实，以下三种不良亲子关系极易把孩子推向网络：把孩子推给祖辈，放任不管；百般溺爱，百依百顺；期望过高，过于严厉。同时还发现，孩子上网成瘾的根源主要是长期不良亲子关系积累的效应。

"标"是对学生行为的控制和引导，"本"却是对学生心灵的呵护和滋养。对于孩子们深陷网络，我们大都只会抱怨孩子，而从没有想过自己对孩子关爱的缺失、亲子关系的危机。如果父母能尽可能多地和孩子在一起，使孩子得到渴望的重视和理解，孩子愿意和你交流，那么，他就没有必要沉醉于虚拟的网络世界。如果我们能让孩子切实明白：工具是用来促进工作和学习的，而痴迷玩物必然丧志，绝不可以把网络当成一种纯粹的玩具。那么，他就会逐渐学着自己约束自己。

治疗青少年网瘾的专家陶宏开教授说，"敌视父母"是上网成瘾的青少年的共同特征之一。对染上网瘾的孩子，家长采取追堵打骂的方法，只能更加激化亲子矛盾，不利于戒除。所以，无论家长如何焦虑，都不能一味责怪孩子，而要深刻反省自己的教养问题，要忍耐再忍耐，从改善亲子关系着手，营造一个温暖、民主、和谐的家庭氛围。就如我们走在一个整洁优美的校园里，有时即使想也不好意思随手丢下纸屑；在父母理智而温暖的关爱中，很少有孩子走入网瘾的误区。

第五章

善于借助别人的力量
——班主任协调管理的创新艺术

我们不是单打独斗的勇士，聪明的班主任善于借助别人的力量。要使班级建设与管理工作更好地开展，就需要一个和谐相处、齐心协力的环境。因此，班主任必须协调好与学校领导、科任教师、学生家长等各方面的关系，积极争取他们的密切配合，有效开发和利用好这些教育资源，以形成教育学生的合力。在神圣的教育事业面前，我们是那样的渺小，但分享得越多，往往我们拥有的也就越多。

会哭的孩子有糖吃——积极寻求领导的支持

作者心语：任何人都离不开别人的支持，班主任的工作和成长更需要一个适宜的环境。积极寻求领导的支持，不仅可以让领导及时了解自己的工作，获得更多的帮助，还可以建立和谐的干群关系，使自己保持快乐的心情。领导的帮助，是促进青年班主任发展的宝贵资源。

某中学一位高三语文女教师在教室里当着全班学生的面从五楼跳下（《现代快报》，2005-02-03）。时隔不久，在江苏省涟水县某中学又发生一起一位物理教师锤砸教务主任和副校长头部的事件（《扬子晚报》，2005-02-22）。

这两起悲剧有一个共同之处，就是这两位教师都和学校领导的关系出了问题。

虽不至于走上极端，但如何处理与领导的关系，却是很多班主任老师最关心的问题之一。从组织关系看，学校领导与班主任是上级与下级、领导与被领导、管理与被管理的关系；就培养学生这一共同目标而言，又是在共同教育活动中承担不同角色的同事。学校工作好比一个大合唱，领导是指挥，教师则是合唱队员，教师要维护指挥者的权威，指挥也要注意合唱者的协调。很明显，一个教师、一个班主任要想工作开展得更顺利，要想自己的努力得到更好的评价，必须获得领导的大力支持。特别是青年班主任，更需要领导提供锻炼、发展的平台，否则，就是在成长路上自设障碍，自铺荆棘。

一次交流中，一个中年班主任告诉我，自己很有人缘，和同事们关系很好，但是，不知怎么与领导的关系却一直搞不好。我一时语塞，因为类似情况也曾发生在自己身上。

缘于从小产生的崇拜与向往，我是带着梦踏上教坛的。或许因为校长是我过去的老师，初涉讲坛，我就当上了令许多人羡慕的班主任。一声声亲切的问候如温柔的风拂面沁心，一张张灿烂的笑脸似绽放的花提精振神。年轻而富有朝气的我陶醉在和学生们相处的无限欢乐里，几乎把所有的精力和爱心都献给了自己的班级。

由于学生们的热烈鼓动和请求，更为了给学生们单调的生活增添些精彩与灵感，我激情涌动，偷偷地利用自己的两节课组织开展了所谓学校历史上第一次"元旦文艺晚会"。学生们欢喜兴奋，吸引了其他班级的许多学生，上课铃响了，他们竟不肯离去。于是，有老师气愤地告诉了校长。其实，也不是什么大事，况且那些学生的调皮误课与我们又没有什么直接关系。

哪知校长听说后，大为恼火，专门找我长谈，那也是我和学校领导的第一次正面接触。他说："这是学校历史上的第一次，严重地影响了学校的正常秩序，简直是目无组织纪律！……"好心做件事情，却弄得如此下场，忽如冬天里一盆冷水浇头，心凉了个彻底。年轻气盛的我感觉心里特别委屈，竟情绪激动地和校长顶撞起来。此后的大会小会上，我都成了必被点名的对象。

他越批，我越不听，越不想解释，两个人弄得越顶。就这样，良好的师徒关系被彻底抹杀。整天憋着一肚子气，我甚至想到了出走远去，幸亏校长在新学期初被调离……

现在回想起这件往事，虽仍觉得自己的工作并没有多少过失，但是，心中懊悔不已。老校长思想比较保守，一下子很难接受什么新鲜事物，这种情况我是知道的。或许，他对我这个学生还充满了希望，只是因我的"出格"而非常生气，但是我只想到了自己，没有宽容，不去理解。他的处理的确有些欠妥，但他毕竟是自己的领导，毕竟是自己的授业老师。而我呢？傻傻地，竟当面顶撞他，不知道给他这个老师留个面子。如果当时不那么倔强，不那么固执，找机会给他道个歉或抽空向他略微解释，事情或许会很快过去，甚至因"大度"可能获得更多的支持，绝不至于弄得心中郁结、师徒背离。

许多人说："班主任是'夹心饼'。"我觉得这个比喻颇有意思。细细品味，当班主任的确很难：一怕领导不信任，二怕学生不拥护，三怕同事不配合、支持。但是，无论多难，我们都不可能离开他人的支持。许多优秀班主任的经验告诉我们：领导的支持，是取得成功的重要前提。

作为学校的骨干力量，班主任与学校领导的良好关系表现为：领导对班主任的关心、爱护、尊重、信任，班主任对领导的尊敬、信赖、拥护、支持。获取领导的支持，可以使我们更多地得到一些资源和帮助，更快更好地实现自己的一些想法和目标。那么，如何取得领导的支持呢？我认为以下几点非常重要。

1. 尊敬和体谅领导

有的班主任，尤其是青年班主任，以与领导对抗来显示自己"独特的个性"，这是非常片面的。即使领导工作有误或使自己受到了委屈，也应选择合适的时机和场合，向领导坦陈己见，达成共识；而不应明顶暗抗，消极怠工，更不能有其他不适宜的举动。学校领导的角色地位决定了他们想问题、办事情往往是从大局、从长远利益出发，我们能够替领导分忧，凡事设身处地想一想，理解、体谅领导的难处，就会减少许多不必要的误会和冲突。

2. 真诚支持领导

在学校教育工作中，每个教师分工不同，但都应以主人翁的态度树立"学校兴衰，我之责任""我与学校共荣辱"的观念，工作中要多给领导出谋献策，提合理建议；当领导和其他群众出现矛盾时，要从中做些疏通、协调工作；领导工作有失误时，既要设法减少工作带来的损失，又要对领导提出善意的提醒和建议，而不应"事不关己，高高挂起"。教师对领导的真诚关心、热情帮助，是增强群体优势，确保学校工作顺利开展的基础。只有学校整体好了，我们才会更好。把问题和矛盾放在明处，任何时候都不要在背后说领导的坏话，应该成为我们做人的一条重要准则。

3. 对领导抱以合理的期许

班主任必须正确地对待领导，服从和支持领导的工作，打破"完人"观念，对领导要有适度、合理的期望值。遇到困难和挫折时，应从大局着眼，放宽气量。发牢骚要注意场合，讲究分寸，不要故意为难领导。执行领导布置的工作和任务时，应迅速行动，真抓实干。对领导在工作中出现的缺点和失误，要真心实意地帮助，抱着对工作负责，与人为善的态度，选择合适的时机予以指正，千万不要当面发生冲突。

4. 正确对待领导的评价

其实，领导的评价固然是衡量一个教师工作好坏的标准，但绝不是唯一的标准，况且我们的工作也不仅仅是为了得到领导的赏识。我们完全可以用另一种心态去面对领导的评价，领导表扬自己，说明自己的工作在某一方面达到了学校的要求；领导批评自己，如果的确是自己错了，就心平气和地接受，尽可能地改正。工作中难免有差错，如果领导确实冤枉了自己，或者处理问题不公正，只要我们守住良心，对学生问心无愧，对教育事业问心无愧，便自有公论。要看淡得失，宠辱不惊，笑对生活的每一天。

5. 勇于承担责任，敢于表现自己

在学校的大环境中，一个青年教师要想受到关注非常不容易。首先，要及时请示，凡事多和领导商量，及时提出自己的合理化建议，学会在不知不觉中说服领导，这是让领导欣赏你的技巧。其次，要虚心学习，宽容大度，不断提高完善自己，让领导感觉你很有发展的潜力，这是让领导重视你的基础。最后，要主动工作，不等不靠，把教学、班级工作做得出色，拿出令人信服的成绩，这是让领导支持你的根本。

即使再细心的领导，也很难体会我们当事者的心情。比如，本来你的工作量已很大，领导却又一股脑地给你一些额外的工作。这时候，如果你心里很苦，但什么也不说，领导就很可能误以为你愿意做、有时间做、做起来没有问题，而忽视对你的关注和帮助。所以，当我们在工作中确有问题、困难时，要主动开口请求支持，不要长期忍辱负重、自讨没趣。

不要总以为自己怀才不遇，因为很多时候那只是登不上大雅之堂的"歪才""怪才"；不要总以为扛起所有问题就证明你很优秀，常言说，"贵人"的支持是人生的必需。机会大都是在坐等中丧失，领导的支持会让我们的成长加速。人与人之间的交往，最主要的是真诚，只要你谦虚包容、拼搏进取，只要你把学校、学生装在心里，谁都会向你伸出橄榄枝。

"让"着科任教师——让同事乐意与你合作

作者心语：常言说得好，"一个篱笆三个桩，一个好汉三个帮。"在班级管理中，即使再优秀的班主任，也不可能脱离科任教师的支持和配合。因为角色特殊，班主任掌握着更大的教育机会和更多的教育资源，所以必须"让"着其他科任教师，给大家创造良好的班级环境和教学氛围。"欲达己，先达人"，你多为别人"让"路，你的路才会更加宽广。一个优秀班主任，理应是科任教师最信任的合作者、支持者。良好的团队合作，会让你攻无不克，战无不胜。

在我国现行的学校管理体制中，有组织的教师群体除了以年级组和学科组划分之外，还有一个非常特殊的组织机构，就是以教学班为单位，以在同一个教学班任教的专业教师构成的教师群体。班主任是教学班的组织者、管理者，理所当然地承担着这个教师群体的核心组织者的角色。他们之间没有行政管理关系，却存在着一种非常密切的业务协调关系。

本来，"为了学生学得更好"是大家的共同心愿，教师之间也并无目的分歧和利益的冲突，但是，我们却经常听说同一教学班的教师彼此抱怨甚至产生矛盾冲突的现象。很明显，一个缺失协调性的群体，势必影响到班级的整体效益。班主任的职责角色，决定了他在使用教学时间、安排集体事务等方面具有科任教师不可比拟的优势。一方面，如果出现优势错位，就会造成班级教学的偏差，招致其他教师的不满；另一方面，班主任掌握着集体事务的"话语权"，能对学生产生强势影响。所以说，班级教学群体能否团结协作、共创佳绩，班主任在其中的协调作用有着决定性的意义。

实践证明，一个优秀班集体的形成，离不开各科任教师的通力合作，而班主任可以在许多方面大有作为。下面我们先从一个实例来分析班主任如何协调和科任教师的关系。

2001年，我当初中毕业班的班主任。年后，因教化学的刘老师调动，学校又给我们换了一个近50岁的王老师。王老师虽然认真，可"满堂灌"的教学方法很不受学生欢迎。

才上了几堂课，班上的学生就几乎要闹翻天了，几个学生干部跑来向我反映："还老教师呢，上课光知道叽里呱啦讲，根本不管学生听不听。有时候，全班都没听懂，可他说，谁叫你们不认真听，我已经讲过了。我们强烈要求换老师。"听了学生干部的要求，我说："换老师，绝对不可能！"学生一下子感到极为失望，他们说："我们马上就要中考了，换个这样古怪的老教师来，我们还考不考重点高中？"

我说："不仅要考，而且必须要考好。只要老师没有知识性的错误，学习关键靠你们自己；虽然说师生要互相配合，但是大家一定要学会去适应老师。常言道，师傅领进门，修行在个人。老师只是给你们解决疑难问题的，王老师德高望重、教学严谨、经验丰富，专业水平很高，在全市化学界可是权威。刚一听可能还不适应，时间长了，你们就会知道这是一壶上好的老酒。学问，既要学又要问，你们有什么问题尽管去问，千万不要有什么情绪。成功者多从自己方面找原因，失败者多从别人身上找借口。只有用欣赏的目光看老师，大家才能携手共创美好前途！"（我马上诚恳地征求了王老师的一些意见，并委婉指出了同学们希望他讲题稍慢些等要求。）

过后，许多学生也想试探一下化学老师，于是找了很多问题去问，结果被王老师渊博的知识征服，不仅弄懂了很多以前没懂的问题，而且逐渐喜欢上了这位老教师。后来，我经常请王老师参加班里的各种活动，在亲切的接触中，学生们和他的关系更近了。最后的中考，我们班的化学成绩不仅不低，反而遥遥领先。

处理科任教师与学生间的矛盾冲突是一道难题，更是一门艺术。它是班主任处理和科任教师关系的重要内容。班主任在遇到上面这些类似的事情时，一定要冷静、艺术地处理，既不能伤害学生的感情，又要让学生受到教育；要让学生充分信赖我们的老师，从而树立起老师在学生心目中的威信。

1. 保持与科任教师的密切联系

在现实工作中，任何人都希望得到别人的尊重，科任教师自然也不例外。班主任要和科任教师加强班级管理与教学信息的交流，及时了解学生的学习表现，倾听科任教师的希望与要求，并向家长提出予以配合的要求，做到对班级运转情况心中有数、发展有序。如果有问题，及时调节和补救。一个班级的教学人员组成后，作为班主任老师，在拟订班务工作计划、班规，选配班干部和课代表等工作中，一定要尊重、采纳科任教师提出的合理建议和意见，并积极实施，这样不仅能促进工作，激发他们关心班级工作的热情，同时还能消除一些顾虑，互相配合，同舟共济。

2. 做科任教师的坚强后盾

科任教师的工作较班主任来说，虽然要单纯一些，婆婆妈妈的事要少些，但是由于他们不能像班主任一样拥有管理学生的明确权责，因而在教学中也会遇到很多难以处理的问题。所以，作为班主任老师，切忌把科任教师在教学中遇到或发生的问题简单而又片面地认为那是他们自己的事，应由他们自己去解决，与己无关，或袖手旁观，或有意回避；要理解和明白，协助科任教师解决教学中出现和遇到的困难，与解决班务工作中存在的问题有密切关系。从某种意义上讲，科任教师要解决的问题，也就是班务工作中要解决的问题。

但是，班主任也必须要清楚，科任教师和学生之间的问题，归根到底要由科任教师和学生双方来解决，班主任只是一个"协调者"，切不可大包大揽，把所有问题和矛盾都集中到自己身上。那样做的话，往往会让自己两头都得罪，费力不讨好。

3. 架起科任教师与学生之间互相信任、尊重、理解的桥梁

班主任要充分利用自己和学生接触密切的优势，积极主动地宣传科任教师的长处、优点和突出业绩，要想方设法地多在学生面前替他们"美言"，为科任教师树立在学生心目中的良好形象。同时，还要强调学生对教师的态度，告诉他们：尊重他人是做人的根本，特别是要尊重那些无私奉献的科任教师们。切忌在学生中间或与学生的谈话中抬高自己而贬低科任教师；尤其是当学生提出科任教师在教学中的不足或存在一些问题时，更要在维护科任教师应有地位的前提下，引导学生多看科任教师的优点，正确、全面地评价教师；要特别突出科任教师为班级和学生付出的心血，使学生从内心深处产生对他们的敬佩之情。

"亲其师，方信其道。"一个学生如果对某科任教师有良好的印象，那么他对这门学科往往会产生浓厚的兴趣，进而收到良好的学习效果。但科任教师和学生除了课堂以外，接触时间比较少，面对面地与学生谈心、交流的机会更少，所以班主任应该努力创造机遇，在学生与科任教师之间架起友谊的桥梁。要定期召开班级教导会，建立班级问题"会诊"制度，和科任教师共同研究班级教育教学情况，共同分析、诊断班集体以及个体成员存在的问题，共同研究对策和方法；要积极邀请科任教师共同设计和参加主题班会、家长会、综合实践等活动，让科任教师在不断加深作为班集体成员的体验中，改善与学生的关系，增强群体的凝聚力。

班主任还要教给学生一些和科任教师搞好关系的方法。比如，我们班的每次家长会或大型活动，我们都会让课代表提前把所有的科任教师请来，并分别安排在各学习小组中，让师生一起开展活动。这样，不仅能加深彼此的了解，而且在和谐愉快的气氛中也比较容易建立起深厚的友谊。多年来，我们坚持开展"老师,给你一个惊喜"活动。每到有纪念性的节日,如教师节、中秋节、元旦等,班委会就牵头组织送给每位科任教师一句"感恩语"或"贴心话"。精致的设计、温馨的话语、真诚的祝福,常常让科任教师热泪盈眶。

4. 妥善处理科任教师和学生之间的矛盾或问题

当科任教师与学生发生冲突时,班主任千万别把自己当成班级的保护神,与科任教师吵红脸;也别怒气冲冲地进教室,朝学生发火,甚至体罚学生。这样做的结果,不仅把自己拉到了学生的对立面,更加剧了学生与科任教师的敌对情绪。优秀班主任在处理这样的事情时,会及时将两者隔离,避免矛盾的激化,然后认真倾听科任教师和学生的反映,耐心同他们交流,诚心商讨,找出问题的症结。在不了解事件缘由之前,千万不要先入为主地指责学生,更不要武断地强迫学生遵从老师,而是要耐心地倾听学生的心声,做一个最能理解学生的听众,待学生发表完自己的看法后,再心平气和地说出自己的想法,和学生进行交流。跟对待学生一样,对待科任教师也要先学会倾听,让老师发发怨气,把那些牢骚都说出来,然后再做冷处理。99%的矛盾是因误会产生的,很多时候,倾听是最好的解决方法。

每一个科任教师,都会对学生产生一定的影响。五个能力较弱的教师团结在一个集体里,比十个钩心斗角的专家要强很多。人不能脱离社会而存在,人的生活离不开人与人彼此的交往;一个人拥有什么样的人际关系,将直接关系着他的生活是否幸福。作为班主任,我们一定要坚持多赢原则,尽最大努力为科任教师"铺路",只有这样才能出色地完成好教育教学工作。

学会教育学生家长——多给一些方法和指导

作者心语:教育学生不是班主任一个人的事情,家庭更负有不可推卸的责任;教育不仅仅是在学校教室里,更在生活的每一个细节中。教育理念的差别,直接影响着孩子的成长。家长是孩子的第一任老师,也是永远的老师。很多时候,家长不是不想帮孩子,而是不知道怎么做。他们渴望获得一些教育的方法,提高自己的教育水平。做好班主任工作，对家长的教育是一个必不可少的环节。

家长是孩子的第一任老师，也是永远的老师。其对孩子的成长起着决定性的作用。我们现在处在一个开放的社会，很多不良思潮乘虚而入，腐蚀着我们追求真善美的心灵。有些家长以为把孩子送到学校就万事大吉，从不注意家庭的影响；有些家长急功近利，总是两眼紧盯孩子的学习分数，从不考虑情感的教育；有些家长以实用主义作为生活的准则，抛弃中华民族的传统美德，举手投足间的各种表现都与孩子接受的学校教育相背离；有些家长虽然文化水平比较高，但却不知道应该如何教育孩子，不知道应该为孩子营造一个怎样的适合孩子身心健康发展的家庭环境……

"从善如登，从恶如崩。"意思是说，一个人要学好如登山那么艰难，而要学坏却易如山崩地裂那样迅速。如果孩子生活在一个精神世界匮乏的家庭环境里，如果孩子遇到一个目光短浅、违背教育规律的家长，那么，即使我们费尽九牛二虎之力，也很难把一个学生教育好。

在教育教学过程中，学校教育与家庭教育在教育目标、内容和方式上是否一致，直接影响着教育质量和效率的提高，关系到学生的健康成长。共同的愿望和一致的社会责任，要求班主任与学生家长之间必须进行充分的合作与交流，必须结成互帮互助的"教育共同体"。

我们有许多老师兢兢业业地干着班主任工作，但是，其班主任工作的效果却不是很明显。这是因为他们掉进了班主任工作的一个误区，始终认为学生的教育者只有自己，而不重视开发和利用家长这个重要的教育资源，不去培养和提升家长的教育水平和素质。比如，有的家长自己看电视、玩游戏，而要求孩子独处一隅"认真读书"；有的家长对孩子的教育简单粗暴，却要求孩子"文明礼貌"。这些不正确的教育观念和方法，都直接影响了教育的效果。

美国人格心理学家赫根汉认为："世界上最困难的事和最重要的任务，就是抚育儿童，教育子女。"忙，不能成为家长推卸自己责任的借口。要做好班主任工作，就必须承担起指导家长教育孩子的重任，优化家庭教育。这是提高教育质量的一个必不可少的环节。

多年的班主任工作中,让我感到比较满意的地方很多,但其中很重要的一点就是众多家长一直和我保持着密切的联系。他们之所以对我非常信任、尊敬,主要是因为我对他们在教育孩子上的引导和帮助。

是的,我们不是家长的老师,但只要我们用心,对家长的教育却有很多种巧妙的形式。下面,就是在 2004 年秋第一次家长会上,我与家长们一块儿朗诵过的一首诗歌。作者董进宇博士站在家长的角度,以深深的忏悔,阐发了家长在教育子女的方法上必须思考的共性问题。家长们读后,感慨万千,家庭教育问题也引起了他们的强烈关注。

原　　谅

孩子,
原谅我把你带到这个世界,却没能给你真正的爱。
因为我误把爱的方式当成了爱。
我用我的冷漠与无情把你年幼的生命抛进了爱的沙漠。

孩子,
原谅我的冷酷与自私,曾经把无助的你丢给电视和别人,
而我却沉溺于无意义的应酬与无聊的娱乐当中。
我用事业高尚的名义,让初来到这个陌生世界的你,
遭受了无边的孤独与恐惧。

孩子,
原谅我的愚蠢与无知,曾经那么理直气壮地认为是为你好。
我在爱的美丽旗帜下,残酷地摧毁了你娇嫩的生命花蕾。
让学习这件最美好的事情,留给你的全是痛苦的记忆。
我用我未完成的理想和虚荣,剥夺了你童年的欢乐,压垮了你柔弱的臂膀。

孩子,
原谅我的任性与顽固,在你的哀求目光下我仍不肯做出改变。

我把过时的教育理念当成了真理,

我固执地用拙劣的方法让你幼小的心灵,遭受了那么多的苦难和屈辱。

孩子,

原谅我的一切过错吧,因为那都不是我的初衷与心愿。

在我痛苦的胸膛中始终跳动着一颗爱你的心。

孩子,

原谅我的私心和专横,曾经那么不通情理地逼你学习。

为了你,为了你的未来,我必须学习、改变和成长,

我今天要用行动来让你知道我是多么爱你。

1. 教育和引导家长调整好亲子关系

教育和引导家长调整好亲子关系,一直是班主任工作的重要内容。因此,我特别注意利用班级快报、家访、家长会、家长进课堂、书信、电话、QQ群等多种途径,及时向家长传授和讲解先进的家庭教育理念和方法。我始终认为,如果一个家长真正想教育好孩子,就必须要调整好亲子关系,因为亲子关系是教育好孩子的前提。家长与孩子之间的关系是正常的、良好的、在人格上是平等的,是互相尊重、互相理解、互相支持、互相信任的,家长无条件地爱孩子,孩子懂得感恩,那么家长不用怎么教育孩子,孩子的学习成绩也会遥遥领先。

2. 教育和引导不同类型的家长使用不同的家庭教育方法

脾气暴躁型的家长往往文化程度不太高,"恨铁不成钢",学生一旦出现毛病,多是不加分析地拳脚相向。所以,我在与他们交流时,特别注意谨慎行事。首先,以和风细雨式的交谈方式让家长知道:与他交流并不是希望给自己的学生招来一顿皮肉之苦,而是为了帮助学生尽快认识和改正自己的缺点、错误,希望得到家长的配合,齐抓共管,共同教育学生。我告诉家长:如果你不分青红皂白地把孩子打一顿,不仅不能使孩子认识到错在哪里、

怎样改正，反而可能加深师生间的隔阂，使孩子对我（班主任）极为反感。与其惩罚孩子，不如做个榜样，所以，家长首先要以情服人，取得孩子的信任，然后再和孩子一块儿分析问题，找到改正的措施、方法。

对于放任不管型的家长，我一般遵循"多报一点喜，少报一点忧，绝不夸大问题"的原则，使家长认识到孩子发展前途的重要性，激发家长对孩子的爱心和期望心理，主动参与到孩子的教育活动中来。使家长明白，没有父母的爱培养出来的人，往往是有缺陷的人；家长与子女间的感情一定要加强，为孩子的发展创造一个良好的家庭环境。

我曾多次和家长一同分析我国家庭教育的时弊，讲解如何看待孩子的进步，如何与孩子沟通，怎样注意家庭教育的语言，如何化解和孩子的矛盾，怎样让孩子过一个更有意义的假期等问题。通过我们的交流讨论，大多数家长不仅充分认识到自己以前在教育子女方面的错误和不足，更学会了使用和孩子一块儿玩游戏、定目标、定规则、签契约、共读书、同写作等许多先进的教育方法。

为了传达出我的某些教育理念，并表示我对家校合作的重视，近年来，我的家长会一般坚持这么四项原则：我从来不会当着那么多家长的面去对一个孩子评头论足。因为在我眼中，他们都是好孩子。若有家长想更详细地了解孩子的情况，可以在会后或抽时间面谈；我绝不会独自霸占家长会，因为它的主角不应该只是老师，它应该是老师、家长、学生三者沟通交流的一个良好平台，家长和学生要积极参与进来，面对问题我们共同商讨，携手解决；我绝不会在家长会上公布学生成绩和名次。因为这些应该是学生的个人隐私，我必须把保护他们的自尊心放在第一位。成绩已经在学生心里。我们最重要的也不是看考了多少分，而是要从考试中查找孩子学习上存在的问题；家长会时，有人请假我一般不准。因为在教育孩子的问题上，家庭的影响比学校起着更大的作用，缺少了家长的支持，任何教育都变得苍白无力。况且家长们忙着挣钱，其实也是为了孩子，重视孩子的教育，是一种更有价值的投资。

3. 给家长写封信

以往，我们的信大都是向家长陈述孩子在校的表现和成绩，很少能真正触及家长心灵深处最关心的问题，让他们为老师对孩子的真诚关心和爱护而感动，让他们为自己孩子的成长和进步而欣喜，进而让他们学会用欣赏的眼光看待自己的孩子，对老师和孩子充满信心和希望。2002年起，我试着改革信的内容和功能，让信充满了我对孩子们的信任与期待，渗透着正确教育孩子的方法。这些特殊的"感谢信"使我赢得了广大家长热情的支持和帮助，也为孩子们的快乐成长插上了加速腾飞的双翼。

隐约还记得第一封感谢信是这样开始的。在一次谈心中，我了解到刘刚同学的父母对其要求非常苛刻，孩子回到家中听到的除了批评就是训斥，从没有表扬、鼓励。这让他感觉非常苦闷，甚至有几次想离家出走。怎么办呢？直接找其父母交流，恐怕他们接受不了，因为他们毕竟都是大专毕业，受过正规教育；通过电话规劝他们，不仅很难说清，又不太庄重……思来想去，我决定采用写信的形式。

尊敬的大哥大嫂：

你们好！让此信带去我对你们的衷心感谢，感谢你们对学校和班级工作的支持，特别感谢你们为我们输送了一个努力上进的学生！

刘刚同学自进入我班后，无论在学习、纪律，还是在团结同学、尊师敬长方面，都有很大的提高。他基本改掉了上课坐不住、好玩小东西的毛病，注意集中了，爱回答问题了。有时，竟能提出一些大家都想不到的新颖见解。他对集体和同学特别热心，在上周的"献爱心"捐款活动中，表现非常突出。今天的数学考试，他第一次超过了70分，出乎好多同学的预料。看到他明显的进步，我特别欣慰。

虽然他的基础较差，但他并不气馁。他说要做一个知恩图报的人，他说要用自己的成绩来证明自己。虽然他现在并不优秀，但我相信在将来他一定会给我们带来惊喜。

我对他充满了信心，渴望看到他更大的进步。孩子毕竟是孩子，我们不能用成人的标准去要求他们。我希望你们多用欣赏的目光看待自己的孩子，少些批评，多些鼓励，少些苛刻，多些宽容。刘刚，是一个非常懂事的孩子，我相信在我们的共同帮助下，他一定会越来越好。我们应该为有这样一个孩子而骄傲！

我想，任何一个家长读了这样的感谢信，都一定会被老师的深情挚意感动，也一定会为孩子的成长和进步感到惊喜。家长也一定会带着这种高兴和自豪的心态，进一步赞赏孩子，鼓励孩子。虽然只是一封短信，但它能大大加强班主任和家长之间的沟通和了解，凝聚起家校共同教育的合力，也能引导家长注意欣赏孩子的长处和亮点，肯定孩子的努力和进步，同时还能促进良好家庭教育氛围的形成，为孩子身心健康的成长构建一个和谐的家庭环境。

4. 周末与家长共读好文章

为改变和提高家长的教育理念，也为给学生营造良好的家庭学习氛围，在每一个周末，我都会向家长推荐一本书或一篇好文章。因为我教的孩子多数来自富裕家庭，所以有许多家长对孩子非常溺爱。为了转变这种错误的教子观念，我曾经连续向家长推荐经典教育故事和名人伟人教子传记。开始时，为了监督家长的阅读情况，我要求每位家长必须写出读后感。久而久之，不用要求，许多家长都会和孩子一起写出饱含真情的文字，因为读书、写作早已成了他们的习惯。

在一个小岛上住着一对善良的老人。一天岛上飞来许多天鹅，老夫妇非常高兴，每天都给天鹅好多它们爱吃的食物。开始这些天鹅还自己捕食，但渐渐地不再出去，只在老人的园子里嬉戏。冬天来临了，他们早早给天鹅做好了房子，还生起了温暖的火炉。天鹅们果然没有飞到南方。日子一天天这样过去，天鹅们吃得一天比一天肥胖，其中一些连飞翔也不会了。寒冷的冬天又来了，两位老人相继生病去世。一场大雪后，那些美丽的天鹅都被饿死、冻死了。

围绕《天鹅湖的故事》这篇小短文，我们还专门组织了"家长沙龙"。怎样正确地爱孩子，怎样让孩子感受到家长的爱，如何避免陷入溺爱等一系列大家关心的问题在交流争论中越辩越明，人人都受到了教育。一篇文章、几包瓜子、几杯热水，得到的却是家长们热烈的讨论、强烈的共鸣、真诚的支持，何乐而不为呢？

"书，是打开一切幸福之门的钥匙。"当我们感觉自己的教育影响不够时，一定要学会借助"书"的力量。针对每个学生的个性特点，我不仅每年向家长赠送几百元的图书，而且向家长和学生推荐很多图书，如周弘的《赏识你的孩子》、卢勤的《告诉孩子，你真棒》、林格的《教育是一种大智慧：给父母和教师的76个建议》等。要想让别人养鸟，首先送给他鸟笼。就这样，在不知不觉的交流中，越来越多的家长喜欢上了阅读，我和家长们有了更多的共同语言，有了更深入的沟通。至今，有时与孩子已毕业好几年的家长碰面，他们还会亲切地说："郑老师，真想再读到你推荐的文章。"

5. 向家长多提供一些教育孩子的意见和建议

向家长多提供一些教育孩子的意见和建议，应该是一个班主任必须做的工作。下面是我多年来向每一届学生家长都要重点宣讲的六条经典家教格言，对转变家长的教育理念，改进家教方法有积极的推动作用。

（1）好父母都是学出来的。没有天生的成功父母，也没有不需要学习的父母，每一个人在做父母之前都要学习相关的知识，关于怎样做父母的意识和知识准备得越早越好，越充分越好。

（2）好孩子都是教出来的。优秀父母，他们的一个共同点就是在教育孩子上费尽心思。

（3）好习惯都是养出来的。很多父母将孩子的不良习惯怪罪到学校身上，怪罪到老师身上，怪罪到孩子身上，唯独没有怪罪到自己身上。其实孩子身上的多数习惯——无论是好习惯还是坏习惯，都是我们做父母的有意无意培养出来的。

（4）好成绩都是帮出来的。帮助孩子适应应试教育成了我们父母应尽的一份义务，而帮助孩子减负的最好办法是我们父母增负，就是我们父母能够成为孩子学习上的导师。

（5）好沟通都是听出来的。第一个步骤是倾听，就是让孩子把话说出来，并且听懂孩子话里的真实意思。第二个步骤是理解，就是站在孩子的角度想想是不是有道理，结果往往是有道理的。第三个步骤是建议，即使有道理，孩子并不一定就能采取正确的行动，因此父母这时应该给以建议。

（6）好成就都是化出来的。意志、品德、胸襟等这些最重要的因素不是通过父母的说教等"显教育"就能产生效果的，而是通过父母的行为即"潜教育"化进孩子的血肉里。让孩子养成大襟怀的最好方式，除了父母能做好的表率外，就是让孩子多读名著，多读伟人的传记，让孩子从小学会用伟人的眼光来看待社会和自己。

6. 结成"手拉手家庭"，帮助孩子共同成长

没有家长的积极配合，对好多事情我们都有心无力，要管理好一个班，必须发动各方力量。为了进一步调动家长的热情，拓展班级教育的空间，我认真分析了每个孩子的家庭情况，组织了"手拉手家庭"教育模式，或根据家庭住址，或根据孩子的共同爱好，或根据家长的职业性质等，把几个家庭联合起来，共同教育孩子。这样既避免了独生子女的很多教育问题，又充分发挥了各种教育资源的作用。

农村的孩子领我们走进乡间田野、树林小河，城里的孩子带我们观看社区新貌、高楼大厦，个体企业的家长带我们去参观他们的工厂车间、繁忙的生产……这些经历孩子们在课堂上是不会有的，许多知识在课堂上也是学不到的。孩子们玩得开心，家长也相处得愉快，生活充满了诗意和激情。在孩子面前，家长们一个比一个素质高，一个比一个会表现，他们在活动过程中互相交流、互相学习，与孩子共同成长。甚至有家长来信说，我们的活动避免了她家庭的破裂。没想到这么一件小事，竟有此无量的功德。

总之，"没有教不好的孩子，只有没掌握教育方法的家长"，任何一个家长都想教育好孩子，但是许多人不知道怎么去教育，所以，他们渴望能从老师那儿得到一些好的方法和建议。如果一个班主任能够帮助和引导好家长，无疑是如虎添翼，有事半功倍的效果。

学会教育家长的确非常重要，但是有一点我们必须注意：有效的沟通交流，积极的合作互助，必须建立在尊重的基础上。我们所要做的工作是给家长一些帮助，一些信心，一些引导，共同把孩子教育好，而绝不是高高在上、自我炫耀，甚至训斥指责。因为学生需要尊重，家长更需要尊重。离开了尊重就谈不上平等，没有平等就不会有心灵的交融。如果我们无法尊重家长，我们的教育就必然面临失败。

这是一座五彩桥——让家长会如此精彩

作者心语: 教育要与时俱进,新课程理念下的家长会更是学校工作的重要组成部分,我们应该赋予其一种新意,使其成为提高学校工作质量的重要载体,成为班级工作的一个亮点。

读陶行知先生的文章,总时时被其炽热的教育真情和深刻的教育思想震撼。近日,偶然翻看到这样的段落:

"要和学生家庭联络。……把学校与家庭构成一体,彼此可以来往,教师不再孤立,学校也不再和社会隔膜,而能真正地通出教育的电流,碰出教育的火花,发出教育的力量。"

这几句话,言简意赅地指出了家庭和学校在育人中的密切关系,也深刻揭示出家校结合的重要意义。在旧中国那个贫穷落后的艰苦时代,先生竟早早地注意到了学校和家庭、社会之间的关系,并做了如此精辟的论述。学校、家庭、社会的有机融合,才能产生教育的强大合力,我们深深地折服于这位伟大人民教育家的远见和卓识。

可是,反观我们今天的教育现实,随着经济社会的快速发展,忙碌的家长无暇到校,整天被"分数"追的教师更是很难再有时间家访,家校沟通的途径越来越少,教师与家长的关系也越来越淡,甚至经常沾染一些铜臭气。家校之间偶尔还能通气联系的唯一方式,似乎只有所谓的"家长会"了。而现在的家长会却往往变了味,被开成了教师的告状会、家长的受训会、学生的遭罪会,与科学的教育理念和教育的时代要求明显违背。能不能变革家长会的模式,拓宽家校沟通的内容与方式,必然成为新课程改革的一个重要方面,亟须我们进行大胆的探索和创新。

我们在问卷调查中发现,当前家长会存在以下三大弊端。

一是家长会的主角被教师生硬独占。本应"百家争鸣"、沟通协商的家长会变成了老师的一言堂，家长成了教师对学生发泄不满的被迫倾听者，否认和忽视了家长在其中的根本和主体作用。

二是家长会的主题模糊。多数学校的出发点不是立足于育人的根本，而是把家长会狭隘地局限于公布学生考试成绩和名次。教师讲学生成绩多，给家长提要求多；而对学生表扬少，对学生全面分析少。因而，有的专家笑称：家长会上开公堂，不是老师告状就是家长告状，被告都是学生。

三是教师以学生的教育管理者自居，常表现出高于家长和学生的不平等地位，致使双方相互交流研究问题的机会太少，偶尔的沟通也往往是围绕学习成绩。许多家长为更深入地了解孩子的成长和学习，被迫采取请客送礼等不正当途径。

显然，要彻底解决这些弊端，就必须切实转变教育观念，革新拓宽家长会的模式，创新家长会的内容，积极挖掘家长会的内涵。我校结合实际情况，重新定位了家长会的目的、形式，彻底改变了一味地"开会"方式，以丰富多彩的研讨培训、案例剖析、联欢互动等模式取而代之，并尝试着由家长主持，让家长和学生自由发言，教师积极参与、共同协商。把家长会真正开成了学生喜欢、家长高兴的亲情会、促进会，充分发挥其资源优势，为学校教育的优化发展和学生的健康成长创建出和谐的教育教学环境。

1. 提高和改变家长认识的培训会

我们在教学实践中深有体会，许多家长对孩子的成才认识片面，教育孩子的方法单调、落后，导致孩子与父母间经常产生矛盾，也直接影响着孩子的身心发展，不利于教育质量的提高。同时，随着社会对教育的日益重视，许多家长迫切希望了解和学习一些有利于孩子健康成长的教育方法。

因此，我们经常邀请专家和研究人员给学生家长介绍新课程改革的情况，作有关家庭教育的报告，或者就学生的某个阶段或某个共性问题，请专家现场答疑解惑，提供更好、更恰当、更合理的处理方法。这种形式的家长会，可以传输给家长们一些培养和教育孩子的新观点、新方法，从而提高家长的教育素质，让他们学会科学地教育孩子，从而使教师和家长在教育孩子上形成合力。

2. 着眼解决家校教育实际问题的研讨会

利用家长会的形式,让教师和家长坐在一起,可以共同分析孩子的优点和不足,共同研究孩子的身心发展与变化,共同寻求更有效的教育管理和因材施教的方法,共同发现和挖掘孩子的潜质,以实现共同促进孩子成长发展的教育目的;也可以就教育教学中发生的一些实际问题或生动案例进行讨论,以引起家长注意,提高其教育素质;当然,还可以把班主任为培养孩子而预设的,需要在家长支持和帮助或参与下才能完成的如旅游、社会实践等活动,拿出来和家长商讨可行性或组织的办法。

这样,可以把家长会的所有活动都着眼于促进学生发展、促进教师、家长育人和管理水平的提高,让教师和家长双方坦诚交流、集思广益,共同商讨提高学生成绩和素养的对策、良策。

3. 尊重、平等、合作、和谐的交流会

家长会应促进心与心之间的和谐沟通。学校与家长形成合力,才能发挥教育的最大优势,因此家长会首先应该是"连心会"。交流会,就是把社会生活中的一些有关教育方面的热点问题及有争议的教育现象等拿到家长会上进行讨论、剖析、辩论,尽可能地引起家长们的"观点碰撞"。可以是拉家常的形式,就教育中的共性问题进行理论探索,或倾听其他家长的教子经验与困惑,或与孩子面对面地交流,或做个案分析、评价班级管理等;也可以是联谊会的形式,用表演联欢等形式,共同营造欢快和谐的气氛,促进了解,增进感情,也让教师和家长感受并享受孩子的成长;还可以通过丰富多彩的"亲子活动",通过亲身体验,为家长和孩子之间搭建一座沟通交流的桥梁,以培养孩子和家长的感情,增进双方的亲和度。

例如,一次家长会上,我们让孩子们有感情地诵读《爸爸妈妈,我想对您说……》。件件小事,感情真挚,令许多家长热泪盈眶。再比如,在另一次家长会上,许多家长和孩子曾为"孩子捡到万元巨款,是否上交"的问题展开激烈争论。

这种家长会可以很好地解决教师、家长相互了解不深的问题,彻底改变了以往的"成绩汇报"方式,许多教师找到了班主任工作的新感觉,家长

们也欣喜地感觉到了这种变化带来的收获。往往是会后，家长拉住老师的手感慨万千，意犹未尽。学生们呢，看到老师是如何真诚地欣赏他们的每一点进步，如何巧妙地指导家长接纳他们的不足，看到家长为他们的健康成长而如何担心、渴望时，心情是何等激动。这样的交流活动，影响着家长的思想，让他们树立起正确的教育观念，更进一步启发家长影响孩子，有深刻的教育效果。

4. 人人体验成功喜悦的表彰会

"下面颁发学习行为进步奖。"当学生从自己父母手中接过并不贵重的奖品——笔记本时，两代人眼中都饱含着热泪。这是在我校初一"期中考试总结表彰会"上看到的感人一幕。我们了解到，每次考试结束，家长们都希望能与老师共聚一堂，聆听、交流孩子在前阶段的表现和成绩。所以我们彻底改变了过去那种让学生们"胆战心惊"的发考试成绩通知单或试卷签字的方式，而从学习成绩、特长发展、学习态度、学习进步、学习钻研、合作学习等方方面面，以欣赏的眼光发现和肯定每个孩子的优点和进步，让每一个孩子都得到奖励和表彰，有时还邀请优秀学生家长到校颁奖，介绍教子之道。

这种特殊形式的家长会使好多家长感触颇深，他们既为自己孩子的进步而欣喜，也被学校老师的良苦用心感动；既为别人先进的教子之道所折服，又为自己教育子女中的疏漏感到懊悔，纷纷表示将进一步重视家庭教育在子女受教育过程中的地位，与学校携手，共同提高教育管理子女的水平。

5. 触动心灵感悟的感恩会

家长为孩子的成长付出了很大的心血，对孩子的衣食住行、学习生活等各方面都给予了无微不至的关怀。而孩子们由于年龄小、不懂事，往往对父母的辛劳视而不见，甚至有时稍不如意还会大发雷霆。有一部分懂事的孩子，他们虽然能体谅父母的苦心，却往往是"欲说还休"。而家长会完全可以成为一个孩子与家长交流的平台。

教师可以利用家长会组织学生参加以"感谢父母"为主题的手抄报、故事会、歌咏比赛、诗歌朗诵等班级活动，让孩子把对父母感激的话写出来、说出来，并在互相倾听的过程中，进一步深刻感知，真实体会。"爸爸妈妈辛苦了！我们要做知恩图报的人，我们要做自强上进的人。请接受我们最美好的祝福吧：祝健康长寿、快乐幸福！！！"话音未落，家长们都激动地站起来鼓掌，许多家长已热泪盈眶，哽咽得说不出话。这样的场面在我们的家长会上时常出现。这种形式的活动，让孩子从关心父母做起，常怀一颗感恩之心，进而爱别人、爱家乡、爱祖国、爱事业，往往能使家长和学生的内心都被深深触动，产生巨大的教育效果。

　　教育要与时俱进，新课程下的家长会更是学校工作的重要组成部分，我们应该赋予其一种新意，使其成为提高学校工作质量的重要载体，成为班级工作的一个亮点！也唯有如此，教育才能碰出创造的火花！

第六章

做一个乐观而智慧的班主任
——管理中必须把握的几个问题

说起班主任,往往离不开忙、累、苦等几个字,似乎这项非常光荣的工作就像一种无奈的奴役。是什么扼杀了它的魅力?是什么掩盖了它的光彩?……有许多来自外部的因素,但究其根本却在于我们自己!角色错位、急功近利、思维单调、认识片面等问题,始终困扰着班主任的个人成长和工作状态。"仁者无忧,知者不惑",人人都希望轻松、快乐,而其前提就是拥有智慧。

做"教育者"还是"管理者"
——班主任角色认同的两难选择

作者心语:有很多人总喜欢把班主任看成管理班级和学生的"官"。这样就把班主任置于一个尴尬的地位:他必须去管人、管事。于是,就产生了非常奇怪的现象:有许多班主任在忙忙碌碌的管理中,忘记了自己首先是一个教育者,而只会颐指气使地指挥、要求、批评。学生到学校里,是为了成长,而不是受管理,他们是教师教育旅途的伴侣。班级管理的高度取决于班主任的角色定位。

午饭后,几个同学在议论:"我们有多长时间没上音乐课了?""但愿下午第一节课别再叫其他老师抢占!"上课铃响了,教音乐的李老师还没有出现,大家焦急地等待着，心里隐隐有些不快的预感。

　　果不其然，没等班主任王老师急匆匆地站稳讲台，许多哀叹、不满的声音已不绝于耳。"同学们，中考临近，复习时间非常宝贵。这节音乐课我们就先不上了，请大家先拿出语文课本，准备上课！"王老师的话音刚落，李伟忽地站起来问："老师，我们已经有好几周没上音乐课了。这次，你为什么又占用音乐课？""为什么？这个班我说了算，我叫它上啥就上啥！你身为班干部，竟然带头顶撞老师。滚！滚回家去！我的班里没有你！"素以严厉著称的王老师火冒三丈，那吼声把学生们吓得发抖。"我就不走，你凭什么赶我？我没错！"那学生也不甘示弱……

　　李伟是我一个同学的儿子，当同学又打来电话询问时，已经是他第二次送孩子上学被王老师拒收了。原来，由于家庭气氛比较民主，再加上同学夫妻俩平日工作都很忙，对孩子"管教"少一些，所以孩子的独立意识很强，个性非常突出。当班主任老师有些处理不妥的事情时，孩子常表示不服，还质疑争辩。于是，就发生了开头的一幕。

　　怎么办？或许学生不该当着全班同学的面质问班主任，但是对于一个把班级看成私有产品，什么都"我说了算"的教师，我又能说些什么呢？在他眼中，学生是"附属"，甚至是奴隶，他拥有绝对的权威，"叫你干啥，你就干啥"，不能有丝毫的违抗。这种错误的思维观念，已经明显扭曲了班主任首先是一个教育者的本质角色，使班主任变成了一个尴尬的"小官"，变成了一个纯粹的"管理者"。

　　在许多人的认识中，班主任仍然是一个官职，是管理班级的"官"，而不是一个育人的教育者。无独有偶，我就曾亲眼看见这样的现象：一家长领孩子去找班主任刘老师谈事，孩子很有礼貌地问"老师好"，谁知家长听后训斥道，"这孩子真不会说话，应该叫刘主任！"

　　的确，一个好班主任在家长眼中是至高无上的。但是，这种神圣的荣誉和地位更多来自"教"和"育"的魅力，并不是"当官"能当来的。许多班主任就这样教了一辈子书，只留下劳累的身心，没有找到当班主任的感觉；更有甚者，辛辛苦苦干到退休，即使被评为优秀教师多次，还是没找到当班主任应有的感觉。有人两眼紧盯学生的错误不放，找到的是当警察的感觉；有人动辄训斥指责，找到的是当监工的感觉；有人喜欢不断发号施令，找到的是当官僚的感觉；有人动辄扣分罚款，找到的是当经理的感觉……

我们探究一下教育的本质属性，可以举出很多古今中外教育大师的经典论述。"教育即生活""教育即生长""教育即经验的改造"是杜威教育理论中的三个核心命题；"依照自然的法则，发展儿童的道德智慧和分析各方面的能力"是卢梭和裴斯泰洛齐对教育本质的定义；"为完满生活做准备"是斯宾塞的教育本质观；通过"格物""致知"而至"诚意""正心"（树立正确的道德观），最终达到"修身"的目的（形成完善的人格），则是孔孟教育思想的一脉相承。

诸如此类对教育本质的阐释，实际上都可以抽象出这么一个基本共识：教育的根本目的在于对受教育者人格的完善，即塑造受教育者的健全人格，使之不断地趋于完美。而管理却不是这样——它重规则的执行而轻习惯的养成，重外在行为的表现而轻个体人格的养成，重单向度的接受而轻个性化的创造、思考。可见，教育的本质属性中并不排斥外在的管理，但这种成分比较少。

为了更好地理解"教育者"和"管理者"的区别、联系，我还专门查过不少资料。《说文解字》中对"教育"二字是这样解释的："教，上所施下所效也；育，养子使作善也。"从这里我们可以清楚地看出，使别人效仿为善的榜样的力量，是教育者立足的基础。《现代汉语词典》第五版第505页，对"管理"做了如下解释："①负责某项工作使顺利进行：管理财务，管理国家大事。②保管和料理：管理图书，公园管理处。③照管并约束（人或动物）：管理罪犯，管理牲口。"很明显，学生既不是某项工作，也不是某个地点，所以只有第三种定义比较符合。也就是说，"管理者"更多的是依靠权力、强势去管制、监督、规范别人。一个靠自身榜样的影响，一个靠优势地位的驱压，两者在角色内涵上有巨大的差别。教育者不是管理者，教育是一个生成的过程，不能用管理的功利之心和执行意识来衡量。这种巨大的差别将直接影响到学生身心的健康成长。

我经常在想，当学生没有完成学习任务时，当学生做事弄得一团糟时，当学生心里不快故意找碴打闹时，当学生因你的严厉斥责冲你瞪眼时……他们最需要的是什么？是批评，还是帮助？实践告诉我们，一般情况下，都是后者！他们最需要的是帮助！帮助他们冷静下来，帮助他们走出困境，帮助他们调整心理，帮助他们取得进步，帮助他们仰起笑脸！就如圣人孔子，他不会指责学生，更不会恐吓，他只是含笑着亲切地注视着每一个弟子，希望他们说出自己的想法，然后施以一定的评价，他不会把自己的观点强加给学生。但在单纯的管理者看来就大不一样了：他操着生杀大权，管着你；你是他的下级，他要是不想让你讲话，你就不能讲话，他要是说谁不好，你就不能说谁是好的；他自以为有权利可以管你，他的存在就是为了管你。于是乎，教育就变成了军事训练，教育就变成了完成任务，失去了孕育、生长、自由绽放。

但是，对一个班主任而言，这两种角色又不能截然对立。他首先应是个教育者，其次才是管理者，而且管理必须建立在教育的基础上，是为教育服务的。所以，我们要做"教育型管理者"。"教育型管理者"与"单纯管理者"之间的区别在于，前者是以人为本，真正为学生着想，后者则几乎是以自我为中心，他们考虑更多的是自己的"业绩"。

所以，有人说，看一个班主任的真正水平，往往要看他们如何对待"非评比"一类的问题。因为缺少人文因素的评比量化往往是管理者最常用的手段。比如，有的班主任对于自己班级的学生一副唯我独尊的样子，好像自己是一个武断的老板，对学生颐指气使、态度专横。学生只要有日常规范没有做到位，轻则不分青红皂白地一番批评，重则上纲上线叫来家长。有时还振振有词地说，这样做是为了让学生养成良好的行为习惯。殊不知，这种急功近利的管理行为，不仅收不到好的教育效果，而且为学生的人格发展埋下了非常有害的隐患。

作为一名班主任，对于很多班级工作来说，的确是一名管理者。日常规范的形成，班风学风的建设，奖惩措施的实施，都离不开管理的手段。太轻视管理，必然会导致班级秩序的混乱，甚至连正常的教学工作都无法开展。

所以，在作为教育者的同时，我们班主任必须还要扮演好管理者的角色。

但是，问题的核心是管什么、怎么管。我们不是上级任务的"传声筒"，不是学校事务的"跑堂小二"，更不是班级的管家、警卫。我想，做管理者并不代表我们必须纠缠于这些琐碎的事务，管是为了不管，管理的目的始终是为教育服务。教育毕竟是慢的艺术，一切不能内化到学生心里去的外在形式，都与教育的科学精神相违背。管理，好比是给花木修剪枝叶；而教育，则是从研究它们的习性开始，注意水分、阳光、营养。

缺少了教育的管理，只能使学生变成被管理的机器，没有自己的思考，没有自己的灵魂。这也正是为什么有许多学生在学校里规规矩矩，而一旦走出校门则粗俗放肆的重要原因。比如，学生可以背出讲究卫生的方法，但面对生活中的此类现象却熟视无睹。为什么学生被教成了这个样子？因为他们是为管理而"活"，因管理而"做"，而管理的方式就是在学校里你必须按这些要求去说、去做。而当走出校门，离开了教师的视线，所有的规矩就都成了泡影。久而久之，就造成了许多学生具有虚假的双面人格。可悲的是，这样的条条框框有许多还被冠以科学的名义。真是荒谬！

长期以来，班主任的教育职责经常被漠视和遗忘，所谓手勤、腿勤、眼勤、嘴勤的"四勤"成为优秀班主任的评价标准。于是，大多数班主任就像一头总在低着头拉车的老黄牛，我们看不到他学习、思考，也看不到他和学生的沟通交流，更没有因材施教、循循善诱。

比如，一个学生没有完成作业，管理型班主任的处理过程一般是：先声色俱厉地批评教育一番，然后扣除一定的行为考核评定分数，最后警告学生不得再犯。如果碰到老实的学生，这样一来，自然受惊不小，以后再犯的可能性会比较低，管理似乎很成功。但仔细一想，学生通过这样一件事得到了什么教育？显然没有。他为什么没有完成？是知识没学会，还是懒惰不想做？是对做不感兴趣，还是想做而不会做？找不到问题的根源，费再多的精力也是枉然。如果是个刺头学生，我行我素惯了，这样的简单管理不仅没有丝毫用处，反而常会导致师生关系的紧张。观念决定行为，如果要教育学生，我们就必须搞清其作业没有完成的原因，进而根据他的自身情况制定相应的改正措施，并允许他的行为有反复。这样虽然不能立竿见影，但是确实能治本，可以让他一生受益。控制行为和润泽心灵，纪律评比和学生发展，究竟孰轻孰重？

我非常欣赏王晓春老师的这段话：

"为什么有一些老师喜欢当班主任呢？他们即使在夹缝中，也尽可能保持着自己的独立性；即使在一片盲从中，也能保持一份清醒；即使在'类体力劳动'的包围之中，也能捍卫思想的权利和尊严。他们的肩膀上，长着自己的脑袋。他们是一些真正把班主任工作当作专业的人。"

我们的教育不需要单纯的管理和空洞的说教，需要的是教育与管理的结合，两者原本就是相辅相成的。想要把班级工作做好，班主任就必须跳出单纯管理者的思维怪圈，努力成为智慧型的教育管理者，有害于学生身心的话不说，不利于学生发展的事不做，凡事讲究一个"育"，而非"管"。

管理本应有两层含义
——追求"管"与"理"的有机融合

作者心语：在我看来，班级管理既要有管，也要有理，如何处理"管"与"理"的关系，是衡量一个班主任是否优秀的重要标志。"管"体现着班主任的态度和魄力，决定着工作的广度和宽度，而"理"体现着班主任的智慧和能力，决定着工作的深度和高度。一个优秀的班主任，要追求"管"与"理"的有机融合。缺少了"理"，班主任的工作就失去了魅力和乐趣。

在许多人的头脑中，班主任就是忙、累、烦的代名词，缺少自由，毫无乐趣。诚然，谁都不会否认班主任工作的辛苦，可我们的悲哀也正是产生于此。跟跑操、搞卫生、填表格、看纪律、查晚睡……从早到晚跟着学生团团转，以至于把这个本来以做思想工作、精神关怀为主要任务的职业，变成了应付没完没了的事务，靠体力打拼的舞台。许多班主任，从不或很少在工作之前想一想：这项工作应该怎么做？重点是什么？困难在哪里？怎么做才更好？……领导布置什么他们做什么，别人检查什么他们抓什么，俨然成了上级命令的传声筒、学校任务的搬运工。这种被动的"忙"让我们忘记了思考，这种机械的"忙"使我们倦怠、麻木。我们的许多班主任就是这样逐渐忘记了自己是一个以知识、思想或头脑谋生的人，他们感到身心疲惫正是因为只想去"管"，只会去管，实实在在地做了一个整天忙忙碌碌的体力劳动者。偶尔体验的是完成任务的放松，而很少享受一个思考者的乐趣。

在我看来，班级管理既要有管，也要有理；如何处理"管"与"理"的关系，是衡量一个班主任是否优秀的重要标志。"管"就是要求、规范、约束、评判、督促；"理"就是思考、研究、尝试、引导、完善，进而升华为感染、熏陶、激励、唤醒、鼓舞。同时，"理"还包括协调、理顺和理性的意思。协调，是指把不合适的工作制度、措施、方法等及时调整，而合适的则要继续推广、继续深化、发扬光大；理顺指的是理顺思想，理顺情绪，理顺关系，理顺思路；理性，就是要有科学意识，按教育规律办事，班主任无论对待工作中的什么事都要有适度的分寸、科学的思维。"管"的侧重点在于依靠权威推动别人，而"理"的侧重点在于依靠思考改变自己。"管"体现着班主任的态度和魄力，决定着工作的广度和宽度；而"理"体现着班主任的智慧和能力，决定着工作的深度和高度。一个优秀的班主任，要追求"管"与"理"的有机融合。缺少了"理"，班主任的工作就失去了魅力和乐趣。

再说得通俗明白一些，这里的"理"就是思考，就是有目的的学习，就是有深度的写作，就是有计划的创新。其实，学习、写作和创新等都是思考的不同外显形式。实践的困惑、学习的感悟、成长的足迹、方法的创新、措施的完善等，都需要我们梳理、反思、尝试、完善、创新。"管"好比是低头苦走，而"理"就是抬头看路。古代"三省"、近代"四问"、现在"用思考改变教师的行走方式"，其实都是在强调"理"的价值。"行成于思，毁于随"，一个真正的教育者永远也不可能只通过"管"而走向成功！所谓的名师、名家，无不都是通过"理"走出来的！无论是看魏书生的《班主任工作漫谈》，还是看李希贵的《为了教育自由地呼吸》，有时你都会突然感觉他们的很多办法自己也用过！是的，我们确实用过他们的许多办法，也很有可能比他们做得还好，但我们只是做了，而人家魏书生老师不仅做了，还总结了、思考了、提升了。这一"理"可不得了，理出了高明，理出了水平，当然也理出了乐趣和激情！

在19年的教育生涯中，我当了19年班主任，即使在长期担任学校中层领导的时候，也依然兼任。如果问：你是为了什么？我会诚实地回答：我不是为了校长和学校，也不全是为了学生和家长，而是为了我自己，为了我自己活得充实，为了让我身体最重要的器官——大脑始终处于积极的运动之中，为了能从学生那儿获得思考、写作、创新的快乐和灵感。每一个新班都各有特点，每一个学生都与众不同，他们总给我新鲜、惊喜，吸引我想尽办法走进他们心里，试图解开他们心中的秘密，我小心翼翼地呵护着这些心灵的露珠。虽然也有过不少失误，遇过不少波折，但我从不失望，从不寂寞。

在多年坚持读书、反思、写作的磨炼中，我逐渐学会了冷静思考、勇于尝试，我逐渐改掉了暴躁、武断、盲目、机械等缺点和不足，不仅班级管理能力大大提高，而且理论素养有所提升，已经有两部著作问世，四五十万字的教育文章被《中国教育报》《中国教师报》等报刊发表，如《班级管理金点子》《优秀班主任成长规律》等被众多媒体转载，产生了广泛影响。追求"管"与"理"和谐的良好习惯，促使我不断成熟。现在，每做一件事情之前，我都会比较认真地分析、筹划，力争做得有目标、有计划、有条理、有效益；每处理一个学生问题，我都会尽可能地深入了解，把握学生的爱好、特长、家庭情况、个性心理等，然后再决定下一步行动，力求把爱和教育的智慧渗透在每个细节中。当有学生明显违纪需要批评时，我尽可能遵循"缓一缓，选择合适的时间与地点；避一避，注意保护其自尊和隐私；绕一绕，正面冲突不可要，旁敲侧击效果好；冷一冷，冲动往往乱方寸，心平气和情谊真"的原则和方法，给受批评的学生一些鼓励、一些等待、一些帮助。

心理学家曾做过这样的小游戏：

他们给出一个词"老鼠"，让测试者跟着连续说10遍。然后，会询问一个问题，让测试者做出回答。于是，大家就开始重复说"老鼠"。心理学家突然问：猫最怕什么？结果，绝大多数人异口同声：老鼠。大家先是一愣，继而为自己的愚蠢回答哄堂大笑。

这个问题很难吗？不难，而且非常简单。那么，既然很简单，为什么多数人还会回答错误呢？这就是思维定式在作怪。假如，听到问题后，我们能先用哪怕半秒钟的时间思考，还会犯如此低级的错误吗？我想，不可能。实际上，在日常工作中也是如此。很多时候，我们都知道应该怎么做，比如要平等地尊重学生，要耐心地倾听学生的心声等，但是一旦遇到事情，我们往往不经思考，先入为主，急于处理，结果大都还是在激动情绪和思维定式的控制下，用了老眼光、老办法、老思路。

一个立志成功的教师，一定要养成思考的好习惯。善思就是会思、精思、巧思，善于创造性地思考。我们分析伟人、名人的成功因素时会发现，除了勤奋，更重要的是善于思考。思源于疑，善思须善疑。"生疑—质疑—解疑"是思的不同形态，如此思之始终，就能从无知到有知，从可知到多知，从浅知到深知，正如古人所说："疑者，觉悟之机也。一番觉悟，一番长进。"为了班级管理的有序性和学生发展的持续性，我们需要善于思考，在人所不疑之处看出问题，把问题消灭于萌芽状态。班主任专业化成长更是如此，贵在学习，难在实践，重在反思。

现在一谈班主任工作，很多人往往就说到一个字：忙。可是，大家却没有注意到我们为什么忙，这种盲目的、机械的忙会导致什么后果。你看，它的左边是心，右边是亡，连起来就是心亡。心都死了，还有什么乐趣？其实，我们常说的"心"，就是用来"思考"的。我们也常说忙糊涂了。为什么糊涂？就是懒于思考，缺乏有序的、深入的思考。

我们很多班主任根本不知道自己要做什么，怎么做；也不知道自己要到哪儿去，怎么去。茫茫然、昏昏然，身体在疲惫，思维在困顿，心灵在麻木，目标在消失。于是，就产生了一种很怪的现象：许多人刚过40岁，或者刚评上什么高级职称，就开始盼望着，盼望着，盼望着什么呢？退休！这真是一种悲哀。在生活、卫生、医疗条件如此先进的今天，40岁，人生大致才走到一半。在其他行业，40岁的人有干劲、有经验、有魄力、有思路、有人脉……可以说，是人生最鼎盛的时期。盲目、消极，表面看是性格上的弱点，实际上是思维的缺陷。只要我们拥有思考的勇气，拥有创新的决心，即使40岁的人，也完全可以拥有18岁的心。岁月只能使我们的容颜变老，可激情却让我们的生命永远年轻。

许多名师成长的经验证明，以现代教育思想为基础，对自己的教育实践进行理性思考、质疑，评价自己教育的有效性，进而不断自我完善、自我建构，是班主任专业能力可持续发展的最有效途径。这种思考，可以以时间为序，来思索每天、每周乃至每月、每学期的工作；可以以空间为序，来思索安排班级管理工作，比如教室、宿舍、食堂、公共区域等；可以以项目为序，来思索班级学生的思想、行为、队伍建设、学风、班风、卫生等常规工作；也可以以案例为序，来思考借鉴其他优秀班主任工作的经验和教训以及成果；还可以以人格魅力和自身素质为线索来思考、反思工作得失，提高工作水准。孔子说，"学而不思则罔，思而不学则殆"，而班级管理的过程实际就是一个不断完善的学习过程，我们班主任必须学会思考，必须勤于思考，否则就无法真正走入工作，也无法从工作中获得快乐。

我是带着梦踏上讲台的，庆幸的是，"思考的乐趣"让那梦想的激情在近20年的平凡生活中依然燃烧。或许别人很难理解我对班主任的这种傻傻的"自得其乐"，但我正是在不断地接近它、喜欢它、琢磨它、欣赏它的过程中品尝着我的欢乐，感受着我的成长。

有人说，昨天的文盲是不识字的人，今天的文盲是不会电脑的人，明天的文盲是不会思考的人。善于思考，是时代赋予我们的使命。如果说我是一个追梦者，那么"思考"就是我终身的伴侣，它使我的班主任工作既有星空，又脚踏大地。

改变自己的管理模式
——从日常繁杂的事务中解放自己

作者心语：其实，许多班主任的辛苦并不在于工作太多，而源于工作的无序。他们分不清主次，眉毛胡子一把抓，结果却满头虱子没处拿。一个优秀班主任，必须科学地规划自己的工作时间，科学梳理自己的工作事务，让有限的时间和精力产生最大的效益。

班主任工作确实很累，可如果我们细心分析，就会发现纷繁杂乱的工作其实不外乎以下三类。

第一类是事务性工作。就是班级的日常事务，主要指一些常规性的工作和突发性事件的处理，如卫生、跟操、纪律、各种评比、考试安排以及学生突然生病或受伤等。这类工作虽然都是一项项、一件件看得着、摸得着的工作，但基本围绕班级管理的内部因素，目的无非是维持班级的正常秩序，使班级这个封闭的系统按照我们的指挥运转，所以它们的性质也是封闭的、单向性的。

第二类是协调性工作。是指拓展班级教育空间的诸如家校沟通、师生合作、同事配合等工作。这类工作很明显是一些促进班级系统与外界信息沟通的开放性措施、方法和具体活动，它发挥着利用多种途径协调多方力量和资源，以促进班集体内部建设的重要作用，可以使班主任在更广阔的背景中充分利用各种外部因素，推动班集体建设，强化对学生的教育引导，从而使班级处于一种"运动""生成"的状态，充满生机与活力，其工作的性质是开放的、多向的。

第三类是决策性工作。它是班主任工作中具有战略性和策略性的重要组成部分，主要指班集体和学生个人的发展目标、发展规划等的设计与实施。这类工作基于班级长远发展的前瞻性因素，具有规划性、预见性和反馈性的特点。它直接决定着一个真正班集体的健康发展，为学生的后续发展奠基，决定着我们的教育管理是否还停留在硬性要求、约束的表面，而没有提高到"管理是为了育人"的根本层面。从这个意义上讲，这类工作无疑是最重要的，但却是最容易被我们忽视的。

在这三类工作中，哪一类占用我们的时间最多，耗费我们的精力最大？很明显，就是第一类工作。我们再来想一想：哪类工作相对来说次要一些呢？当然也是第一类工作。于是，就出现了一个很突出的矛盾，即次要的工作却占用了我们最多的时间。这说明什么？说明我们的工作没有条理，没有秩序，也说明我们没有抓住工作的重点和规律。每类工作的性质是不一样的，该学生做的我们却不放手，该用心的我们却不在意，该慢慢渗透的我们却急功近利，这样，我们必然会深陷在班级杂七杂八的事务中不能自拔。而规律意识、发展意识、效益意识的缺乏，正是班主任群体产生职业倦怠感的最重要的根源。

我们接手一个班必须制定明确的奋斗目标，设计合理的发展规划，也要帮助每个学生制订一个适合自己的成长规划。这样就可以保证班级工作的稳定性和持续性。我们要思考自己工作的规律，把主要精力用在最重要的问题上，用在最有效的问题上。大家要把自己的工作正确地分类，看自己应该做什么，学生应该做什么，自己最重要的是抓好什么；如果我们只是被动地接受，盲目地完成，就不可能逃出那个"忙"的魔咒。

事务性工作虽然琐碎，但它是班集体存在的基础，是班集体成长的常态，不仅要做，而且非做好不可。我们班主任也往往为事务性工作所累，纠缠于其中，不能自拔。怎么办？我认为，最好的办法就是将班级事务转化成有意义的教育活动，把形式性的工作转化成经典的仪式，丰富其内涵，提升其价值，寻找其乐趣。其主要方法有：

（1）将事务性问题转化为有意义的教育性问题；

（2）将班级常规管理转化为一种民主参与的班级运行机制；

（3）将上级安排的任务转化为各种创造性活动；

（4）将学生偶发问题转化为促进其自我教育的契机；

(5) 将社会生活内容转化为建设班级的有利资源。

下面，来看几个具体例子。

班级事务竞标制

出黑板报就是一项班级常规事务，如果班主任自己干，学生就得不到锻炼机会，如果只让几个有特长的学生做，又比较累。怎么办比较好？这引起了我的思考，开始尝试"班级事务竞标制"。

凡班级的各种常规性大型事务，都实行团队承包制，即由班级的七个基本团队竞标承包；同时为防止出现某团队机会过多的现象，我们还规定同一性质的任务不能重复竞标。

在班会或课间时间，班级全体学生以团队为单位，通过公开宣讲、说明、演示等程序展开竞标，谁解决问题的思路清晰、设计的流程科学高效，就由谁承包。竞标成功的团队由组长统一安排，专项负责，首先培训指导本团队所有成员，然后组织实施。这样的竞争性操作过程，既激发了班级活力，让凝聚力强的团队和有一定专业特长的学生负责完成任务，使其得到了锻炼，同时又使大多数学生都获得了更多的主动发展。

不一样的军训会操

开学不久，几乎每个学校都要组织军训，而这时每个班级都存在凝聚力不够的问题。我把这两个问题有机结合起来，将学生军训会操转化为班级第一次激发学生自尊心和增强班级荣誉感及凝聚力的教育活动。从每一次站队到休息时的安排，从呼喊口号的确定到合唱歌曲的选择，从精神面貌的表现到动作规范的要求，从小组对抗到个别学生的训练，从学校统一要求的项目到我们班自行创设的特色小活动，师生共同协商、统筹规划、精心设计，每一次亮相，都会给评委和观众一个惊喜，一下子就把大家征服了。

"班级年度人物"评选颁奖礼

就像年终的学生评优颁奖活动，有的班主任以为无非就是发张奖状，怎么发不行？可以开会发也可以课下发，可以由教师发也可以随便找学生发，但是怎么让发奖状的过程变成一次有教育意义的班级活动，却需要我们精心考虑。

每年期末的最后一次家长会，是我们班最热闹、最隆重的日子。我郑重地把所有家长请到班级就座，在精彩回顾、总结汇报等环节过后，就是学生和家长最兴奋也最紧张的时刻——颁奖仪式。班长洪亮地宣读优秀学生名单，老师庄重地朗诵精彩的颁奖词，伴随着激情的音乐，获奖学生牵手家长走上领奖台。学生灿烂的笑容、家长激动的表情、老师真心的祝福交织成一幅感人的画面，常常让学生和家长热泪盈眶，万语千言……这些意想不到的效果，都源于我们管理模式的改变。

要改变自己的管理模式，我们还要辩证地看待工作的"忙"与"闲"，善于利用一些零碎的时间，营造班级特色活动，如早饭后的"三分钟演讲"、中午上课前的"每日放歌一曲"、课间操后的"自信宣誓"等，只要我们坚持下去，都会产生深刻的影响。

这里有一个耐人寻味的小故事：

两个和尚分别住在相邻两座山上的庙里，这两座山之间有一条河，两个和尚每天都会在同一时间下山去河边挑水，久而久之便成了好朋友。不知不觉五年过去了，突然有一天左边这座山的和尚没有下山挑水，右边那座山的和尚心想："他大概睡过头了。"因此也没太在意。哪知第二天，左边这座山的和尚还是没有下山挑水。一个星期过去了，右边那座山的和尚心想："我的朋友可能生病了，我要过去看望他，看看能帮上什么忙。"

等他看到老友之后，大吃一惊，因为他的老友正在庙前打拳，一点儿也不像一个星期没喝水的样子。他好奇地问："你已经一个星期没下山挑水了，难道你不用喝水吗？"朋友带他走到庙的后院，指着一口井说："这五年来，我每天做完功课后都会抽空儿挖这口井，即使有时很忙，但能挖多少算多少。如今，终于让我挖出了水，我就不必再下山挑水了，可以有更多的时间练拳了。"

由此看来，很多时候，不是工作忙得我们没了时间，而是我们没有充分利用工作时间，我们没有在时间的流逝中始终坚持。

也许有些老班主任会说，不就是管个班吗，有什么了不起，光凭经验我就能做得很有条理。但随着时代的发展，教育产生了新的要求、新的问题，我们的经验很可能已经僵化落后、失去了价值。甚至有些人的所谓经验，只是抱着一年的东西重复了十年、二十年。如果离开了严谨的科学态度和自觉的学习意识，班主任工作只能是一种低层次、重复性的事务性劳动，很容易使班主任滑落到班级保姆或班级警察的角色误区中。

一个优秀班主任，应该科学地规划自己的工作时间，科学地梳理自己的工作事务，先做那些重要的事情，不要胡子眉毛一把抓，满头虱子没处拿；只做那些自己必须去做的事情，不要或者少去插手那些学生能做而且可能做得更好的事情；全力做那些能发挥自己优势的事情，不要只机械地应付领导布置的事情，而要坚持经营班级的特色。这时，你也就能从纷繁的事务中脱身而出，实现自我提升，让自己有限的时间和精力产生最大的工作效益。

用务实发挥影响——不要超越自己的管理界限

作者心语：做任何事都有一个限度，班级管理也是如此。有许多人我们想改变，却无能为力；有很多事我们想做好，但超出了我们的职责和能力。凡是能做好的，我们就努力做好，实在做不好的，也不要勉强自己。

生怕自己的班级出现问题，生怕布置的任务出现差错，生怕学生之间发生矛盾，生怕自己对学生关心不够……出于一种强烈的责任心，凡是与班级或学生有联系，事无巨细，班主任们都想做好。该做的没完没了，不该做的也要去做。于是，忙、累、烦，就成了班主任工作的代名词。

班主任工作无边界，已经成为班主任倦怠和制约班主任专业发展的主要因素。几乎班级所有事务都由班主任统筹管理，班主任对班级、对学生、对学校、对家庭、对社会具有无限责任，这样就导致班主任成了事务主义者，只能维持基本的秩序，进行最常规的管理，而无暇顾及自身的专业发展问题。更有些班主任不清楚自己工作的边界，无限扩大自己的管理权力，许多不在职责范围内的事情非要硬着头皮去做，结果把自己弄得更加辛苦、忙乱。一位班主任曾向我介绍过这样两件事情：

学生陈华原本是一个学习优秀的孩子，近来不知怎么迷上了网络游戏。于是，一天深更半夜爬出学校院墙去上网。等班主任老师在一家网吧里找到他时，已是凌晨三点，可陈华却正玩得起劲。老师不由分说，拖着他便一起离开。可没过几天，陈华又偷偷爬出校园，来到网吧。班主任又在那个网吧里找到了他，老师再次领陈华回校。经过一番批评教育，陈华决心改正错误。这让班主任老师大为惊喜。可谁知好景不长，陈华难抵诱惑，一天下午上体育课时，他再次爬墙出校进入网吧。这次班主任老师找到他时，先教育了学生，后竟对网吧管理人员大发雷霆。结果，引起了网吧老板的不满，在和网吧老板理论时，双方发生冲突，班主任被网吧老板一顿痛打。

一位年轻女教师，其班里有一位品学兼优的小男孩，他父母正在闹离婚，导致孩子的学习一落千丈。为了帮助孩子，女教师分别和孩子的父母都进行了一次长谈，结果没多大起色。女教师看在眼里，急在心里。怎么办？她想来想去，终于想到了一个方法：劝说孩子的父母不要离婚。于是，她找这个、叫那个，千方百计地试图消除孩子父母离婚的念头。谁知，她的过度关注却引起了孩子父母的众多猜疑，他们都对这个女教师表示强烈不满。不久，就给孩子转了学。

这两位班主任都可谓非常用心，但都由于自己没有意识到"行为越位"，自己没有权利去管理别人，结果招来了误解。其实，网吧的管理和孩子父母的婚姻关系都远非班主任的能力所及，本属于职责以外的事情，所以处理难免失败。

根据多年的实践经验，我学会了根据影响学生问题的情况进行分类的方法。

1. 根据自己的影响力和学生问题的难易程度，对问题进行分类

（1）可直接影响的问题：对于这类问题，解决的方法是用正确的态度坚决执行。因为这是绝对能做得到的，也是处于我们影响圈最核心部分的问题。比如班级日常规范、学生之间交往的一些问题。

（2）可间接影响的问题：对于这类问题的解决，我们必须改进方法，善于借助最有效的资源，如借助人际关系、团队合作和沟通能力等来解决。这是"我们跳一跳能够得着的果实"，是最值得我们努力争取的。比如家校合力、班风建设、文化创建等。

（3）无能为力的问题：这类问题在我们班主任或教师职责以外，根本无能为力解决，需要以平和的心态和胸怀接纳这些问题。即使有再多不满，也要泰然处之。比如学校周围的环境、学生上网的时代化潮流、学生的先天生理残疾等。

无论遇到什么问题，如果我们都抱怨"外在环境是造成问题的症结所在"或者总喜欢给自己找些借口，那么这种想法不但无济于事，而且会造成自己消极悲观的心理状态，影响工作的效率和质量。

2. 把不能影响的问题进行具体分解

看看哪些部分是可以影响的，哪些部分是自己可以关注却毫无影响力的。然后，去努力争取那些可以间接影响的问题，把它变成可直接影响的问题，同时把全部心力赶紧投入自己的影响圈……

不管一个问题属于上述三种问题中的哪一种，解决问题的第一步都要从自己的影响圈开始：先影响自己，再影响别人，最后才有可能影响环境。

3. 对学生的行为进行具体分类

对某些学生身上的行为，我们也要分清：看是否能够通过直接或间接的影响使之改变，而对于已经根深蒂固、不能轻易改变的行为，我们要采取包容、悦纳的态度，不能不顾伤害学生的心灵而生硬地解决。剥夺了学生的尊严，也就谈不上任何教育。

教师不是神仙，我们无法解决所有的学生问题；我们确实无法让每个学生都满意，更无法让每个学生都真心喜欢。其实，我们也没有办法真心喜欢每一个学生。我们可以因被个别学生讨厌而反思，但不可以为此而烦恼。不要把什么账都算在自己头上。当然，有些领导是这样希望的，他希望你永远"严格要求自己"，巴不得把一切事情都"承包"给你。遇到这种情况，自己要心里有数。比如某个学生，从小就养成了一些不良的习惯。常言道："江山易改，本性难移。"在你教育的一年或几年里，你当然会竭尽全力帮助他，但学生很可能变化不大。如果领导忽视了以前的基础，认为此事全怪你，你愿意去反思和改进你的工作，但若经过认真思考发现此事确实主要责任并不在你，那你就"自己解放自己"，绝不要去背领导加在你心上的"包袱"。

很多时候，我们并不能决定教育的结果，但可以更好地完善教育的过程。在现实中，许多不成功的班主任常常由于心智的不成熟，导致工作方式上的简单、粗暴。我们要树立服务的观点，帮助学生一点一点地进步，既不难为学生，也不放纵学生。正如孔子所言："忠告而善道之，不可则止，无自辱焉。"

管理规范不等于学生发展
——班级管理的两个评价概念

作者心语：通常情况下，我们都认为，一个安静、很有秩序的班级就是一个好班级。但是，有很多时候，这样的班级却是一潭死水，因为管得过严而失去了活力。成功的班主任又有优秀和强势之分，他们的班级管理成绩往往都非常突出，但是对学生的影响却有着天壤之别。秩序只是表面，发展才是实质。

优秀教师还缺少什么？

2007年5月，福建某学校，一位因肯学习、善管理、教学水平高而被选拔到中学的优秀班主任递交了辞职书。事情的起因是，因为班级管理得太严，学生们非常逆反，于是联名上书学校，要求对班主任进行撤换。他对这个一手带了一年多的班级非常有感情，感到震怒，对全班学生解释教育，却被学生激怒，自己一忍再忍，还是糊里糊涂地和一个带头的学生打了起来，结果自己受了伤，被老师们送进了医院。后来学生也住进了医院，学生家长还冲进学校，不仅不说自己孩子的错，反而提出许多无理的赔偿要求。在纠缠不清的情况下，班主任遭到处分，丢掉了尊严，悲气交加，愤而辞职。

（摘自《中国教师报》2007年5月刊）

其实，这样的事件并不是偶然。在学生正处于心理青春期的中学阶段，教师稍有不慎，就可能与学生产生矛盾冲突。特别是学生的直接管理者班主任，因为天天与学生接触、打交道，需要应对太多的事情和问题，承受着更多的危险和压力。

"处天外遥望地球很小，居体内细察心域极宽。"这是魏书生老师的精彩诗句。一个学生就是一个世界，学生的心灵世界是极广阔的天地，我们老师特别是班主任老师，在广阔的心灵世界里耕耘，其责任是重大的，其劳动是神圣的！但是，大量的事实告诉我们，不是任何一个班主任都具有新时期所要求的基本素质，也不是任何一个人都能胜任班主任工作。

长期以来，广大班主任兢兢业业、教书育人，做了大量教育和管理工作，为促进学生的健康成长做出了重要贡献。但是在担任班主任工作的问题上，一些教师中确实存在着"不愿做""不会做""不宜做"的"三不"现象。

"不愿做"是态度问题，认为现在的学生都是独生子女，难管理，班主任工作很辛苦，风险大，吃力不讨好，弄不好两头受气，不值得。"不会做"是能力问题，由于许多班主任所受的专业训练与现实需要严重脱节，加之教育自身存在的问题，班主任在班级教育管理实践中没有表现出必要的专业精神、专业理论修养和专业技能。少数班主任由于教育理念落后，工作方式粗暴，角色认知错位，在教育工作中制造了一系列的"反教育"现象，对学生的身心发展造成了伤害，给班主任的工作信誉蒙上了阴影，使班主任工作陷入了某种尴尬的境地。在现实生活中，能够上好课的教师，却不一定当得好班主任。有些班主任付出了体力、脑力和精力，最后仍得不到学生、家长、学校的认可，根本原因就是不懂得如何才能当好班主任。"不宜做"是自身素养问题，一些教师虽然有管理班级的能力和水平，但由于自身素质不理想，与班主任的要求有差距，让这些教师当班主任并不合适。一个科任教师不合格，影响的是一门学科；一个班主任不合格，会影响一个班级学生的成长和发展。班主任是一种责任心强、要求高的专业性岗位，班主任的素质问题，越来越引起社会各界的关注。

2006年6月，教育部颁发了《关于进一步加强中小学班主任工作的意见》，明确指出："班主任岗位是具有较高素质和人格要求的重要专业性岗位""在普遍要求全体教师都要努力承担育人工作的情况下，班主任的责任更重，要求更高。做班主任和授课一样都是中小学的主业，班主任队伍建设与任课教师队伍建设同等重要"。这里首次提出了班主任工作要作为主业的问题,对班主任的专业性要求更加明确。

什么是优秀班主任?不同的人可能有不同的理解,从不同的角度可以做出不同的解答。但是,无论哪一种界定,都会特别突出两个方面,这就是工作态度和工作能力。在这种认识基础上,我对优秀班主任的理解也有两种答案:敬业视角下的优秀班主任和专业视角下的优秀班主任。敬业和专业是两种不同的境界,敬业是做好班主任的前提和保障,专业是做好班主任的要求和目标。敬业,强调认真干,爱岗爱生、任劳任怨;而专业则强调科学干,遵循规律、讲究方法、提高质量。敬业不等于专业,在教育形势已经发生深刻变化的今天,我们对"优秀班主任"这一角色的期待,应更多地倾向于专业性内涵。

就像本节开篇案例中的那位优秀班主任,他无疑是非常敬业的,但是他的班级管理肯定出了问题。这类班主任,我们称为强势班主任,他们给自己定位的主要角色是学生的"上级""领导",学生的直接管理者、指挥者,他们信仰严格管理,主要靠监督、检查、评比等管理方式来工作,喜欢制定各种条条框框,热衷于量化评比,好提出各种各样的"不准""不行"等要求。他们早来晚走,总是两眼紧盯着学生,唯恐有什么风吹草动,一旦有人违纪,动辄批评教育、惩戒处罚。表面上他们摆出深入学生、任劳任怨、兢兢业业的姿态,实际上是一副和学生拼到底的架势,学生们熬不过,没奈何,只好乖乖就范,于是班级各项工作井然有序,颇见成效。但是,正如地壳承受压力太大了往往就会变形,超过一定限度时,常会发生火山、地震。这样的班级管理,短时间内还可以,时间一长,就非常危险,那些长期心理受压抑的学生会突然站出来对抗。于是,秩序大乱,往往一发而不可收。这样的班级,开始时一般管理规范,学生听话,成绩突出,深受学校领导喜爱,有不少班主任还被评为优秀教师、优秀班主任。但是,这种管理的最大弱点是,个人命令代替了民主,管理控制代替了教育,没有深入人心,得不到学生的支持,因而教育效果往往是表面的。

真正的管理,是学生能够自己管理自己,他知道自己要干些什么,而不是什么都听老师安排。班主任怎么管学生？你要是把学生管得死死的，好了，你这个班里面可能很安静，很有秩序，但从此就如一潭死水。你这个教师也就失败了，从一开始就失败了。因为学生原本处于活泼好动、热情奔放的年龄，一个好班主任就应该让这个班里的每一个学生都有活力，都有梦想。"听话的未必是好孩子，不听话的长大了也未必没出息。"我们不反对管理规范，但一定要明白"管理规范"不等于学生发展。创造一个和谐的教育环境，促进学生的成长发展，才是班级管理的最终目的。离开了学生的发展，空谈什么表面的秩序规范，无疑是舍本逐末。

至于什么是专业性的优秀班主任？这里，我们没有必要做出复杂的解释，读读下面这一首小诗，我们就能有一个清晰的认识。

您只是轻轻地对我说

记得那一次
我们在班级门前踢着球
我飞起一脚
足球穿过玻璃进了教室
您闻声朝我走来
我以为您会对我暴跳如雷
结果
您只是轻轻地对我说
我知道你不是故意的
咱们把它修好吧

记得那一次
我面对考卷发呆
当我拿出教科书
正准备偷看时
您径直朝我走来
我以为您会当众揭穿我

结果

您只是轻轻地对我说

把书放起来

做一个诚实的人

记得那一次

因为贪玩没有复习

我考试没有及格

拉了班级的后腿

您拿着卷子朝我走来

我以为您会当众批评我

结果

您只是轻轻地对我说

你是个有天分的孩子

你会学好的

记得那一次

我对一个女生意乱情迷

在您的课堂上

我们肆意地传着纸条

您把我叫到办公室

我以为您会羞辱我

结果

您只是轻轻地对我说

我也有过你的感觉

人总是要自己长大

记得那一次

对您的讲授

我当众提出异议

后来证明是我错了

您双眼一直盯着我

我以为您会奚落我

结果

您只是轻轻地对我说

其实没什么

是人都会犯错误

记得那一次

因我没有配合好

致使班级输了球

当我们互相埋怨时

您平静地朝我们走来

我以为您会指责我

结果

您只是轻轻地对我说

都过去了

还有下一次

记得那一次

我参加竞赛获奖回来

手捧奖杯满含热泪对您说

这个奖杯应该属于您

您深情地注视着我

我以为您会发表豪言壮语

结果

您只是轻轻地对我说

这是你应得的

我为你自豪

记得毕业的那一天

您怀里被我们塞满了鲜花

我语无伦次地说着感激的话

您的眼里沁着泪花

我以为您会说一通离别的感言

结果

您只是轻轻地对我说

我爱你们

因为我是老师

其实，管理规范和学生发展并不是一对矛盾，前者看重的是班级的表面现状，后者关注的是学生的持续成长。朱小蔓教授说，班主任管理的最大效率是一个个活生生的人性的展开……如果班主任的水准越高，他班上的学生的个性就会越来越丰富地展开。在管理中，我们要尽可能避免用诸多清规戒律规范学生，应该让学生的个性得到自由、充分地发展。

智慧和爱心同样重要——班主任获得成功的法宝

作者心语：没有爱就没有教育，但教育并不仅仅需要爱；没有爱是苍白的教育，而没有智慧则是愚昧的教育。就如溺爱孩子的父母，收获的却是苦的果实。缺少了智慧，往往事倍功半，达不到良好的教育效果。我们仔细研究优秀班主任的成功经验就会发现：智慧和爱心是他们飞翔的双翼，缺了哪样，都不可想象。

有一天，校园里一个学生在打另一个学生。陶行知匆忙走过去喝住，然后，对打人的学生说:"你下午三点钟到我办公室来!"

下午三点钟,这位学生诚惶诚恐地来到他的办公室,准备接受严厉的惩罚。不料,陶行知竟微笑着迎上前去拉住他的手,亲切地让其坐到自己的身边,并从自己的口袋里掏出一块糖来。

"让你三点到,你就准时到,说明你很遵守时间,这很好,"陶行知说,"这块糖就是对你的奖励。"学生接住糖,满脸疑惑。

这时,陶行知又掏出一块糖。

"我了解过了,是他欺负女同学,你才打他的。"陶行知将第二块糖轻轻地递过去,说,"这说明你很有正义感,也应该奖励。"

当学生接住第二块糖时,疑惑的脸上开始有了笑容,眼睛里闪烁着一种喜悦的光芒。

陶行知掏出第三块糖。"你很懂得尊重别人!"陶行知接着说,"当时你打架时,我走过去让你住手,你就不打了,这很好嘛,我就喜欢你尊重别人这一点,也应该奖励。"

学生接住第三块糖后,开始不好意思起来。他眼睛里的喜悦,渐渐被自责、后悔和羞愧所代替,面对这样的校长,他不得不垂下了自己的头。

"打人——毕竟是不对的,"学生低垂着头,小声表态说,"校长,我错了,我愿意向他道歉!"

"好!"陶行知立即从衣袋里又掏出第四块糖,高兴地说,"我就知道你是一个知错能改的好学生,更应该奖励!"

《四块糖的故事》我之所以读过很多遍,是因为我深深地被先生的教育智慧折服,而每一次读都能得到一些新意。先生的智慧以爱和宽容为前提,先生的爱通过智慧来传达。每一块糖的发放,是那样自然贴切、励志润心,都紧紧抓住学生的优点,没有一点生硬和牵强,化教育于无痕,蕴大爱于平凡。爱和智慧的交融,则凸显其人格的伟大。

我想,爱心主要体现在对学生及其问题的欣赏和包容,而智慧则直指问题的解决和学生的发展。教育的艺术就在于将问题转化为机会。学生出现问题时恰恰是教育、帮助学生的良机,也恰恰是教师不断修正自我、不断进步的契机。而如何抓住这些契机,实现我们的教育目的,光有爱心显然是远远不够的,更多地需要我们教师敏锐地观察、灵活地分析、机智地处理、耐心地巩固。要教育好学生,从来就不是那么简单的事。诚然,如果没有仔细的调查研究、没有机智灵活的教育方法、没有充满信任的期望,就不会有这个经典的传奇。

1. 班主任需要一颗智慧的爱心

确实,新的教育理念和方法已经使平等、尊重、信任成为现代教师的行为特征。但是,当我们打开各种教育报刊,看到满眼都是"充满爱心传奇"的教育叙事时,心里难免有些担心和忧虑:转化一个学生太简单了,教育一个学生太轻松了。比如,某某学生平时不爱学习,因为老师一次亲切的交谈或是一封鼓励的书信,于是改变了态度,成绩突飞猛进。两个调皮男生爱动爱闹,老师就让他们参加学校运动会,结果取得了优异成绩,老师进一步表扬鼓励,于是两人痛改前非……

每个学生的成长都充满"变数",而这些叙事或案例却有个共同的特点,即无论问题如何起源,无论过程多么曲折,最终结果都一定是成功的。大都是在以前多次批评和惩罚无效之后,偶然有了一个教育契机,教师就借机做了一件使学生感动的事,说了一些表扬、鼓励的话,于是,学生大彻大悟,一切搞定。

难道教育就这么简单吗?绝对不是。这样的教育故事无疑是一个又一个美丽的谎言。教师尤其是我们班主任老师心里都非常清楚,表扬也好,奖励也好,这些至多只能给那些后进生一些暂时的鼓励和信心,可能起到了一定的作用,但是治标不治本,学生三分钟热度过后,如果没有其他有效的后续教育手段来帮助其巩固、内化,必然还会恢复老样子。正如高尔基所言,爱孩子是老母鸡都会的本领,而教育孩子则是件大事。

显然,爱孩子是教育者首要的素质,是做好班主任的前提;没有了爱,教育将变成一潭死水,毫无生机和意义。但是,作为教师,光有爱是远远不够的。教育孩子,不能乱爱,你得会爱,爱更需要方法、技巧。试想,有哪一个家长不爱自己的孩子?可是越是溺爱的孩子,越难以管理,成长越容易出现问题。因为他们的爱缺少智慧,缺少科学的教育观念和方法。赞可夫说过:"不能把教师对儿童的爱仅仅设想为用慈祥的、关注的态度对待他们。"理智的爱应该是深刻的,不仅关注其智力、习惯,更关注其情感;不仅关注其表面行为,更关注学生的内心所想;不仅关注学生的今天,更关注他们的明天。这种深刻的爱,来自教师深刻的思想和冷静的处理方式。教师应该像淘金者一样有信心、有耐心,只有不为表面沙砾所困扰,慢慢地去除沙砾,懂得去留的技巧,最终才能看见闪光的金子。

德国教育家第斯多惠说得好:"教学的艺术不在于传授本领,而在于激励、唤醒、鼓舞。"对班主任而言,爱心是工作的基础,但更需要一颗智慧的爱心。因为我们面对的是一群需要引导、帮助的孩子,没有爱心就不能承担工作,而只有爱心,不讲究方法、策略、技巧、规律,就难以开展工作。比如,平时我们每个班里或多或少都会有几位学习有困难的学生,老师常常把他们作为重点关注对象,上课提醒他们听课,批改他们的作业耐心细致,有时间便给予个别辅导,发现有点进步便鼓励……但是一学期下来,我们往往发现这些学生大都未能从根本上改变,我们的教育收效甚微。原因何在?爱心不能包治百病而已。

2. 对解决教育问题起决定作用的是班主任的专业能力

面对学生中存在的问题,不能光靠爱心,还应在爱学生的基础上进行研究,要有更多的智慧。解决教育中各方面的问题,老师的爱心固然重要,但起决定作用的还是老师的专业能力。班主任的能力更多地表现在管理策略的运用、团队组织、潜能挖掘和成长引领上。就像医生和病人关系好,并不能保证能治好病人的病一样,要治好病人,还得需要医生具有专业技能,对症下药。对于那些有问题的学生,班主任最重要的任务是引导学生深入具体地分析,使他对自己的心理问题、智力类型、思维方式等有一个比较清楚的了解,然后帮助他找出困难所在,制定补救和突破的措施、方法,进而一步步建立自信,走向成功。

其实,大多数学生问题仅凭爱心是不能解决的。比如,学生们在一起相处久了,难免产生矛盾。有两个学生因为一点小事情发生了冲突,争吵起来甚至拳脚相加。这种情形,相信很多班主任都不陌生,但是仅凭对弱者的关爱、对强者的宽容能解决问题吗?当然不能,因为这样做并没有教给学生处理矛盾的方法。

有一个班主任面对这种情形,做出了如下处理。

课堂上,他突然问学生:"喜欢看电视吗?"学生面面相觑,不知道班主任葫芦里卖的什么药。于是,他不紧不慢地将电视上的一个公益广告写在黑板上,并让同学们分角色朗读这段对话。

女:哎,你挤什么挤,没长眼睛啊?
男:年纪轻轻的,怎么不说人话?
女:哎,你挤着我了,你!
男:怎么着?来劲了,是吧?
老者:算了,算了,年轻人!把心放宽,就不挤啦!

随着老师自顾自地念叨着"把心放宽,就不挤了",那两个学生早已明白了老师的用心:同学之间不应该这样斤斤计较,而要学会宽容,学会谦让。就这样,一段广告词就让矛盾消弭在无形之中。

我曾经遇到过一个"顽固不化"的学生。

他在很小的时候就因母亲病故失去了母爱。由于父亲承包了两个蔬菜大棚,特别忙,所以他一直跟随爷爷、奶奶生活,爷爷、奶奶非常宠他。由于长期得不到应有的父教母爱,他养成了孤僻、执拗的性格,自私自利,好吃零食,爱占同学的小便宜。他头脑很灵活,但上课除了看小说就是睡觉,就是不想学习。进入初中不到半年,几乎所有任课老师都拿他没了辙。

对于这个缺少母爱的孩子,作为班主任的我对他一直关爱有加,送药、送钱、送衣服,带他到医院看病,领他到我家吃饭,我完全把他当自己的孩子加以爱护。当然,我也是想用爱来感化他。一个十三四岁的孩子,按理说他应该了解老师的用心良苦,但是他始终管不住自己,往往是上午刚找他谈过话,下午又出现了问题。有一天因上课看小说被老师批评,谁知他竟与老师顶撞起来。我一怒之下,找学生把其送回家进行反省。几天后返校,其行为只是略有收敛。我真有些伤心,但仔细一想,还不能放弃。既然关爱和批评都已经不起作用,那该怎么办呢？

这时，恰巧市里组织新年征文比赛，学校要每班上交一篇学生作品。我灵机一动，说通语文老师，干脆把这任务交给他来完成。我亲自督促他写作，抽空帮助他修改，没想到其作品被评为全校第一名，后来又在市里获得大奖。

这回机会来了，根据他的性格特点，我一改过去想感化他的做法，采取鞭策法，看他是否有转变。于是，我在班里正式设立"图书推介员"，负责班级黑板报上的"读书园地"栏目，并每周向同学们介绍一本好书。接受这个任务后，他非常卖力，干得有声有色，不仅黑板报出得图文并茂、内容充实，而且每周的图书推介也非常精彩，深受同学们喜爱。逐渐地，老师都反映他像变了个人似的，开始认真学习了。后来他竟勉强考上了重点高中，再后来以优异的成绩考取了理想的大学。至今，我仍为当年自己教育策略的转变感到欣慰，试想：我依然"爱"下去的最后结果，很可能是师生矛盾的激化。

爱心和智慧相辅相成，缺一不可，同等重要。那么它们有什么区别呢？请看下面的实例。

一个老师领着一群孩子，在校园里观察植物的生长。一朵盛开得特别大的粉红色玫瑰花吸引了孩子们，大家赞叹着：真美！一个孩子想伸手去摘，却一下子被扎破了手。回到教室后，老师就问：孩子们，刚才我们去赏花，印象最深刻的是什么？

一个小女孩说：老师，我看到了美丽的花！（老师表扬她有一双发现美的眼睛）

另一个小女孩又说：老师，我注意到了可怕的刺！（老师夸奖她爱憎分明）

这位老师到此就打住了。可是另一位老师在对两个孩子表扬、肯定之后，并没有停止，而是继续问：同学们，我们都喜欢美丽的花，而厌恶可怕的刺，但是刺和花都是玫瑰所必不可少的。那么我们该怎么办呢？

同学们面面相觑，无从作答。过了一会儿，老师微笑着说：孩子们，我们要努力学习。如果你拥有了丰富的知识，将来你就能培育一种更大更美的没有刺的玫瑰花！孩子们的脸上一片憧憬，一片幸福。

前者是赞美，是爱；而后者却从爱上升到了思维的开拓、创新的引领，是智慧!

这样的例子在实际生活中很多,每一个都闪烁着人性的光华和智慧的光辉,令我们茅塞顿开、恍然大悟。西方流传着这样一个美丽的故事:

有一个天真可爱的小男孩,他的腿生下来就有残缺。随着慢慢长大,他发现自己不能跟别的小朋友一样蹦蹦跳跳,四处活动。每当看着窗外别的小朋友玩得很开心的时候,他就特别羡慕。有一天,他终于忍不住问他妈妈:"妈妈,为什么其他小朋友都可以走路,而我不能?是不是上帝不喜欢我啊?"妈妈回答说:"不是的,孩子,在上帝的眼中,每个小朋友都是一个苹果,只是因为你特别可爱,上帝忍不住咬了你一口。"

读后,我们不得不叹服这位妈妈爱的睿智、爱的深沉。爱融进了智慧,才有更大的效果。

3. 教育智慧体现在民主、科学的班级管理实践中

教育智慧,并不是单纯的管理技巧,更包含着民主的管理思想和科学的问题研究意识及解决途径。以人为本的理念、多角度思维的方案、分类解决的方法、妥协多赢的策略、机智灵活的妙招等,都能体现班主任的教育智慧。在我看来,尊重就比热爱更为重要。因为只有给学生以尊重,学生才能感受到师生平等,才能感受到自尊的存在。一旦他们认为失去了自尊,他们就会失去向上的动力、精神的支柱,由此就会导致消沉。当学生有过错或问题时,教师要以宽容的心态表示充分的同情和谅解。优秀的班主任都善于给学生营造一个宽松、愉悦、自主的学习和生活空间,放手让学生做一些自己喜欢的、力所能及的事情。

在平常的班级管理中,我注重设计一系列的文体活动,让学生在体验中得到感悟和提高。特别是我把班级的管理权都交给了学生,班级实行小团队综合评价,让每一个学生参与到班级民主管理中,事事有人管,人人有事干。这样,四十多个学生都成了我的助手,我只做一些引导、协调性工作,不仅轻松洒脱,而且避免了师生之间的直接对立和摩擦。

4. 对学生的充分了解,是教育智慧产生的一个重要源泉

常言道:"知己知彼,百战不殆。"班主任只有在对学生有深入了解的基

础上，才能因材施教，进行个性化培养。正如苏霍姆林斯基所讲的，"尽可能深入地了解每个孩子的精神世界——这是教师和校长的首条金科玉律。"只有了解学生的社会、家庭背景、个性差异、兴趣爱好、心理变化、发展特点，我们才有与学生相处的基础。知识最终要靠学生自己去掌握，做人最终要学生自己去做。这就决定了自主教育是学生管理的最佳途径。因此，教师应该让学生主动参与实践，学会自我教育、自我管理、自我成才。

多年来，我管理学生的诀窍就是两个字：商量。教师不能主观武断，凡事要和学生商量。我们的班纪班规都是学生们自己制定的，学生自己能做的事，我很少插手，对学生犯错的惩戒也由班级纪律委员会协商。这样，学生也就逐渐由他律学会了自律，师生关系也逐渐变得融洽而和谐。

5. 学习、实践、读书是获得教育智慧的三大法宝

要想拥有教育智慧，就必须不断地学习，不断地在实践中反思，不断地读书。《学记》曰："是故学然后知不足，教然后知困。知不足，然后能自反也；知困，然后能自强也。"这说明我们学习和实践的重要。

苏霍姆林斯基说："一些优秀教师教育技巧的提高，正是由于他们持之以恒地读书，不断地补充他们的知识的大海。"读书，是教师的思想之源，是教师的智慧之源。取法乎上，认真从古今中外经典书籍中吸取精华，吸纳能量，同时又不断吸收现代教育理念，创新思想，这是一个教师的教育生命永远年轻，洋溢青春活力和思想灵性的必然途径。

做教师，就要做一个能熏陶学生好学的教师，一个充满智慧的教师！如果有人问我班级管理的经验，我将毫不犹豫地说："爱心＋智慧。"

著名特级教师于漪说过："在学校里工作，只有当了班主任，才能真正体会当老师的幸福。"班主任是幸福的，同时也是辛苦的，要当一个优秀的班主任，除具备一颗能为学生无私奉献的爱心，还应有聪颖的智慧头脑和强烈的责任感，这才是一个真正完整的班主任。

创造自己的精彩——班主任的幸福之源

作者心语：幸福就是沉醉于一种状态，无论工作或娱乐。谁也不可否认班主任工作是繁忙的、劳累的，甚至是艰辛的、危险的。但是，我们读苏霍姆林斯基、亚米契斯的作品，我们读魏书生、任小艾、李镇西的作品，却怎么也读不出忙乱、郁闷、疲惫，读出的是一种轻松，一种情趣，一种充实，一种幸福！

什么是幸福？这是千千万万人一生的思考。怎样获得幸福？这是千千万万人一生的追求。班主任工作素来是以工作忙、任务重、事务烦著称，有幸福吗？它的幸福是什么？它的幸福在哪里？……

罗曼·罗兰说："要播撒阳光到别人心里，总得自己心中先有。"做一个幸福的班主任，首先要心中充满幸福。所以，要把微笑挂在脸上，让学生们看到你心中的幸福。当早晨进校门时，学生向我们问"老师早"，我们不要老板着脸轻轻一点头，我们只需微微一笑，回应一声"同学早"，定会发现今天的阳光格外灿烂。当来到教室遇到迟到的学生时，我们先不要大动肝火，耐心询问一下原因，然后再与学生心平气和地谈一下，我们就会发现信任就是一种力量。当课堂上学生回答不上问题面红耳赤时，我们先不要急于追求教学的进度，用充满鼓励的眼神给他三秒钟的等待，我们定会发现，鼓励会创造奇迹。当学生犯错时，我们不需要义正词严的审问，也许抚摩一下他的头，叫一声"孩子"，就能打开他情感的闸门，这时我们就会发现，交流可以让世界变得更加美好。打开幸福大门的钥匙就在我们自己手中，只要我们让微笑挂在脸上，我们就会成为一个让学生喜欢的人。

一个好班主任一定是一个好教师，但一个好教师不一定是一个好班主任。我们的幸福在于职业的特殊价值。"赠人玫瑰，手有余香。"人只有被别人需要，只有在为他人做事的过程中，才会有一种真实的幸福感。

苏霍姆林斯基说："我认为教育的理想就在于使所有的儿童都成为幸福

的人,使他们的心灵由于劳动的幸福而充满欢乐。"教育的本质是创造幸福,既创造社会的幸福,更是创造个人的幸福。而班主任则是这一使命的主要承担者,学生的幸福就是班主任的幸福,没有学生的幸福,就没有班主任的幸福。一个人遇到一个好老师是幸运的,一个人如果遇到一个好班主任,那将是一生的福气。一个教师,如果不经历班主任工作的打造和锤炼,不可能是一个成熟的教师。魏书生说:"当教师不当班主任,就像喝白开水,虽解渴但没有味道。一个好的班主任,对学生的影响是巨大的,不仅影响学生的现在,还影响着学生的未来,甚至是终身。"朱永新说:"做教师,就要做班主任。道理很简单。教育(教师)是面对心灵的事业(职业),我们的工作无法绕开学生的心灵。……一个优秀的班主任,还真的有点'圣人'的意味。"这些感人的话语,句句都充满着对班主任事业的爱戴和崇敬。

幸福就是沉醉于一种状态,无论工作或娱乐。要体味真正的幸福,就要享受我们的职业。谁也不可否认班主任工作是繁忙的、劳累的,甚至是艰辛的、危险的。但是,我们读苏霍姆林斯基、亚米契斯的作品,我们读魏书生、任小艾、李镇西的作品,却怎么也读不出忙乱、郁闷、疲惫,读出的是一种轻松,一种情趣,一种充实,一种幸福。当别人喝茶闲聊时,我们在写作反思,品味孤独;当别人已进入梦乡时,我们还在灯下苦读,与经典对话;当别人依然在哀叹枯燥、重复的日子时,我们却早已变着花样换上新鲜的血液,摆上五彩的鲜花……只有把职业当作享受的人,才可能心甘情愿地废寝忘食,坚持不懈。这是一种享受职业的痴迷状态!我想,一个把职业、事业和生活融为一体的人,一定是幸福的!一个心怀抱怨和痛苦的班主任必须走出阴影,让自己真正地走进班主任这块自留地,细细地耕种,慢慢地欣赏。班级就是我们的"孩子",当我们用心慢慢欣赏的时候,会发现意想不到的精彩!

正如艺术家殷秀梅在一首歌里唱的:"幸福在哪里?朋友我告诉你:它不在月光下,也不在睡梦里。它在辛勤的耕耘中,它在知识的宝库里。啊!幸福就在你闪光的智慧里……"班主任的幸福更多地来自创造。这种创造体现在每一个学生的健康成长,也体现在我们自身素质的提高完善和教育生活的日益充实完满。苏霍姆林斯基有一篇文章《睿智的父母之爱》，里面叙述了这样一个故事：

在乌克兰的一个村子里，姑娘和年轻媳妇们决定向乡亲们展示自己的手艺。她们约好，星期天都把自己亲手制作的最精美的手工产品带到集市。到了这一天，村里所有的姑娘、媳妇都来到集市，带来了好多非常精美的展品：绣花手巾、花边、亚麻布、桌布。有钱人家的妻子、女儿带来的是用金线、银线绣出的绸缎罩单和镶着精致花边、织有漂亮鲜花和小鸟的窗帘。村民们推举出几位最有威信的老大爷、老大娘，请他们评判谁是村里最能干的女人。面对这么多心灵手巧的年轻妇女和这么多精美绝伦的展品，老人们把眼睛都看花了。

但是，出乎所有人的预料，铁匠的妻子玛丽娜成了最后的胜利者。她没有带来任何手工制品，尽管她的针线活干得很好。她带来了7岁的儿子彼得鲁斯，而彼得鲁斯带来了自己用木头雕制的百灵鸟。只见小男孩把这只百灵鸟放到唇前，它立即就像一只活的小鸟，啁啾地唱起歌来。集市上所有的人都停住脚步静静地倾听。正在蓝天飞翔的百灵鸟被地面悠扬的歌声吸引，也跟着一起唱了起来。

"谁创造了聪明、善良、勇敢的人，谁就是最能干的人。"老人们这样说。

是的，培养人的职业是神圣的。从幼稚到成熟，从弱小到刚强，从羞涩到大方，从愚昧到聪慧……孩子们的变化简直是奇迹！大约在所有的职业中，只有我们教师如此神圣，在神圣的教师职业中，也只有我们班主任能够获此殊荣。

幸福指数必将和经济指标挂钩，但绝不仅限于收入、就业等经济指标，它还和人们的安全感、希望、生活压力、荣誉、价值、生活环境、精神快乐等密切相关。班主任是幸福的人，还在于拥有以下四大幸福法宝。

（1）拥有充足的自由时间。如果我们细心算一下，每年大约有120多天的假期，我们可以读书、写作、旅游，这是其他许多职业奢望不到的。

（2）拥有朝气蓬勃的最佳拍档。与什么人合作，往往就受什么人影响。我们整天与朝气蓬勃、天真可爱的孩子在一起，你说还有什么忧愁和不快乐？在世上所有的职业中，只有我们教师能够每天与无数笑脸相对。

（3）拥有不断完善的无价"作品"。据日本科学家研究发现，女人之所以比男人寿命长,是因为她们有自己的作品——她们的孩子。这件"作品"让她们更能深刻地体验生命存在的价值。班级凝结了我们的无数心血,学生寄托着我们的希望与真情。在教师中,只有当班主任的人才有这种真实的体验,这种相伴成长、生命相依的珍贵情愫。

(4)收获最好的精神财富。没有了精神和思想,人无疑如行尸走肉。工作让我们思考,问题可以使我们智慧,与学生的交流可以让我们走进另一个心灵的世界。精神的宁静与充实,让我们一生都洋溢着幸福。

班主任职业生活的幸福感到底是什么?我认为,就是为人师表、教书育人的尊严感,就是"得天下英才而教育之"的自豪感,就是研究教育规律、掌握教育规律的成就感。作为一名老师,一个"传道、授业、解惑"的特殊职业,自己身上的担子很重;而作为一名班主任,身上的担子或许更重些,既要备好自己所任教的课,又要时刻关注学生们的成长,处理好班级中的繁杂事务,免不了烦恼与疲惫。尽管如此,却并不应也不能阻挡我们心中的渴望,我们渴望轻松、快乐和幸福。追求幸福是每个人的权利,但我们应该懂得:幸福不是等来的,不是靠来的,而是需要我们自己不断地主动追求。

下面是一个真实的故事。

我们国家的一个教育代表团到德国参观访问,和德国的校长交流。德国的校长介绍了情况之后,请我们国家的校长提问。我们国家的校长提了这样一个问题:"请德国同行介绍一下你们是怎样调动教师的积极性的。"德国校长听了,耸耸肩,相视一笑说:"我们不大懂这个问题,为什么自己的积极性要别人调动呢?"

是的,我们的积极性为什么一定要别人来调动呢?享受工作,享受生活,当班主任不是为校长当的,不是为学生当的,不是为家长当的,也不仅仅是为党和人民的事业而当的。我们应该大声说:为我自己好好活着,上好我的课,管好我的班。外在的环境虽然对我们的积极性有一定影响,但归根到底不起主要作用。所以,我想对大家说:不要让别人来调动你的积极性,为了你生命的精彩,当好你这个班主任吧!

结 语

做一个优秀班主任并不难

作者心语：思想的花很美，行动之果更甜。再长的路，一步步也能走完；再短的路，不迈开双脚也无法到达。实际上，许多优秀教师或班主任的成功经验就好像是一层朦胧的"窗纸"，奥秘一捅就开，关键是我们没有想到去做或没有坚持去做。

班主任，应如星辰，
远观，一盏引路的灯；
近看，一团燃烧的火。

班主任，应如百合，
绽开，一朵飘香的花；
凝聚，一枚含笑的果。

班主任的素质问题日益引起教育界的重视，班主任的专业化成长已经纳入各级各类学校的工作重点。在这种形势需求下，我们来探寻优秀班主任的成长规律就非常具有现实意义。他们的成长有规律可循吗？他们因何而优秀？哪些东西是我们需要进一步研究的？哪些规律是我们可以推广和借鉴的？……这些问题的澄清或解决，必将有力地推动班主任队伍整体素质的提高与完善。

优秀班主任的"优秀"有多重含义，我们这里所说的优秀主要是从其专业能力的质效上来确定。优秀班主任的成长是伴随着他们个体职业生涯的社会化过程而进行的。在与外界教育环境的互动过程中，他们不断调整自己的思想、信念和价值取向，丰富自己的专业知识，提高自己的教育管理技能，以满足自身各个不同时期和不同层次的需要，从而表现出与其班主任职业发展阶段相适应的行为和心理特点。研究其成长规律，有助于我们更好地认识优秀班主任发展的共性特征，为广大中小学班主任教师的成长提供典型引领和理论支持。

一、优秀班主任的一般成长规律

1. 优秀班主任的成长过程呈现比较明显的阶段性

大量的事实告诉我们，优秀班主任的成长绝不是一蹴而就的，其专业素质和专业能力有一个发生、发展并逐步完善的动态过程。从新任班主任、熟练班主任、胜任班主任，再到有经验的班主任、有一定专长的班主任，最后发展为优秀班主任和专家型班主任，其各个阶段的知识储备、思维方式和专业能力都表现出鲜明的特点。在发展的各个阶段，他们逐步完成了对自身不同方面素质的塑造和突破，知识经验越来越丰富，认知结构越来越系统，教育机制越来越优化，人际关系越来越和谐，自我效能感越来越强烈，各方面的素质缺陷也一一得到弥补或改善，其班主任职业素养越来越全面和完善，教育教学和班级管理效果越来越出色，因而能完成其职业形象的全面重塑和高峰升华。优秀班主任是在一步一个脚印地不断适应、不断成熟中发展的，所以希望在很短时间内迅速成长的想法是不现实的，而且跳过中间过程一步实现从新任到优秀也几乎是不可能的。

因此，无论是教师教育管理人员还是我们班主任自己，都应当看到优秀班主任成长过程的长期性、复杂性和阶段性，充分认识扎实有序、稳步成长的重要意义。卢真金教授的教师成长规律图（见下页图），可以使我们对优秀班主任成长的一般规律有更清楚的认识。

理论和实践的双轨发展、相互促进是任何一个教师包括班主任教师个

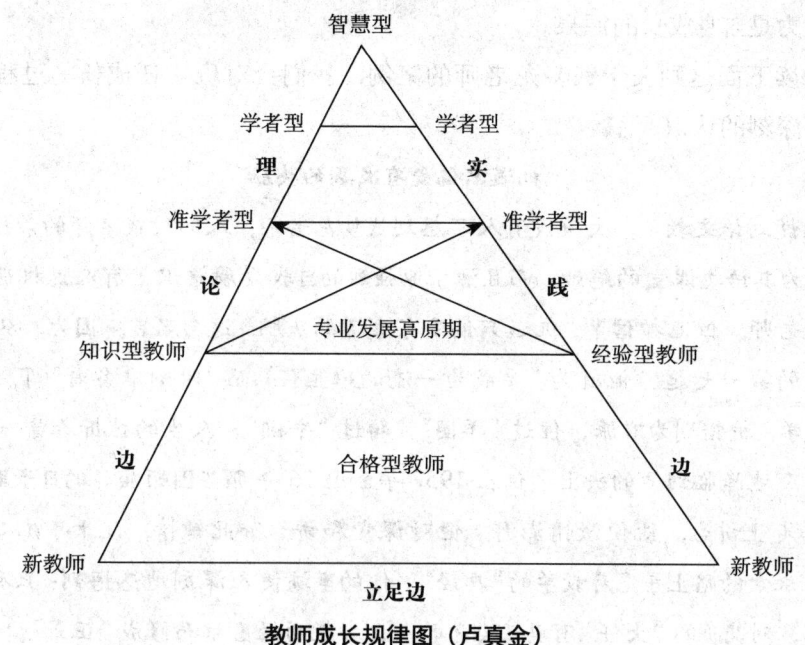

教师成长规律图（卢真金）

体成长过程中的内在规律。只有当理论支撑下的实践和实践丰富下的理论达到一个比较高的和谐相生程度，教师才能真正完成自我价值的最大体现，成为令人仰慕的智慧型教师。另外，我们还应注意：在班主任的成长过程中，一些具有典型性和深刻自我体验性的"关键事件"往往起着重要的推动、催化和升华作用，成为班主任改变教育教学行为和个体生存方式的一个个拐点。

2.优秀班主任的成长取决于自主发展

随着班主任工作日益得到重视，班主任的专业化发展也成为教育的一个重要话题。对班主任成长的方法和途径，许多专家从理论和实践角度都给出了明确的指导和措施。班主任的快速成长离不开学校优良的班主任学习氛围，离不开科学的评价和激励制度，更少不了外出研讨、培训等开阔视野、提高境界的机会。可以说，没有外部条件的推动和促进，一个班主任很难得到有效的提高。但是，外界再优越的条件和因素，也毕竟要通过班主任自身内在系统的调节才能产生作用，即班主任自身才是成长的主人，强大的内驱力是自身成长的源泉。

读下面这则关于钱梦龙老师的案例,我们会对班主任成长的过程有一个更深刻的认识。

机遇只偏爱有准备的头脑

说到语文教学,大概没有人不想到钱梦龙老师。人们对钱老师的崇拜,不仅因为其语文课堂的绝妙,而且源于他强烈的自我发展意识。有人说机遇特别垂青老师,但他却信奉"机遇只偏爱有准备的头脑"这句名言。因为,从走上讲台的第一天起,他就为"要成为一流的班主任"而"时刻准备着"了。他早年失学,被错划为右派,住过"羊圈"、蹲过"牛棚",人生的挫折都曾一而再、再而三地降临到他的头上,但在1957年至1976年那些困顿屈辱的日子里,只要一走上讲台,他便激情澎湃。他对课堂和讲台如此钟情,几十年痴心不改地在求索的路上寻觅着教学的"真经"。他的事迹使人深刻地感悟到:只有甘于寂寞,对肩负的"大任"有真正自觉的人,才能历经磨难而修成"正果"。

(周赞梅. 专家教师研究 [M]. 北京:知识产权出版社,2006:200)

班主任的自主发展对其能否最终成长为优秀班主任起着决定性作用。班主任自身素质水平与不断提高的职业要求之间的矛盾是班主任专业发展的原始动因,而班主任主体的自主发展实践活动是其专业化发展的根本动力。班主任在内在发展需求的驱动下能动地对外在条件或影响做出认识和选择,是围绕着自己的发展目标主动采取的行动,最终也成为班主任专业发展的直接的和现实存在的力量。

优秀班主任自主发展的核心是其本身的自主性,说得再明白些,就是班主任在自主发展上的自觉性和能动性。因而,我们会发现,优秀班主任都具有强烈的发展意识、进取精神、明确的发展目标、顽强的意志和刻苦的精神等优秀的行为习惯。我曾看到国内一项关于"优秀班主任之所以优秀"的原因调查,在众多的原因中,位列最前面的是"强烈的事业心和责任感""热爱教育,渴望成为好教师""能虚心学习,不断提高"等主观因素。可见,正是凭着对成为优秀班主任的向往和对卓越工作的追求,他们才能够不断进行专业发展,不断地超越自我的固有状态,最终取得优异的成绩,同时也成就自己的梦想。

确实如此，只有那些善于管理自己的人，才能实现自我的生命价值。班主任了解和确定自我状态，自觉规划职业生涯，主动进行人生设计，对自主发展进行合理管理和监控，有利于落实预定发展目标，有效实现自身的专业成长。

自我管理的主要措施有以下三项。

其一，正确审视自我，了解和确定自我的现时状态。

了解自己是班主任进行自主专业成长的基础和方向，要有意识地回顾自己的历史和展望自己的未来，有意识地把自己放到班主任群体中通过比较来了解自己，注意找出自己的长处和不足，有意识地了解自己当前的专业素养和专业知识。下表就显示了一个班主任的自我反思内容。

"我"与王老师的差距

知识储备	我平时很少看书，特别是班级管理之类的书，几乎没读过；而王老师阅读广泛，经常利用书中的方法和故事教育学生
管理方法	我是班级的主人，班级事务我说了算，而王老师实行值日班长制，班级事务由学生自己管理
对学生的态度	我比较粗暴、武断，常训斥学生；而王老师对学生非常友善，处理事情非常公正，从不发火
做事效率	我做事没有计划，想到啥干啥，比较拖拉，而王老师经常制订计划，经常把事情考虑在前面，非常轻松
课题研究	我从没参与过，感觉费时费力，没有必要，也不知道怎么开展；而王老师喜欢创新，常有金点子，承担着省实验项目
……	……

其二，分析自我优势，制订职业生涯发展规划。

要实现自己成长和发展的目标，制订一份发展规划是非常必要的。它可以指出自我专业成长的方向，明确成长各阶段的任务和措施，帮助我们科学地进行时间管理。所谓职业生涯发展规划，就是班主任对自己职业生涯的全程所进行的一个整体设计，它是班主任专业成长的蓝图和行动指南。

在做职业生涯发展规划时，班主任要扬长避短，根据自己的实际情况来设定自己希望能达到的目标类型，分配各阶段所需的时间，思考采取的方法和途径等。在职业生涯发展规划的指导下，班主任在某一阶段还要对自己的目标及设想等做出更具体的发展计划，从而增强目标的时效性。另外，班主任还要学会有效地进行时间管理，把自己的工作进行系统分类，探寻提高效率的规律和方法；注意学习一些优秀教师的良好习惯和成功经验，还可以从国内外企业管理书籍中学习时间优化的措施。

其三，进行自我监控，不断完善专业成长的保障机制。

计划必须与有效的监控相结合，才能取得预期的目标。所谓自我监控，就是班主任将自己的思想及行为作为自身意识关注的事务，不断对其进行检查、评价、反馈和调节。其实，这种监控更多的表现为一种过程性的记录、反思和总结，它可以使班主任"朝着专业发展有目标、有计划地行动"。

许多班主任开成长博客或写成长日记，就是非常好的形式，在写作和思考中不断审视自己的发展足迹，不断提高和完善自己的专业化素质。正如周佳荣等在《骨干班主任队伍建设》中提到的："我从1960年开始向报刊投寄教改文章，十多年寄出几十篇，只登出短短的几百字，我没有罢休，一直坚持实验，深入想，认真写，直到1980年即写文章的第20个年头，才正式发表了阐述观点的论文，此后一发不可收拾……我并未因为寂寞而气馁，而是以顽强的自制力激励自己坚持努力，最终成为特级班主任，并成了全国教育系统劳动模范。"写作让班主任品尝着思考的乐趣，写作可以促进班主任的快速成长。

3. 理性实践为优秀班主任的成长提供可持续的发展动力

这里的实践包括教育教学的所有客观行为，特别是指带有明显目标和任务的专门学习、课题研究等。我们分析优秀班主任的成长过程，会发现他们都有一个共同的特点，即他们都特别注重刻苦读书学习，进行教育反思或执着地参与课题研究。他们和一般班主任的明显区别在于，其工作过程有鲜明的研究性和方向性，他们总是带着明确的目标投入教育教学实践。

教育过程就是研究过程

徐铎厚,山东省沂南县第三中学副校长。认识他的人都说,他是个善于发现问题的人,学生随口说的一句话,教师工作汇报中无意的一段,到他这里都可以转化成研究课题;他是一个善于"小题大做"的人,一次活动能引发出内涵丰富的系列研究活动,从而构建起本校独有的"学生创新性活动"校本课程体系,成为引导学生向生活学习,向实践学习,向社会学习的桥梁和纽带。而他自己,也逐渐成为一个"把教育过程当作研究过程"的实践者。

(摘自《人民教育》2007年第3—4期合刊)

许多优秀班主任善于根据文化、自然等资源优势和本班学生特点,开展创新性班级活动,走科研校本化之路。这种实践不是随意的、短时的、无序的,而是有目标导向性、计划性、高质量的班级教育教学活动,对班主任成长的速度和程度有着极大的影响。它可以丰富和深化教育管理内容,开阔教师的视野,可以锻炼和提高教师的理论综合应用能力,增强班级管理和创新的科学性;还可以促使我们主动地吸收他人的先进研究成果,优化教育教学和班级管理方法与措施。可以说,学习、科研、反思、合作、服务等,是优秀班主任成长的关键词,构成了优秀班主任成长的主要特色。

二、班主任自主发展的必经途径

主动性是人存在和发展的重要方式,个体具有主动应答、选择、发现、思考、策划、行动和反思等需要和可能,具有关注和要求自己主动发展的需要和可能。人的主动性的最高水平是能动、自觉地规划自己的发展,成为自身发展的主人。众多优秀教师的成长实践证明,自主专业发展是教师自身素质提高的最主要原因和最有效的途径。班主任的自主提高和发展也必然经历这个过程。班主任自主发展,即班主任通过自己的学习、反思、实验、交流等多种形式和措施,逐步掌握德育与班主任工作的理论知识,形成班级德育和班集体建设与管理的能力和技巧,提高自身的学术地位和社会地位,全面有效地履行班主任职责的过程。它是班主任的职业道德、专业知识和技能以及专业责任感不断成熟、提升和创新的过程,同时又是一个终身学习和自我反思的过程。

综观许多班主任的教育实践，可以把他们的自主发展历程概括为三个相对独立的发展阶段：自我觉悟—自我奋斗—自我实现。可以看出，这三个发展阶段正是班主任从对现实与自身的内省开始，审视自我，树立发展意识，寻求发展方法，到自我努力，付出行动，实践规划，逐步实现自我素质提高、专业化发展的一个形象写真，它们互相渗透、互为依托、相辅相成，共同构成了班主任素质提高、专业化发展的真实过程。

1. 积极抓学习，在学习中成长

苏霍姆林斯基说："只有当教师的知识比学校教学大纲宽广得无可比拟的时候，教师才能成为教育过程的真正的能手、艺术家、诗人。"班华教授认为，作为一个班主任，应该有三方面的专业素质，也就是班主任专业化的内容：第一是班主任的专业道德，第二是班主任的专业知识，第三是班主任的专业能力。这三方面的知识在一般的师范教育中很少涉及，而且随着新课程的推进和教育新理念的建构，教育对班主任素养和班级管理等又提出了许多新的要求，这些都需要我们在工作的同时勤于学习，努力钻研，不断补充和完善自己的班主任专业知识，并不断扩充自己的知识结构。

学习是班主任自主发展的有效方法之一，只有夯实了理论功底，才能为自己的专业发展增添后劲。学习的内容不能仅随爱好，快餐式的知识和学习意义不大，要注意"取法乎上"，努力学经典，阅读经典著作，不断丰富教育智慧。有文化才有底蕴，有底蕴才有底气，有底气在课堂上才有灵气。教师有了丰富的人文情怀，才能具有博大深厚的爱心。"学然后知不足，教然后知困。"东北有口温泉，泡在里面，哪儿有病痛就会感觉到。读书就像这温泉，通过读书，感知自己的不足，如同生物机体缺乏某种元素，如"补钙""补锌"一样，自己缺什么就多读什么方面的书，加强"营养"。

要特别注意强化对班主任专业化知识"三基石"——心理学知识、教育学知识和管理学知识——的钻研。学习非一日之功，厚积才能薄发，只有持之以恒、日积月累，才能集腋成裘，形成自己的专业知识体系和班主任专业素养。学习时，我们不能自我满足，要树立终身学习的志向，形成良好的读书习惯。腹有诗书气自华,博览群书方成大家。读书之于教师,应该像练声之于歌手、打靶之于枪手;读书是教师的一种生活,是教师的"看家本领",必须融入教师的日常生活中去,成为教育智慧的源泉和生命的亮点。

2. 自觉做反思,在反思中成长

美国心理学家波斯纳指出:"没有反思的经验是狭隘的经验,至多只能成为肤浅的知识。如果教师仅仅满足于获得经验而不对经验进行深入的思考,那么他的教学水平的发展将大受限制,甚至会有所滑坡。"为此,波斯纳提出了一个教师成长公式:"经验+反思=成长"。该公式体现了教师成长的过程应该是一个总结经验、捕捉问题、反思实践的过程。班主任工作也是如此。

朱永新教授曾在教育在线开出"成功保险公司投保启事":每日三醒自身,写千字文一篇。一天所见、所闻、所读、所思,无不可入文。十年后持3650篇千字文(计三百六十五万字)来本公司。理赔办法:如投保方自感十年后未能跻身成功者之列,本公司以一赔百。即现投万元者可成百万富翁(或富婆)。所谓"启事"或许只是一个玩笑,朱永新先生借此传达出自己对勤奋者特别是教育者热情的鼓励和殷切的期望。对教师来说,不间断地反思自己的教学行为,思考身边的教学实例,坚持几年,想不成功都不行。

班主任在自学中要学会理性反思,对自己和学生的思想行为特点进行分析和总结,掌握其中带有普遍性、规律性的东西,不断提高自己的专业能力。反思的形式主要是写作和沙龙对话、讨论交流等。窦桂梅老师说,写作是教师心灵的呼吸。读书笔记、教育叙事、教育故事、实验心得、案例分析等都是简便易行的形式。通过写作,和大师、伟人、同事对话,以梳理和丰富自己的思想及知识,从而获得更多的灵感与智慧;通过写作,"逼迫"自己不断学习、思考、完善,实现知识的内化和升华。

3. 敢于搞研究,在研究中成长

一些专家预言,如果说20世纪的教育是靠行政引领的话,那么21世纪的教育则要靠科研来牵动。长期以来,我们一直被当作教育理论的旁观者和消费者,认为研究只有那些专家学者才能做。这种认识禁锢了我们的头脑,限制了教师的思维,是非常有害的。实际上,班主任做课题研究有着天时、地利、人和的绝佳优势,研究是班主任有意识地将自己学来的理论与实践相结合的最好途径。做研究对完善和整合班主任的知识素养、提高专业能力,有着不可低估的促进作用。

苏霍姆林斯基曾说:"如果你想让教师的劳动能够给教师带来一些乐趣,使天天上课不至于变成一种单调乏味的义务,那你就应当引导每一位教师走到从事研究这条幸福的道路上来。"做研究的过程,就是班主任不断发现问题、解决问题,不断取长补短、提高认识,也不断学习反思和形成专业特色的真实过程。一个教师也只有在研究中才能逐步实现向学者型、专家型、智慧型教师的转变。

4. 勇于寻支持,在引领中成长

一个人的成长需要外界的支持,班主任的成长也必然如此;领导、同事、学生、家长、专家等,都是班主任工作和生活离不开的重要因素。一个发展较快的班主任,也必然是一个能较好地整合周围环境中的各种关系,并有效地利用和开发各种资源的教师。我们在工作中要主动获取领导的理解和建议,为自己的发展营造一个和谐的氛围;积极参与相关专业团体的培训研讨活动,大胆发表自己的见解,虚心向别人学习和借鉴,积极寻求专家的指导和帮助,用研究作为纽带,逐步建立起自己的"导师团""智囊团",从而获得更有力的支持,拓展更有利的发展空间,实现更快的发展。

三、班主任成长过程中相关行为因素的关系

在班主任的专业成长中,有许多复杂的因素,它们之间又存在着许多复杂的关系。我们只有很好地认识和处理这些关系,才能够使自身素质、能力得到快速地提高和完善。

1. 状态大于方法

在我们长期的思维定式中,提到问题,往往就想到方法。管理需要管理方法,研究需要研究方法,教学需要教学方法,学习需要学习方法。似乎一切教育问题的解决都需要依靠什么"方法",似乎一切名师、专家的成

长也都是找到了什么有效的成长方法。教师的专业成长固然有一定的方法、途径和规律，但是众多名师成长的经历却清楚地告诉我们：成长，其实是一种状态。

有什么样的精神状态就会有什么样的生活，生活来源于精神，一切的一切都是精神状态的创造与给予。同样大学毕业的学生到相同或相似的工作环境后，不几年，有些人就硕果累累、功成名就，而有的人依然很不适应。是什么造成了这巨大的差别？环境有影响，但这是关键因素吗？绝对不是。关键在于各自拥有的发展心态。我们常说的"机遇总垂青于那些有准备的人"，实际上就是这个道理。

平庸者经常埋怨出身低微，埋怨领导有偏见，埋怨同事自私，而很少想想自己。众多的成功者一再告诉我们，不管处于什么样的环境，如果你有强烈的自我进取、自我发展的成长状态，你就会主动把环境的压力转化成发展的动力，不断地学习，不断地吸纳，不断地积聚能力，不断地增值。到一定的时候，你就会水到渠成地发出光芒。"本立而道生"，这时的你，即使不想成功都很难。

73岁学日语

有这样一个真实而令人深思的故事：前几年，上海一位70岁的老人，他聪明的儿子从日本留学回国，带回了一个漂亮的日本媳妇和一个活泼可爱的孩子，老人非常高兴，但是有一个问题却使他大伤脑筋。是什么问题呢？儿子一家人总喜欢叽里呱啦地说日语，老人听不懂，很难和他们进行语言交流。听说有一个日语培训班后，老人赶紧去报名。负责报名的姑娘乐了，说："老大爷，学好日语至少要用三年，而您现在都70岁了，这把年纪，还学啥？"谁知老人听了，却一本正经地说："姑娘，学多了我记不住，但一天一句行吧。难道我一天什么也不学，三年以后就不是73岁了吗？"

成长的心态并不随年龄变老而消失，许多人大器晚成，就是得益于有这种正确的人生心态。孔子说，"吾十有五而志于学，三十而立，四十而不惑，五十而知天命，六十而耳顺，七十而从心所欲不逾矩。""发愤忘食，乐以忘忧，不知老之将至。"圣人特别推崇的这种"活到老，学到老"的精神，实际上就是一种强烈的自我发展生成状态。

(郑立平. 激情问梦 [M]. 青岛：青岛出版社，2007：32)

2. 反思大于苦干

"经验＋反思＝成长"，是学者波斯纳提出的一个教师成长的公式，它清楚地揭示了反思在教师专业成长中的重要意义。其实，反思就是对自己的所作所为进行梳理，进行思考分析，从中总结经验教训，以便更好地成长和完善。但我们还要注意：经验是成长的财富，但是成长绝不是经验的简单相加；反思是成长的途径，但是一味地反思绝不会达到成功。

所谓苦干，就是耐心地干，尽力地干。苦干的精神令人感动，但苦干经常会带有盲目性。我们常说的"只顾埋头走路，而忘记了抬头看天"，就是这种情况。扎实苦干的精神和态度是基础，而学会不断地自我反思则是必由之路。善于反思是成功者的一种优良品质，是借鉴别人，思考自己，留下精华，扬长避短，丰富自我。反思的过程，是对自我的锤炼过程，更是一个提升的过程。其实，当我们静心反思的时候，我们已经超越了自我，站在了"我"之外或比"我"高的境界。现在许多教师丧失激情的重要原因，也正是忘记了反思，他们只会被动地应付，机械地重复，一点也品尝不到教育者反思的乐趣。

3. 研究大于经验

丰富的经验，是一个人成长的财富。但是，如果只固守过去的经验，不研究新的环境、新的问题、新的规律，思想就会僵化、麻木，被时代淘汰出局。经验是过去知识的积累，经验意味着被动地接受、模仿和继承；研究是面对新的问题，意味着主动地探索、创新和发展。新课程强调"教师与学生一起成长"，特别注重教师的教育科研能力。为符合新时代对人才的要求，教师应该具备研究的基本素质，如研究学生，研究教材，研究教法，逐步实现由"经验型"向"研究型"的转变。一个没有研究能力的教师永远只是一个"教书匠"，其素质和能力不可能真正得到发展和提高。

4. 合作大于独行

一个人看得有多远，取决于他站得有多高；一个人能走多远，取决于他在与谁同行。新课程标准非常明确地把"合作交流"作为营造新课堂氛围和培养学生的重要目标。作为教师更要懂得合作的重要意义。没有老教师的引领，我们经常失去方向；没有青年同伴的帮助，我们往往会多费很多时间和气力，要知道一个人的力量永远小于团体的群力。一个和谐合作的优良环境，促成了一个合作共进的优秀团体，在团体力量的推动和影响下，走出了一个又一个名师。这是许多名校成功的法宝。

5. 关键大于整体

每一个整体中都有其起决定作用的因素，我们要学会从整体中抓关键。对青年教师来说，在教学上关键是要抓好课堂，在素质提高上关键是要充分发挥自己的特长，在能力发展上关键是要多读书，积极参与教学科研。要善于捕捉发展机会，抓住某一个教育教学活动或是某一个科研课题，做好做精，自我加压，促使专业素质与能力快速成长。

剖析许多名师的成长经历，都有关键的时段、关键的人物、关键的事件。关键的地方，一般也是产生机遇、获得成功的地方。努力抓住关键的一点、一次、一项或一个方面，很可能你就抓住了一个向更高层次发展的机会。每一个青年教师都须牢记：只有抓住关键，才能寻求突破。

6. 实践大于思想

所谓思想，就是指"客观存在反映在人的意识中，经过思维活动而产生的结果"，通俗地说，即"脑子中有想法"。教育工作的灵魂就在于思想，教师的全部尊严也在于拥有独立的思想；思想是照亮我们教育航程的灯塔，有思想的教师追求教育的本真，生命放射着圣洁和智慧的光华。

我们可以这样说，知识奠定教师教学行为的底气，思想却能给教师的教育行为带来灵气；教师既有底气又有灵气，才可能在课堂上显示出沛然大气，才可能在教育教学中体现出智慧和机智。现在，创新已成为时代的旋律，赋予了教育更高的目标和更新的任务，这就更要求我们每个教育工作者必须有先进的思想来奠基。没有思想的教师，只能人云亦云，做重复书本知识的机器，会扼杀学生的个性和成长的幸福。

思想的花很美，行动之果更甜。再长的路，一步步也能走完；再短的路，不迈开双脚也无法到达。思想是行动前的思考和规划，行动就是"实践"，是思想的尝试、检验、创新和升华的外显过程。思想只有在行动中才能得到检验、修正、丰富和完善。思想再美好，如果没有去行动，也只能是空想、幻想，永远都不会成功。

作为教师，承担着孕育和引领人精神发展的使命，思想绝对不可以贫乏，但行动更不能缺少，"晚上想了千条路，早上起来卖豆腐"，只有思想而不去付出行动的人，永远都只能沉浸在梦里。成长不可能一蹴而就，必然伴随着尝试、困难、挫折和失败；失败不可怕，可怕的是只有思想，没有行动，可怕的是遇到一点点挫折就无法行动。做，才有成功的可能；如果不做，什么都不会有。

思想与行动，相辅相成，缺一不可。大多数时候，思想决定行动，"脑袋决定手和脚"，有什么样的思想，往往会做出什么样的行动。但是，教师自身的"思想者"特征和教师专业化成长的动态过程性特点，却使得教师的成长更多地依靠"在正确思想指导下的具体实践活动"，更多地表现为"做"的过程，表现为一系列的实际行动。

比如，当你从观摩课或报告中深受启发，想努力提高自己的课堂教学水平时，如果"思想"占主要，"行动"会跟着"思想"，而停留在对名师、专家的感叹、羡慕或对自己现状的不满、抱怨中，这样的思想碰撞固然重要，但毕竟只是处在意识层面的"思想火花"，思想一放松，就会熄灭，又归于"无所谓"的平庸状态。但如果"行动"占主要，你必定会开始制订切实的学习计划，研究教学案例，观看教学实录，深入同事的课堂，尝试新的构思……在这些扎实的学习行动中，"思想"也必会跟着"行动"逐步发展、成熟和升华，从而使自己逐渐变得优秀。

再如，读着别人在报刊上的精彩故事，你也想写教育日记。既然想，那么就要开始写，不管写多写少，你必须先使自己坐下来进入写的状态，才能慢慢形成良好的写作习惯，从而不断提升自己的反思能力，有效地促进专业化发展。

成功是优点的发挥，失败是缺点的积累。行动，就可能会成功；不做，则只能是失败。很多人总抱怨自己没有机遇，但机遇对每个人都是平等的，事实往往是自己不去寻找机遇，自己不去创造机遇，甚至有了机遇，自己也不立即行动去抓住机遇。什么是行动？行动就是去做，去实践。对青年班主任而言，行动就是学习，就是读书，就是反思，就是写作，就是尝试课堂改革，就是进行课题实验，就是不断发挥自己的优势、弥补自己的缺点，就是在解决教育教学问题的过程中不断提高自己的素质和水平。

"在行动中思考，使思想更富于血肉，更具生命感，随时可以在思想中触摸到现实的脉搏；在思考中行动，使足尖有方向感，使行动更准确和深刻，并让思想在现实中开花结果。"让我们每一个青年班主任都把冯骥才先生的这句话记在心底，做一个有思想的教育实践者，做一个思想和行动统一的成长者！脚踩大地，仰望星空，带着理想上路，深入课堂向名师看齐，捧着书向名师走去！

当一个班主任想成为学生喜欢的班主任，想成为优秀的班主任时，他就会向着这个目标努力。林肯认为："如果一个人决定实现某种幸福，他就一定会得到这种幸福。"对于青年班主任而言，最为重要的是他必须有成为优秀班主任的愿望，然后付诸行动。

其实，许多看似困难重重的事情，往往是我们敢于去做了，就会发现它并没有我们想象的那样复杂。实际上，许多优秀教师或班主任的成功经验就好像是一层朦胧的"窗纸"，奥秘一捅就开，关键是我们没有想到去做或没有坚持去做。

作为一名班主任，我们的工作特点决定了我们做不出什么惊天动地的大事。日复一日，年复一年，即便是我们做的从来就不是什么大事，我们也要用大爱做好每一件小事。

某个寂静的夜晚，我做了一个奇异的梦。我恭敬地问笑盈盈地站在我面前的一位先哲圣师："你为什么能取得这么伟大的成就？"他和蔼地告诉我说："我只不过是能做好懒惰者不愿做而聪明人不屑做的事，能走完一般人不想走或走不到底的路。"

亲爱的老师们，做自己喜欢的事就快乐，喜欢自己做的事就幸福。只要你有心，在班主任这片平凡而美丽的土地上，就到处都能种出最灿烂的花朵，收获最香甜的果实！

万千教育 基础教育类书目

书号	书名	著、译者	定价(元)
班主任工作理念与方法系列			
2877	班主任工作的60个"鬼点子"	刘坚新 郑学志 编著	52.00
2879	班主任与家长沟通的艺术 ——创建优质家校关系的60个策略	郑学志 著	52.00
2204	做一个会"偷懒"的班主任（第二版）	郑学志 著	48.00
1708	怎样教授道德才有效 ——德育心理学家给教师的建议	杨韶刚 等译	48.00
1709	学生特殊问题发现与应对 ——给普通教师的建议	昝飞 等著	48.00
7316	把班级还给学生 ——班集体建设与管理的创新艺术	郑立平 著	26.00
7344	遭遇问题学生 ——问题学生的教育与转化技巧	万玮 编著	25.00
7317	魅力班会是怎样炼成的	杨兵 著	25.00
8631	家校沟通，没有痛过你不会懂 ——知名班主任梅洪建的心路历程	梅洪建 著	32.00
0539	如何上好班级心理辅导活动课 ——钟志农答疑50问	钟志农 著	42.00
9902	德育主任新方略	丁如许 著	32.00
8611	班主任工作中的心理效应	刘儒德 主编	35.00
1135	班主任有效沟通的艺术与技巧	李进成 著	36.00

0541	班主任如何破解德育低效难题	赵 坡 著	35.00
9135	班主任，青春万岁——王君带班之道	王 君 著	34.00
8770	班主任如何带好差班	赵 坡 著	30.00
8309	扶年轻班主任上马	王 莉 著	38.00
7926	教师必须掌握的教育惩戒艺术	郑立平 等 著	28.00
7928	做一个聪明的班主任 ——对常见七类学生的教育艺术	郑立平 等 著	28.00
班主任工作理念与方法系列合计			**694.00**
中学/中职班主任专业技能系列			
0938	好班是怎样炼成的 ——中学班主任班级建设之道	谢 云 主编	38.00
9882	初中主题班会设计技巧与优秀案例	郑学志 主编	34.00
9056	高中主题班会设计技巧与优秀案例	郑学志 主编	32.00
9557	打造高中卓越班级的42个策略	覃丽兰 著	38.00
9990	打造中职卓越班级的41个策略	李 迪 著	32.00
9905	中职主题班会设计技巧与优秀案例	李 迪 著	35.00
9604	中学德育问题与对策	李 季 贾高见 著	35.00
8463	中学班主任的70个临场应变技巧	刘令军 等 著	34.00
中学/中职班主任专业技能系列合计			**278.00**

……
欲了解更多图书信息，请登录：www.wqedu.com
联系地址：北京市西城区三里河路6号院2号楼213室　　万千教育
咨询电话：010-65181109，65262933
*本目录定价如有错误或变动，以实际出书为准。